다문화 관련
법률 및 제도

다문화 관련 법률 및 제도

This Edition was published by Jipmoondang Publishing Co. in 2016, Seoul, Korea.

416

이산재단 연구총서

다문화 시대와 한국의 사회통합

다문화 관련 법률 및 제도

박성혁
김자영
배화순
이수진

집문당

박성혁(朴性爀) 서울대 사회교육과 교수
김자영(金姿榮) 서울대 사회교육과 강사
배화순(裵花順) 서울 개웅중학교 교사
이수진(李秀眞) 서울대 사회교육과 박사과정

아산재단 연구총서 416
다문화 시대와 한국의 사회통합
다문화 관련 법률 및 제도

2016년 12월 30일 1판 1쇄

저 자 | 박성혁, 김자영, 배화순, 이수진
발행인 | 임동규
발행처 | **집문당**
등 록 | 1971. 3. 23. 제300-2012-69호
영업부 | 10881 경기도 파주시 광인사길 85(파주출판도시)
(02)743-3192~3 팩스(02)742-4657
전자우편 | sale@jipmoon.co.kr
편집부 | 03134 서울시 종로구 돈화문로 82 집문당빌딩 5층
(02)743-3096~7 팩스(02)743-0227
전자우편 | edit@jipmoon.co.kr
홈페이지 | www.jipmoon.co.kr

ISBN 978-89-303-1754-2
978-89-303-1500-5(세트)

가격 15,500원

이 도서의 국립중앙도서관 출판시도서목록(CIP)은 e-CIP홈페이지(http://www.nl.go.kr/ecip)와 국가자료공동목록시스템(http://www.nl.go.kr/kolisnet)에서 이용하실 수 있습니다.
(CIP제어번호: CIP2016030089)

머리말

2016년 6월, 영국의 유럽연합(EU) 탈퇴 결정(브렉시트, BREXIT)으로, 영국은 물론 전 세계가 발칵 뒤집혔다. 브렉시트의 이유는 영국 국내외의 여러 다층적인 사안들과 관련되지만, 영국의 이민자 및 난민과 관련된 사회문제와 국민들의 극심한 거부감이 무시할 수 없는 이유로 지적된다. 영국의 브렉시트 결정은 이민자 및 난민과의 사회문제가 심화되고 있는 많은 국가의 다문화사회에 대한 고민과 불안감을 단적으로 보여 준다.

우리나라는 급속한 경제성장과 세계화 속에서 빠르게 다문화사회로 진입하였다. 국제결혼, 외국국적동포, 외국인근로자 등 다문화구성원의 수치가 급격하게 증가하였고, 전 세계적 이슈로 떠오른 난민문제는 우리나라도 예외가 아니다.

다문화구성원을 더 이상 '외국인' 또는 '이방인', '이주자'만으로 보기에는 이미 우리와 함께 생활하는 가족이자 이웃, 그리고 '우리'의 일부가 되었다. 우리는 동네 공원, 마트, 지하철, 학교, 직장 등에서 어렵지 않게 다문화구성원과 마주치고 있으며 우리의 가족이자, 친구이자, 직장 동료로 함께 생활하고 있다. 이 가운데 다양한 문제가발생하고 날로 심화되고 있다. 국가의 손길을 필요로 하는 영역 역시 더욱 세밀해지고 있다.

우리나라는 다문화구성원의 수가 급격히 증가함에 따라 이들에 대한 처우와 사회문제가 국가적인 이슈로 다루어진 2000년대 중반부터 다문화에 대한 법률과 정책을 본격적으로 추진해 왔다. 다문화에 대한 본격적인 논의가 시작되고, 관련 법률을 만들어 정책을 시행해 온 지 10년이 넘어가고 있다. 하지만 '다문화'의 명확한 개념이 무엇인지, 우리 사회가 지향하는 '다문화사회'의 모습은 무엇인지에 대한 진지한 고민이 아직 부족하다는 지적이 많다. 또한 다문화구성원을 우리 사회의 구성원으로 받아들이고 함께 살아가기 위한 법과 제도는 여전히 미비한 부분이 많다. 서로 다른 사회적 필요에 따라 다문화구성원이 제각각 우리 사회에 진입하게 되면서 이들과 관련된 법률 및 제도 역시 중구난방으로 존재한다. 다문화구성원이라는 이름으로 묶어서 칭하지만 사실은 그 구성도, 특성도 다양하다 보니 각 법률 및 제도에서 이들을 바라보는 시각과 접근 역시 제각각이다. 또한 다문화 관련 법률 및 제도도 집행하는 부처에 따라, 대상으로 하는 다문화구성원에 따라 정책 목적이 상이하고, 산발적이어서 중복되어 있다는 비판도 많다.

다문화 관련 법률 및 제도는 '그들의' 삶을 관리하는 데 그쳐서는 안 된다. 그들과 우리를 구별 짓는 것이 아닌 '우리의' 삶을 모두 담아낼 수 있는 포괄적인 장치여야 한다. 외국인근로자, 결혼이민자, 다문화가정자녀 등 특정 대상을 위한 것이 아니라, 이상적인 다문화사회 실현을 위해 우리 모두를 아우르고 사회 전반에 적용되는 사회통합적 장치로의 전환이 필요하다.

이 연구는 우리나라의 다문화 관련 법률 및 제도들의 효과적인 개선 방안을 탐색하고자 하였다. 이를 위해 우리나라의 다문화 관련 법률 및 제도를 분석하고, 현행 법률과 제도의 문제점과 개선 방안을 탐구하기 위하여 우리보다 앞서 다문화사회로의 진입 과정에서 고민을 경험한 해외 주요국의 다문화 관련 법률 및 제도를 분석하였다. 또한 다문화 관련 법률 및 제도에 대한 일반 국민의 인식과 전문가 집단의 의견을 조사하여 시사점을 찾고자 하였다. 이러한 이론적 논의와 경험적 연구 결과를 종합하여 다문화 관련 법률 및 제도에는 어떤 내용과 형태가 담겨야 하는지 제시하였다.

앞서 언급하였듯이 우리는 이미 다문화사회 속에 살고 있다. 이제 다문화사회에 대한 논의의 원점으로 돌아가 다문화사회 속에서 우리에게 필요한 현실적이고 필수적인 법률과 제도는 무엇인지 더 진지하게 고민할 때이다. 기존의 다문화 관련 법률과 제도가 가진 문제와 한계를 검토하고 앞으로의 방향에 대해 성찰함으로써 진정한 사회통합을 구현할 수 있는 길을 찾고자 모색한 이 연구가 더 나은 대한민국을 위한 고민의 출발점이 되기를 기대한다.

차례

I. 서론 / 1

II. 다문화 관련 법제의 이해 / 9

III. 사회통합형 다문화 법제에 대한 인식 조사 / 117

Ⅳ. 다문화 관련 법제의 개선 방안 / 187

Ⅴ. 결 론 / 199

표/그림 차례

I. 서 론

Ⅰ. 서 론

1. 연구 목적 및 필요성

세계화라는 문명사적 전환기를 맞이하여 대한민국은 급속도로 다인종 · 다문화사회로 변해가고 있다. 이 가운데 기존 한국인과 다문화구성원 전체가 함께 공존할 수 있는 새로운 가치관과 태도가 요구되고 있다. 소위 '다문화사회'로의 진입은 기존의 관습, 의식, 법규범, 제도 등의 포괄적인 변화를 야기한다. 때로 이러한 변화는 위기로 비춰지기도 한다. 미국의 LA 흑인 폭동, 영국의 런던 테러, 프랑스 파리 폭동 등 다원주의 사회에서의 사회통합 실패 사례는 다문화사회로 진입하는 우리에게 많은 위기감을 던져주고 있다.

그러나 애초 세계화나 다원화, 다문화 등의 흐름은 거시적 변화로서 거부할 수 있는 것이 아니다. 따라서 다문화사회로의 변화에 얼마나 적극적으로 그리고 적절하게 대응하는가가 관건이 된다. 다문화사회에 대한 타당하고 실효성 있는 접근이 필요한 이유이다. 다문화사회에 대한 대응은 크게 의식적 측면과 제도적 측면의 두 측면에서 진행된다. 의식적 측면에서는 '다문화교육'이 중심이 되어 기존 주류 집단과 이주민 집단의 가치관, 태도 개선을 위해 다양한 교육 프로그램을 활용하게 된다. 하지만 의식적 개선만으로는 불충분하다. 의식 개선과 병행하여 이를 뒷받침할 수 있는 적절한 정책, 법령, 제도적 틀이 갖추어져야 한다. 이런 점에서 제도적 측면에서의 접근 또한 다문화 시대의 사회통합을 위해 커다란 중요성을 가진다.

실제로 다문화사회로의 변화는 법과 제도의 측면에서 여러 가지 긴장을 유발한다. 우선 다문화구성원이 우리 사회의 일원으로 편입됨에 따라, 이들에 대한 법적 지위 확정의 문제가 발생한다. 영주 체류자, 귀화자, 결혼 이민자, 북한이탈주민, 불법체류자 및 그 자녀 등과 같이 법적 지위를 논의하기에 매우 복잡하고도 다양한 양태가 발생하고 있다. 요약컨대 세계화라는 시대적 양상이 필연적으로 전통적인 국가 주권, 국민, 국경 개념의 약화를 초래하고 있는 것이다(경기도다문화교육센터, 2009, p.65).

그럼에도 불구하고 입헌주의 법치국가인 대한민국에서 법은 확언적 성격을 가져야만 한다. 다문화로 인해 촉발된 복잡한 사회 변동의 양상을 법이라는 틀로 담아 내어 적절하고도 공평하게 규정지을 수 있어야 한다. 더불어 다문화사회로의 원활한 변모를 위해서 제도적 뒷받침도 뒤따라야 한다. 이런 점에서 현행 다문화 관련 법률과 제도를 면밀히 분석하여 그 특징과 문제점을 살펴볼 필요성이 있다. 나아가 이들의 개선 방안이 무엇인지 다각도로 모색하여, 일정한 대안을 제시하는 과정 또한 필요할 것이다.

이러한 필요성에 기초하여 본 연구는 다음과 같은 주제에 천착하고자 한다. 첫째, 다문화 관련 법령들을 확인하고 분석하고자 한다. 다문화교육, 다문화 복지 지원, 이민 · 국적 · 영주 등 관련 업무가 모두 법령의 토대 위에서 진행된다는 점에서 관련 법령에 대한 복합적인 검토는 매우 중요한 기초자료로서 활용될 수 있다. 둘째, 법령의 연장선상에서 다문화 관련 법제도를 분석하고자 한다. 귀화, 이민, 사회통합 프로그램, 영주 등은 다문화 관련 제도에 해당한다. 이러한 제도가 적확하게 운영되면서도 유연성을 견지해야 다문화사회로의 변화는 더욱 탄력을 받을 수 있을 것이다. 따라서 본 연구에서는 이를 면밀히 분석하여 제도적 개선점을 모색해 보고자 한다.

2. 연구 내용 및 방법

1) 연구 내용

다문화 관련 법률 및 제도와 관련하여 세부적인 연구 주제는 다음과 같다. 첫째, 현행 다문화 관련 법령에 대한 이해와 분석 작업이다. 현행 법령을 확인하고 세부 내용을 검토하면서, 현행 법령이 가지는 문제점을 도출하고자 한다. 둘째, 다문화 관련 법제를 검토하여 문제점과 개선 방안을 모색하고자 한다. 출입국 제도, 거주 및 체류 제도, 국적 및 귀화 제도, 다문화가족 지원 제도, 다문화교육 제도 등은 다문화사회 건설을 위한 핵심적 제도에 해당한다. 따라서 두 번째 연구 내용은 바람직한 다문화 법제의 개선 방안을 도출하는 데 그 목적을 두고 있다. 셋째, 현행 법령과 제도의 정비를 위해 해외 사례와의 비교 분석을 실시하여, 국내 법제의 특징과 문제점을 도출하고 개선 방안을 모색해 보고자 한다. 넷째,

현행 법제와 대안적 법제에 대한 일반 국민, 전문가 집단의 인식과 의견을 조사하여 이론적 논의의 타당성을 경험적으로 확인하고자 한다.

2) 연구 방법

본 연구는 기본적으로 문헌조사 방법을 중심으로 진행하되, 델파이 조사와 설문 조사를 병행하여 이론적 논의에 대한 경험적 검증을 보강하고자 한다. 연구 추진 방법상 주요 특징은 표 1과 같다.

표 1 연구 추진 방법상 주요 특징

연구 방법	세부 내용
문헌 조사	–다문화 관련 헌법 및 국제법적 기초 분석 –국적법 및 출입국관리법 이해 및 분석 –다문화 관련 교육 관계 법령의 이해와 분석 –다문화 관련 노동 및 사회보장 관계법 이해 및 분석
해외 사례 비교 연구	–캐나다의 입법례와 제도 운영 실태 –독일의 입법례와 제도 운영 실태 –호주의 입법례와 제도 운영 실태
전문가 델파이 조사	–1차 델파이 조사 –2차 델파이 조사
시민의식 조사	–시민대상 설문 조사

이를 토대로 본서의 구성에 대해 소개하면 다음과 같다.

먼저 2장에서는 문헌 조사를 통해 다문화 관련 법령의 내용을 수집하고 분석할 것이다. 학술 서적, 연구 논문, 연구 보고서, 신문 기사, 통계 자료 등을 중심으로 다문화 관련 법령을 헌법 및 국제법적 기초, 국적법 및 출입국관리법, 다문화 관련 교육 관계 법령, 다문화 관련 노동 및 사회보장 관계법 등으로 구분하여 살펴볼 예정이다.

다음으로 3장에서는 해외의 사례에 대한 비교 분석을 실시할 것이다. 다문화 관련 법률 및 제도의 문제점과 개선 방안을 도출하기 위하여, 캐나다, 독일, 호주의 입법례와 제도 운영 실태 등을 고찰하고, 이를 토대로 국내 법제의 바람직한 대안을 모색하는 데 시사점을 도출할 것이다.

이어서, 4장에서는 전문가 델파이 조사와 시민의식 조사 결과에 대해 분석할 것이다. 전문가 델파이 조사에서는 고도의 전문성을 가지고 있는 연구 협력진을 대상으로 총 2회에 걸쳐 델파이 조사를 실시하고, 이를 주요 쟁점별로 정리할 예정이다. 시민의식 조사에서는 기존의 주류 한국인 집단을 대상으로 현행 법제와 법제의 개선 방안에 대한 의견을 조사하고, 이에 대해 분석한 결과를 검토할 예정이다.

이러한 논의들을 토대로 5장에서는 현재 다문화 관련 법제의 문제점을 분석하고, 바람직한 개선 방안에 대해 제안할 것이다. 문헌 조사, 해외 사례 비교 연구, 전문가 델파이 조사, 시민의식 조사 등에서 도출한 결과들을 토대로, 구체적인 개선 방안을 제시하고자 한다.

마지막으로 6장에서는 앞의 논의를 요약하고, 본격적으로 다문화사회에 접어든 한국의 법제가 어떻게 나아가야 할 것인가에 대한 제언을 제시하는 것으로 연구를 마무리하고자 한다.

Ⅱ. 다문화 관련 법제의 이해

Ⅱ. 다문화 관련 법제의 이해

1. 우리나라 다문화 관련 법제의 이해

1) 헌법과 국제법 분석

(1) 헌법

가. 현황

한국사회는 점차 더욱 많은 외국인이 유입되고 더욱 본격적인 다문화사회로 진입할 것이다. 이에 발맞춰 지금까지와는 다른 형태로 새롭게 형성될 공동체의 특성을 반영하는 헌법에 대한 논의가 필요하다. 하지만 현재의 우리나라 헌법에서는 다문화사회의 현실을 반영한 규정을 아직 찾기 어렵다.

나. 문제점

우리 헌법에는 다문화사회의 특성과 외국인의 권리 등에 대한 명확한 입장이 드러나지 않는다. 이는 헌법이 작성되던 시기에는 다문화사회의 이념적, 이론적 기초로서의 다문화주의에 대한 기초를 예정하고 있지 않고, 그 필요성을 인식하지 못하였기 때문으로 볼 수 있다. 이로 인해 현재의 헌법을 다문화 입법과 정책을 위한 수권규정으로 삼는 것에는 무리가 있을 수 있다.

특히 다문화사회에서의 헌법은 외국인의 기본권 보장을 위한 헌법 규정이 미비함이 한계점으로 지적된다. 헌법 전문은 '우리 대한국민'이라는 용어를 사용하여 생래적 한국인을 비롯한, 외국인, 외국계 한국인을 모두 포함하는 다문화사회를 예정하고 있지 않다. 제2장(국민의 권리와 의무)도 개별 기본권의 주체를 '국민'으로 명시하고 있어 외국인의 기본권 보장을 고려하고 있지 않다. 헌법 제6조 제2항에서 외국인에 대하여 국제법과 조약이 정하는 바에 의하여 그 지위를 보장함을 밝히고 있지만, 외국인의 정의 및 범위에 관한 구체적인 논의가 부족하다. 외국인의 기본권 주체성을 인정하고 내국인과의 공존을 전제하는 다문화 주의적 입장에서 본다면 헌법을 통한 외국인에 대한 지위보장은 매우 제한적이다(최윤철, 2013).

이와 관련하여 헌법재판소에서 "국민과 유사한 지위에 있는 '외국인'은 원칙적으로 기본권의 주체가 될 수 있다. 청구인들이 침해되었다고 주장하는 인간의 존엄과 가치, 행복추구권은 대체로 '인간의 권리'로서 외국인도 주체가 될 수 있다고 보아야 하고, 평등권도 인간의 권리로서 참정권 등에 대한 성질상의 제한 및 상호주의에 따른 제한이 있을 수 있을 뿐이다."[1]라고 판시한 것을 고려하면, 외국인이라도 우리나라에 입국하여 거주하는 이상 우리나라의 법을 적용받고, 기본권 가운데 국적과 관계없이 인정되는 인간의 권리는 외국인에게도 인정된다고 할 것이다. 다만 외국인의 경우 내국인보다 더 많은 제한이 가해질 수 있고, 헌법상 기본권은 아니라 하더라도 법률에 의해서 입법정책적으로 특정한 권리가 인

1) 헌재결 2001.11.29. 99헌마494; 헌재결 1994.12.29. 93헌마120.

정될 수도 있다(정종섭, 2008).

(2) 국제법

■ 이주노동자 및 그 가족의 권리에 관한 협약

가. 현황

세계 대전 이후 이주노동자를 보호하기 위한 국제적인 노력이 시작되었다. 국제노동기구(ILO)협약과 포괄적 인권 조약 등은 이주노동자들이 최소한의 삶을 보장받을 수 있도록 하는 법적 장치였다. 하지만 이주노동자는 외국에 거주하는 이주민이자 고용 노동자라는 이중적 지위로 인하여, ILO협약만으로는 자신들의 권리를 충분히 보장받기 어려웠다. 특히 합법적 체류자격을 얻어 거주하고 있는 이주노동자가 아닌, 비정규 혹은 불법적으로 체류하고 있는 외국인의 경우, 기본적인 권리조차 보장받지 못하는 경우가 많았다. 따라서 기존 ILO협약의 한계를 보완하고 이주노동자에 관한 지위를 보다 강력하게 보장할 수 있는 새로운 문서가 필요하게 되었다. 국제연합(UN)은 1990년 12월 18일 총회에서 모든 이주노동자와 그들의 가족 구성원들의 보호에 관한 협약(Convention on the Protection of the Rights of All Migrant Workers and Members of Their Families)을 채택하여 국제적 차원에서의 이주노동자 보호를 위한 법적 근거를 마련하였다.

이주노동자권리협약은 이주노동자와 그 가족의 인권 보호 및 증진에 초점을 맞춘 포괄적(comprehensive) 성격의 국제인권조약이다(공수진 · 박민영 · 이동호, 2011). 2015년 기준으로 46개국이 이주노동자권리협약을 비준하였으나, 아직 우리나라를 비롯한 주요 유럽연합 소속 국가들,

미국 등 주요 이민 국가들이 이 협약에 가입하지 않고 있어서, 협약의 실효성에 대해 의문을 제기하기도 한다.

이주노동자권리협약에서는 이주노동자를 "국적국이 아닌 나라에서 유급활동에 종사할 예정이거나, 이제 종사하고 있거나, 또는 종사해 온 사람"으로 정의하고 있다(제2조 제1항). 이주노동자권리협약은 협약의 명칭과 협약 전문에서 밝히고 있듯이, 이주노동자 본인뿐만 아니라 그 가족들에게도 적용된다. 협약 전문은 "가족 이산으로 인하여 이주는 이주노동자 본인은 물론 그 가족에게도 종종 심각한 문제를 야기함을 고려"한다고 하며, 이전까지 간과되어 왔던 이주노동자의 가족들의 문제에 있어서까지 보호의 범위를 확장하고 있다. 나아가, 이주노동자권리협약은 이주노동자의 이주 및 체류자격에 관계없이 모든 이주노동자에게 그 권리를 인정하고 있다(공수진 외, 2011). 이주노동자협약은 당사국들이 자국 내에서 적용해야 할 최소한의 기준을 정하기 위한 것으로, 미등록 혹은 위법 상황에 있는 이주노동자의 권리를 보장하는 것은 협약 전문에서도 강조되고 있다.

이 협약은 이주노동자의 지위에 대해서 매우 포괄적인 내용을 담고 있으며 보호의 강도도 높다. 전체적으로 보면, 전문과 제1부부터 제9부까지 93개조로 구성되어 있다.

제1부(제1~6조)는 협약이 적용되는 이주노동자의 범위와 용어의 정의를, 제2부(제7조)는 권리향유에서의 비차별의 원칙을, 제3부(제8~35조)는 증명서를 소지하지 않았거나 불법체류상태에 있는 근로자를 포함한 모든 이주노동자와 그 가족이 향유하는 인권을, 제4부(제36~56조)는 증명

서를 소지하였거나 적법상태에 있는 이주노동자와 그 가족에게만 인정되는 기타의 권리를, 제5부(제57~63조)는 국경근로자, 계절근로자 등 특별한 범주에 속하는 이주노동자와 그 가족의 권리를, 제6부(제64~71조)는 근로자와 그 가족의 국제적 이주에 관해 건전하고 형평에 맞고 인도적이며 적법한 상태를 촉진하기 위해 필요한 조치를, 제7부(제72~78조)는 협약의 적용과 이행을 확보하기 위해 필요한 사항, 즉 시행조치를, 제8부(제79~84조)는 다른 협약과의 관계 및 권리구제에 관한 일반조항을, 제9부(제85~93조)는 협약의 효력발생, 가입, 해석과 적용을 둘러싼 분쟁의 해

표 2 이주노동자권리협약의 주요 내용

균등 대우의 원칙(제2부)	"이 협약의 체약국은 인권에 관한 국제문서에 따라서 자국의 영역 내에 있거나 자국의 관할권에 복종해야 할 모든 이주노동자 및 가족에 대하여, 성 · 인종 · 피부색 · 언어 · 종교 또는 신조 · 정치적 또는 기타의 의견 · 민족이나 종족이나 사회의 출신 · 국적 · 연령 · 경제적 지위 · 재산 · 혼인상의 지위 · 출생 기타의 지위에 의한 어떠한 구별도 없이, 이 협약 가운데 정해진 권리를 존중하고 확보하는 것을 약속한다" → 민족적 출신뿐만 아니라, 국적에 의한 차별도 금지됨을 분명히 하고 있음
불법체류 근로자를 포함한 모든 이주 노동자 보호(제3부)	출국의 자유, 생명권(제9조), 고문 또는 비인도적 형벌의 금지(제10조), 노예 · 강제노동의 금지(제11조), 사상 · 양심 및 종교의 자유(제12조), 표현의 자유(제13조), 사생활 · 명예 및 신용의 보호(제14조) 등, 신체의 자유 등(제16조, 제17조 참조), 공정한 재판을 받을 권리(제18조, 제19조), 증명서, 여권의 보호(제21조), 강제퇴거(expulsion, 제22조), 근로조건에 대한 균등대우(제25조), 사회보장에 대한 권리와 긴급의료에 대한 권리(제27조, 제28조), 자녀의 권리(제29조, 제30조), 문화적 독자성의 존중(제31조), 노동조합에 대한 권리(제40조), 사전고지를 받을 권리(제33조, 제37조) → 대체로 세계인권선언, UN인권규약 등에서 정하고 있는 사항으로서 이를 체계적, 구체적으로 정하고 있음
합법체류 근로자에게 추가적으로 인정되는 권리(제4부)	일시 출국의 권리(제38조), 이동, 주거선택의 자유(제39조), 결사에 대한 권리(제40조), 본국의 공무에 참가할 권리(제41조), 가족의 결합(제44조), 직업선택의 자유(제52조)

결 등을 각각 규정하고 있다.

나. 문제점

이주노동의 오랜 역사적 배경 그리고 그로 인해 발생하는 여러 사회-경제적 효과 및 문제에도 불구하고 이주노동자에 대한 국제적인 관심과 보호는 아직 미진하다(박혜진, 2011). 현재 이주노동자와 관련하여 우리나라에는 미등록 이주노동자의 체포 및 구금, 고용허가제로 인한 인권 침해, 가사노동자, 이주노동자 자녀의 인권, 가족결합, 예술흥행비자 및 인신매매의 문제 등이 산재해 있다(공수진 외, 2011). 따라서 우리나라도 이주노동자권리 보호를 위하여 국제 협약을 비준할 것인지 여부에 대하여 신중하게 검토할 필요가 있다. 그러나 이주노동자권리협약은 다음과 같은 몇 가지 현실적인 제약이 있다.

첫째, 이주노동자권리협약을 비준한 국가가 전 세계적으로 많지 않은 실정이다. 이 협약은 다른 국제 협약과 비교했을 때 만들어지기까지에도 오랜 시간이 걸렸지만, 비준과 가입에도 상당한 시간이 걸리고 있다. 예를 들어 유엔아동권리협약의 경우, 발효하기까지 채 1년이 걸리지 않았다. 당사국 또한 193개국에 이르러 전 세계 대부분의 국가들이 가입한 셈이라 할 수 있다. 반면 이주노동자권리협약은 1990년 12월 18일에 채택되어 과테말라 정부가 20번째 비준서를 기탁하고 3개월이 경과한 후 그 다음달 1일인 2003년 7월 1일에 발효하였으니, 발효하는 데에만 대략 12년이 넘는 시간이 소요되었다. 이주노동자권리협약의 당사국은 2015년 현재까지 46개국이며 그 46개국 안에 소위 선진국 내지 인력수입국이라 할 수 있는 국가는 전무하다. 즉 이주노동자권리협약의 현재 당사국은 경제적으로 상당히 낙후되어 있고 임금 수준이 낮아 외국으로부터 노동자가 들어올 유인이 거의 없는 인력 송출국들에 한정되어 있다. 우리나라의 경우에도 이 협약에 대한 비준은 아직 이루어지지 않고 있다. 현재 우리 정부는 이주노동자권리협약의 가입률이 매우 저조하고, 이주민을 받아들이는 유입국 중 협약에 가입한 나라의 모델을 찾기 어렵다는 점을 들어 협약 비준은 시기상조라는 입장을 나타내고 있다.

둘째, 이주노동자권리협약이 국내법과 충돌할 우려가 있다. 이주노동자협약은 임금을 제공받는 활동에 종사할 예정이거나, 이에 종사하고 있는 사람뿐만 아니라 이미 계속적으로 종사하여 온 사람까지 포함하여 모두 이주노동자로 인정하고 있다. 이러한 이주노동자개념의 포괄적인 확장으로 인하여 등록이주노동자가 아닌 불법의 미등록 이주노동자도 이주노동자의 범위에 들어간다(박진완, 2010). 따라서 우리나라에 있어 고용허가를 받은 '등록외국인 거류자'가 아닌 외국인 취업자로서 소위 '불법취업자'라고 불리는 미등록노동자(undocumented workers)도 이주노동자의 범위에 포함시킬 수 있는 법적 근거를 제공하고 있다(박진완, 2010). 이 점에서 이주노동자의 등록화를 지향하고 있는 고용허가제의 취지와 충돌될 소지가 존재한다(채형복, 2009). 또한 미등록 이주노동자뿐 아니라, 그 가족에까지 권리 보장을 확장하고 있는 협약의 특성상 이 협약을 비준하고자 한다면 먼저 국내법의 정비를 선행하여야 할 것이다.

셋째, 실제적인 측면에서 동 협약의 권리 수여 대상이 미등록 이주노동자와 이주노동자의 가족에까지 확장하는 것은 국가에 큰 부담을 줄 가능성이 있다. 이 부분에 대해서는 국민적 공감대 형성부터 쉽지 않을 가능성이 있다. 다문화사회로의 급속한 변화와 더불어 다문화사회에 대한 국민적 반발 역시 만만치 않은 상황이다. 따라서 본 협약을 둘러싼 국내외 상황을 충분히 고려한 신중한 도입이 필요하다.

■ 아동권리협약

가. 현황

아동의 생존, 보호, 발달, 참여의 권리를 보장하고 있는 아동권리협약은 1989년 유엔총회에서 만장일치로 채택되었고, 우리나라는 1990년 9월 25일 아동권리협약에 서명하고 1991년 11월 20일 비준하여 12월 20일에 협약 당사국이 되었다. 이에 우리나라도 아동권리협약의 당사국으로서 협약의 구속력 아래 인정된 권리를 실현하기 위한 모든 적절한 입법적, 행정적 및 여타의 조치를 취할 의무를 갖게 되었다.

아동권리협약의 주요 특징을 살펴보면 먼저 이 협약은 세계의 모든 아동들에게 큰 변화를 약속하는 국제적인 문서로서 아동들이 적절한 생활수준을 누리는 세상을 원하는 국제사회의 염원을 담고 있다. 두 번째로 과거 여러 국제 조약들이 아동을 주로 소극적 보호대상으로 취급하고 있었으나(보호객체론), 아동권리협약에서는 아동을 하나의 능동적이고 적극적인 권리의 주체로 규정하고 있다(권리주체론). 즉 지금까지의 아동권리에 관한 선언적인 내용들과는 달리 아동권리를 구속력 있게 구체적으로 제시하였다(박한비, 2014). 따라서 이에 대한 국가의 의무가 뒤따르지만, 강제 이행 조치가 없다는 점은 한계로 지적된다. 셋째, 아동권리협약은 정부 및 민간 차원에서의 아동의 최선의 이익을 우선시하는 원칙을 규정하고 있으며, 아동의 능동적이고 적극적인 권리로서의 의사표시권과 자기 결정권을 보장하고 있다.

아동권리협약을 살펴보면 전문과 총 54개 조항으로 구성되어 있다. 전문은 유엔헌장, 세계인권선언, 아동권리선언, 국제인권규약 등의 국제문서에서 표명된 인간의 존엄과 가치 및 평등권 등 인간의 기본적 인권을 재확인하면서, 아동은 그들 국가와 부모 혹은 국제사회로부터 특별한 보호와 원조를 받을 권리를 가진다고 선언하였다. 그리고 54개의 조문은 3부로 나눌 수 있는데 제1부(제1조~제42조)에는 아동이 누려야 할 다양

표 3 아동권리협약의 내용

권리 유형	내용과 조항
생존권	생명의 존중 · 생존과 발달을 확보할 권리(제6조), 건강과 의료에 대한 권리(제24조)
보호권	–차별에 관한 협약 : 비차별(제2조), 성명과 국적(제7조), 장애아동(제24조), 원주민 아동(제30조) –착취 · 학대 관련 협약 : 부모와의 분리 및 면접교섭권(제9조), 가족의 재결합(제10조), 불법 해외 이송과 미귀환(제11조), 사생활(제16조), 학대와 방임으로부터의 보호(제19조), 가족이 없는 아동의 보호(제20조), 입양(제21조), 정기적인 심사(제25조), 아동노동자(제32조), 약물 · 학대(제33조), 성적 착취(제34조), 아동의 매매 · 유괴(제35조), 기타 모든 형태의 착취(제36조), 고문과 자유의 박탈(제37조), 재활혜택(제39조), 미성년자법(제40조) –위기 · 응급 상황 관련 협약 : 가족의 재결합(제10조), 난민아동(제22조), 정기적인 심사(제25조), 전쟁(제38조), 재활혜택(제39조)
발달권	개인의 발달(제5조, 제6조, 제13조, 제14조, 제15조), 정체성(제6조, 제7조), 가족(제9조, 제10조, 제11조), 아동의 의견(제9조, 제12조), 표현의 권리(제12조, 제13조), 표현의 자유(제13조), 사상 · 양심 · 종교의 자유(제14조), 결사의 자유(제15조), 정보와 자료(제17조), 건강과 신체적 발달(제24조), 교육(제28조, 제29조), 놀이와 오락활동(제31조), 문화 활동의 참여(제31조)
참여권	적당한 정보에 접근할 권리(제17조), 부모의 1차적 양육책임과 이에 대한 국가의 원조(제18조), 아동권리협약과 관련된 정보에 접근할 권리(제42조)

한 권리들과 그 실현을 위한 국가의 의무를 규정, 즉 아동의 권리와 체약국의 아동보호의무를 규정하고 있고, 제2부(제42조~제45조)에는 당사국의 이행을 확보하기 위한 유엔 아동권리위원회의설립과 활동, 즉 협약의 국제적 실시조치로서 국가보고제도와 아동권리위원회에 관하여 규정하고 있으며, 제3부(제46조~제54조)는 서명, 가입, 비준서 기탁, 개정절차, 유보, 폐기, 수탁자, 원본 등에 관하여 규정하고 있다. 하지만 우리나라는 아동권리협약에 가입하면서 당시 54개 조항 중에서 국내법과 충돌되는 몇몇의 조항에 대하여 유보하는 방식을 택하였다. 제9조 제3항 면접교섭권, 제21조 (가)입양허가제, 그리고 제40조 제2항 b호 아동의 상소권 보장에 대하여 유보하였고, 민법 개정으로 제9조 제3항 면접교섭권은 유보가 취소되었다(박한비, 2014).

나. 문제점

먼저 아동 권리를 보장하기 위하여 조금 더 세부적이고 실제적으로 적용 가능한 입법조치가 필요하다. 아동권리협약이 우리나라를 포함한 전 세계 아동의 권리 개선에 상상 그 이상의 발전을 가져온 것은 사실이다. 하지만 아직까지 우리나라는 아동권리협약의 이념을 성실하게 이행하였다고는 보기 힘들다. 다른 국가들이 아동권리협약의 조항을 참고하여 관련 규약을 국내법에 포함시킨 것에 비하여, 아직까지 우리나라에서는 구체적이고 의무적인 조항을 포함시키지 않고 있다. 즉 아동권리협약과 관련된 강제조항이 거의 포함되어 있지 않다. 예로 우리나라 헌법 제10조와 제34조 제4항에 아동권리협약의 이념을 추구하고 있지만, 제10조는 모든 국민이라는 범주하에, 그리고 제34조 제4항은 청소년이라는 범주하에서

단 두 개의 조문으로만 나타나 있어 수정이 필요하다.

둘째, 국가 통치의 최우선 기준으로 아동의 최상의 이익을 두는 노력이 필요하다. 한 나라의 입법 및 행정 조치가 아동들에게 다방면에서 영향을 끼친다. 심지어 조세나 무역, 외교 등에 관한 결정도 아동의 삶과 직접적으로 관련된다. 아동과 관련되지 않는 국가 정책이나 프로그램 등은 없다고 보아도 무방할 것이다. 그러므로 정부는 이와 같은 결정을 하기 전에 아동권리협약의 원칙이 적극적으로 적용되도록 하여야 한다. 특히 국가의 예산 결정은 아동에게 중대한 영향을 끼치므로 아동의 권리를 우선시하기 위해서는 예산결정은 심사숙고해야 한다. 예로 아동의 권리개선에 유리하도록 법을 강화하고 보장하거나, 아동의 권리를 전담하는 영구적인 조직을 설치하여 지속적이고 다양한 연구와 평가를 하는 방안도 아동권리를 위한 하나의 방법일 것이다(박한비, 2014).

셋째, 아동 권리의 교육이 더욱 확대되고 활발해져 개인과 모든 단체가 아동의 권리를 이해하고 증진하려는 활동이 필요하다. 아동의 권리에 대한 법적 이행이 이뤄지고 있지만, 아직까지 우리 국민들의 아동 권리에 대한 인식이 많이 부족하다. 그 이유를 유추해 보면 유교적 문화 때문에 아동의 권리에 대한 인식 자체가 타국에 비해 상대적으로 미약하기 때문이라 보인다. 따라서 아동의 인권, 권리가 지켜지기 위해서는 먼저 국민 전체, 사회 전체에 아동의 권리에 대한 인식이 전제로 깔려 있어야 아동의 권리가 지켜지는 것이다. 특히 본인 스스로 자신의 권리를 알고 이해하며 주장할 수 있어야 한다. 그리하여 아동기에 많은 것을 습득하기에 학교에서 아동이 스스로 권리를 알고 지킬 수 있는 아동권리협약의 주요 내용을 교육해야 한다. 그리하여 본인 스스로의 권리를 인식함과 다른 아동의 권리와 책임에 대하여 배우고, 그 과정에서 다른 사람의 권리도 인정하고 존중하는 책임을 갖게 되는 것이다. 그리고 정부의 모든 기관, 그 중에 지방은 그 능력을 향상시키기 위하여 더 체계적인 제도가 필요하다. 가정 역시 아동의 권리 실현에 필요한 지원과 보호를 가장 많이 제공하는 곳이기에 정부가 가정의 이러한 노력에 대해서는 적극적인 지원을 해 주어야 한다. 가정의 구성원들이 양질의 필수서비스를 이용할 수 있게 해주고, 보건 및 위생, 그리고 생활에 영향을 미치는 의사결정에 아동을 더 많이 참여하도록 노력해야 한다. 관련하여 일본의 경우 인권교육 및 인권계발의 추진에 관한 법률이, 페루에서는 인권교육 관련법을 제정하여 시행하고 있다. 따라서 우리나라도 아동의 권리에 대한 홍보와 교육이 더욱 더 활발히 이뤄져야 한다(박한비, 2014).

그리고 마지막으로 모든 아동을 위한 협약을 지키기 위해 협력해야 한다. 아동권리협약의 원칙과 협약에 명시된 권리들을 인정하고 이행하기 위해서는 하나의 개별 국가의 노력이 아니라 당사국들 간의 광범위한 협력이 반드시 필요하다. 실제로 최근 수년간 아동의 기초권리와 관련한 보건과 교육, 보호, 참여를 위한 국제사회의 협력이 현저히 늘어나, 아동의 권리가 잘 지켜지고 있다. 하지만 이는 주로 선진국에서의 이야기이지, 저개발국의 아동의 권리보호는 많은 차이가 있기에 저개발국들의 아동의 권리 향상을 위하여 선진국들과의 자원, 기술 원조가 필요하다. 따라서 각국의 정부는 가입국들, NGO, 종교지도자, 교사, 국회의원, 그리고 아동 등 모두의 협력이 필요하다.

2) 국적법 및 출입국관리법 분석

(1) 국적법

가. 현황

국적법은 헌법 제2조 제1항에 따라 대한민국의 '국민'이 되는 요건을 규정하는 법률이다.[2] 국적의 취득은 외국인이 한국에 정주의사를 가지고 이주하여 한국사회에 적어도 공적으로 완전히 통합된다는 의미를 가진다(최윤철, 2016, p.519). 국적법이 누구를 우리 사회의 구성원으로 받아들일 것인지, 어떤 방식으로 우리 사회의 구성원으로 받아들일 것인지를 결정하는 법률이라는 점에서 국적법은 다문화 관련 법률 중 핵심적 역할을 담당한다고 볼 수 있다.

국적법(제16호)(시행 1948.12.20.)을 시작으로, 수차례 개정을 거쳤으며, 현재는 국적법(제12421호)(시행 2014.6.19.)이 적용되고 있다. 제정 이후 개정 연혁은 표 4와 같다.

국적법은 미 군정이 점령지역 내에서의 일본의 신속한 무장해제 및 재산정리(적산)를 위해 조선인과 일본인을 구별할 목적으로 제정한 '국적에 관한 임시조례'(미 군정법령 제11호, 1948년 5월 11일)에서 기원한다. 이후 대한민국 정부가 수립되고 정부는 1948년 11월 17일 국적법(안)을 제헌국회에 제안하였고, 이 안이 같은 해 11월 29일 국회법제사법위원회의

---

2) 우리나라 헌법에서는 대한민국 국민이 되는 요건을 법률로 정하고 있는데(제2조 제1항), 이 국민이 되는 요건을 정하고 있는 법률이 국적법이다.

수정, 국회 본회의 심의를 거쳐 같은 해 12월 3일 가결되었다. 국회를 통과한 국적법 안을 정부가 1948년 12월 20일 공포하면서 대한민국 최초의 국적법이 제정 · 시행되었고, 이후 13차례의 개정을 거쳐 현재의 국적법의 내용이 완성되었다. 제정 국적법은 부(父)계 혈통주의 및 부(夫) 중심주의를 원칙으로 하였으나, 현재의 국적법은 부모(父母) 양계혈통주의를 택하고 있다(최윤철, 2016, pp.508-509, p.519).

우리 국적법은 국적 부여에 있어서 예외적인 경우를 제외하면 속인주의(혈통주의)를 원칙으로 하고 있다. 국적법의 이러한 원칙은 이주민 통합정책과 밀접한 관계를 가지고 있고, 국적을 부여하는 방식은 개별 국가의 역사와 문화적 배경과 밀접하게 관련되어 있다.[3)]

우리나라 국적법에서는 대한민국 국적을 취득하는 방법으로 출생에 의한 국적 취득, 인지에 의한 국적 취득, 귀화에 의한 국적 취득 등의 방식을 규정하고 있다. 이 중 외국인이 대한민국 국적을 취득할 수 있는 방법은 인지와 귀화이다. 따라서 현재 우리나라의 헌법과 국적법 체계에 의하면 '외국인'은 귀화절차를 거치지 않으면 대한민국의 '국민'이 될 수 없다. 자연히 우리나라의 경우 다문화가정 구성원들의 국적 문제는 '혈통주의와 귀화절차의 완화'를 통해 수용할 수밖에 없다고 할 수 있다(박성혁 외, 2007, pp.44-45).

---

3) 일반적으로 출생지를 기준으로 국적을 부여하는 국가로는 영국, 미국, 캐나다, 오스트레일리아, 뉴질랜드 등이 있으며, 우리나라와 같이 부모의 혈통을 기준으로 국적을 부여하는 국가로는 오스트리아, 중동 산유국, 대만, 싱가포르, 일본 등이 있다. 한편 출생지주의와 혈통주의를 절충하는 방식, 즉 거주지주의를 취하는 국가로 독일, 프랑스, 이탈리아, 스웨덴, 네덜란드, 벨기에 등이 있다.

표 4 국적법 제 · 개정 연혁

제정(1948.12.20.) 시행(1948.12.20.)

↓

일부개정(1962.11.21.) 시행(1962.11.21.)

↓

일부개정(1963.9.30.) 시행(1963.9.30.)

↓

일부개정(1976.12.22.) 시행(1976.12.22.)

↓

전부개정(1997.12.24.) 시행(1988.6.14.)

↓

일부개정(2001.12.19.) 시행(2001.12.19.)

↓

일부개정(2004.1.20.) 시행(2004.1.20.)

↓

일부개정(2005.5.24.) 시행(2005.5.24.)

↓

타법개정(2007.5.17.) 시행(2008.1.1.)

↓

일부개정(2008.3.14.) 시행(2008.3.14.)

↓

일부개정(2010.5.14.) 시행(2010.5.14.)

↓

일부개정(2010.5.4.) 시행(2011.1.1.)

↓

타법개정(2014.3.18.) 시행(2014.6.19.)

↓

타법개정(2016.5.29.) 시행(2016.11.30.)

이런 문제와 관련하여 우리나라는 1997년에 국적법을 개정하여 국적 부여 방식을 부계혈통주의에서 부모양계혈통주의로 확대하여 혈통주의를 완화한 바 있다. 또한 2004년 국적법 제6조 제2항 제3호와 제4호를 신설하여 혼인에 의한 간이귀화요건을 완화하였다. 구국적법에 의하면 대한민국의 국민과 혼인한 외국인이 대한민국에 귀화하려면 혼인한 상태로 2년 이상 대한민국에 주소가 있거나, 혼인 후 3년이 경과하고 혼인 상태로 대한민국에 1년 이상 주소를 두는 경우에만 가능하였다. 하지만 2004년 개정 국적법에 의하면, 본인의 귀책사유 없이 혼인이 파탄된 경우와 미성년의 자를 양육하는 경우를 간이귀화요건에 포함시킴으로써 귀화절차를 완화하였다(박성혁 외, 2007, p.45).

또한 2010년에는 복수국적을 제한적으로 허용하는 국적법 개정을 통해 엄격한 단일국적 제도에서 탈피하는 큰 변화가 나타나게 되었다. 법 개정에 따라 우수 외국인재의 귀화 요건이 완화되었고, 복수국적자는 국내법 적용에서 대한민국 국민으로만 처우하도록 하였고, 국적 선택 방식을 개선하였다. 또한 원정 출산의 경우 외국국적을 포기한 경우에만 우리나라 국적을 선택할 수 있도록 하였고, 자동국적상실제도를 개선하여 국적 선택 명령 제도를 도입하였다(이금로, 2010, pp.106-116).

국적법의 주요 내용은 표 5와 같다. 2014년 3월 18일 법률 제12421호로 제정되어 2014년 6월 19일부터 시행된 국적법은 22개의 조문으로 구성되어 있다. 국적법은 대한민국의 국민이 되는 요건을 정할 것을 목적으로(제1조), 국적 취득의 방식을 크게 출생, 인지, 귀화, 국적 회복에 의한 국적 취득으로 규정하고 있다(제2조~제9조). 외국인이 우리나라 국적을 취

표 5 국적법의 내용

구분	주요 내용	
국적법	제1조 목적 제2조 출생에 의한 국적 취득 제3조 인지에 의한 국적 취득 제4조 귀화에 의한 국적 취득 제5조 일반귀화요건 제6조 간이귀화요건 제7조 특별귀화요건 제8조 수반 취득 제9조 국적회복에 의한 국적 취득 제10조 국적 취득자의 외국 국적 포기 의무 제11조 국적의 재취득 제11조의2 복수국적자의 법적 지위 등 제12조 복수국적자의 국적선택의무	제13조 대한민국 국적의 선택 절차 제14조 대한민국 국적의 이탈 요건 및 절차 제14조의2 복수국적자에 대한 국적선택명령 제14조의3 대한민국 국적의 상실결정 제14조의4 복수국적자에 관한 통보의무 등 제15조 외국 국적 취득에 따른 국적 상실 제16조 국적상실자의 처리 제17조 관보 고시 제18조 국적상실자의 권리 변동 제19조 법정대리인이 하는 신고 등 제20조 국적 판정 제21조 허가 등의 취소 제22조 권한의 위임

득하는 방식인 인지와 귀화의 구체적 요건에 대해서도 언급하고 있다. 귀화의 경우, 일반귀화와 특별귀화로 구분하고, 각 귀화의 허가를 받을 수 있는 요건에 대해 구체적으로 설명하고 있다. 또한 외국인의 미성년인 자녀의 경우, 부 또는 모가 귀화허가를 신청할 때 함께 국적 취득을 신청할 수 있도록 하는 수반취득에 대해서도 다루고 있다. 이외에도 국적 취득자의 외국 국적 포기 의무(제10조)와 복수국적자의 법적 지위(제11조의 2)를 규정하고, 국적 선택의 의무(제12조)와 국적 선택 절차(제13조), 국적 이탈 요건 및 절차(제14조) 등을 규정하고 있다.

나. 문제점

이처럼 우리의 국적법도 다문화가정의 문제를 해결하기 위하여 혈통주의를 완화하거나, 귀화요건을 완화하는 등 노력을 하고는 있지만 근본적으로는 한계가 있다. 왜냐하면 기본적으로 다문화가정의 문제에 적극적으로 대응하려면 출생지주의까지는 아니라 해도 거주지주의 정도로는 수용할 필요가 있으며, 또한 혼인에 따른 간이귀화요건을 더욱 완화할 필요가 있기 때문이다(박성혁 외, 2007, p.45).

이에 국적법의 엄격성을 완화하여 다문화사회 정착을 촉진하여야 한다는 취지를 바탕으로 귀화절차를 완화하자는 주장이 제기되고 있다(박성혁 · 곽한영, 2008, p.693). 귀화절차를 완화하자는 입장에서는 결혼이민자를 대상으로 하는 현재의 간이귀화 요건이 결혼이민자의 신분 불안과 사회적 · 법적 차별을 가져온다고 주장한다. 간이귀화를 통해 국적을 취득하더라도 최소 3년 이상의 기간이 소요되는데, 이 기간 동안 불안정한 신분으로 인해 결혼이민자에게 부당한 처우와 인권침해가 가해질 우려가 크다는 것이다. 가정 내에서 불평등한 권력관계가 형성되어 가정폭력 등에 대해 적극적으로 대항하기 어렵고, 위장혼인 단속이라는 목적을 달성하기 위해 모든 국제결혼 가정이 불안정한 상태에 놓이는 것이 적절성과 합리성이 의심된다는 주장이다(박진근, 2013, pp.512-513). 하지만, 결혼이민자의 경우 귀화적격심사 중 일부를 면제하고 있어 결혼이민자의 한국문화에 대한 이해정도가 매우 낮은 현실에서 귀화요건의 완화가 다문화정책의 지향점인지는 좀 더 냉철히 논의해야 한다는 주장도 있다.

이 외에도, 이중국적의 문제와 더불어 '살아 있는 유령'으로 불리는 무국적자의 문제도 논의되어야 할 쟁점의 하나이다. 사실 국적이 한 국가와 구성원을 연결하는 법적 연결고리가 되듯, 무국적의 경우 그 법적 연결고리의 부재로 인해 제한받는 권리의 문제는 심각한 수준이다. 무국적자의 경우 호적과 주민등록이 없고, 주택을 임차하거나 구입할 수 없음은 물론, 통장 개설이나 휴대전화 개통 등이 불가능하다. 뿐만 아니라 건강보험의 혜택에서 제외되며 해외 출입국 또한 불가능하다(권영설, 2009, p.17).

이러한 쟁점 등에 대한 심층적인 논의를 통하여 체계적이고 합리적인 시스템을 갖추기 위한 논의가 보다 풍부해질 필요가 있다.

(2) 출입국관리법

가. 현황

출입국관리법은 '국민과 외국인'의 출입국 관리, 외국인의 체류 관리 및 난민인정 절차에 관한 일반적인 내용을 다루고 있는 법률이다. 대한민국에 입국하거나 출국하는 모든 사람은 이 법률에 따라 출국과 입국을 해야 한다. 출입국관리법이 제정될 당시에는 출입국 및 체류 외국인 수가 많지 않아서 이 법이 외국인의 출입국 및 체류관리에 큰 의미를 갖지 못하였다.[4] 그러나 올림픽 이후 외국인의 입국과 방문이 급격하게 증가하면서, 출입국관리법은 외국인의 체류관리 등의 가장 기본적이고 중요한 법률이 되었다(최윤철, 2016, p.509).

출입국관리법(제1289호)(시행 1963.3.5.)을 시작으로, 수차례 개정을 거쳤으며, 현재는 출입국관리법(제13440호)(시행 2016.1.25.)이 적용되고 있다. 제정 이후 개정 연혁은 표 6과 같다.

---

4) 당시 제정 출입국관리법의 체류 외국인 관련 규정, 강제퇴거 규정 등을 살펴보면 외국인의 출입국과 체류관리가 중요한 문제가 아니었던 것으로 추정된다(최윤철, 2016, p.509).

표6 출입국관리법 제 · 개정 연혁

제정(1963.3.5.), 시행(1963.3.5.)

↓

전부개정(1967.3.3.) 시행(1967.5.3.)

↓

타법개정(1973.1.15.) 시행(1973.1.15.)

↓

전부개정(1977.12.31.) 시행(1978.4.1.)

↓

전부개정(1983.12.31.) 시행(1984.7.1.)

↓

전부개정(1992.12.8.) 시행(1993.4.1.)

↓

일부개정(1993.12.10.) 시행(1994.7.1.)

↓

타법개정(1994.12.22.) 시행(1995.1.1.)

↓

일부개정(1996.12.12.) 시행(1997.7.1.)

↓

일부개정(1997.12.13.) 시행(1998.3.14.)

↓

일부개정(1999.2.5.) 시행(1999.3.1.)

↓

일부개정(2001.12.29.) 시행(2002.3.30.)

↓

일부개정(2002.12.5.) 시행(2003.3.6.)

↓

일부개정(2003.12.31.) 시행(2003.12.31.)

↓

타법개정(2005.8.4.) 시행(2005.8.4.)

↓

일부개정(2005.3.24.) 시행(2005.9.25.)

↓

일부개정(2007.12.21.) 시행(2008.3.22.)

↓

일부개정(2008.12.19.) 시행(2009.6.20.)

↓

일부개정(2010.5.14.) 시행(2010.8.15.)

↓

일부개정(2010.5.14.) 시행(2010.11.15.)

↓

타법개정(2009.12.29.) 시행(2010.12.30.)

↓

일부개정(2010.5.14.) 시행(2010.12.30.)

↓

일부개정(2011.4.5.) 시행(2011.4.5.)

↓

타법개정(2011.3.29.) 시행(2011.9.30.)

↓

일부개정(2011.7.18.) 시행(2012.1.19.)

↓

일부개정(2012.1.26.) 시행(2012.5.27.)

↓

일부개정(2012.1.26.) 시행(2012.7.27.)

↓

타법개정(2013.3.23.) 시행(2013.3.23.)

↓

타법개정(2012.2.10.) 시행(2013.7.1.)

↓

일부개정(2014.1.7.) 시행(2014.1.7.)

↓

타법개정(2014.5.20.) 시행(2014.5.20.)

↓

일부개정(2014.3.18.) 시행(2014.6.19.)

↓

일부개정(2014.12.30.) 시행(2015.3.31.)

↓

일부개정(2014.10.15.) 시행(2015.4.16.)

↓

타법개정(2015.1.6.) 시행(2016.1.7.)

↓

타법개정(2015.7.24.) 시행(2016.1.7.)

↓

타법개정(2015.7.24.) 시행(2016.1.25.)

↓

일부개정(2016.3.29.) 시행(2016.9.30.)

출입국관리법은 1947년, 1983년, 1992년 4차례의 전부개정이 있었고, 외국인 입국 및 체류가 본격적으로 늘어난 1990년대 후반부터는 거의 매년 개정이 있었다.[5] 1994년 개정 '출입국관리법'에는 제8장의2에 난민에 관한 장이 신설되었고, 2012년 난민법이 독립된 법률로 제정되면서 서로 체계상 맞지 않던 난민관련 주요 조항이 출입국관리법에서 제외되고 난민의 출입과 체류에 관련된 사항만 남게 되었다.[6] 또한 2007년과 2008년에는 각각 재한외국인 처우 기본법과 다문화가족 지원법이 제정되면서 출입국관리법이 개정되었고, 2012년에는 국적 취득이나 영주할 수 있는 체류자격 등을 취득하려는 외국인의 사회적응을 지원하기 위한 교육, 정보 제공, 상담 등을 제공하는 사회통합프로그램 시행의 근거를 법 내용으로 포함하게 되었다(최윤철, 2016, p.514).

---

5) 현재까지 출입국관리법은 총 37회의 개정을 거쳐 현재의 법 내용이 완성되었다.

6) 제76조의2, 제76조의3, 제76조의4, 제76조의8, 제76조의9, 제76조의10이 삭제되고, 제76조의5 난민여행증명서, 제76조의6 난민인정증명서 등의 반납, 제76조의7 난민에 대한 체류허가의 특례의 내용만 남게 되었다.

출입국관리법의 주요 내용은 다음과 같다.

표 7 출입국관리법의 내용

구분	주요 내용	
국적법	제1장 총칙	제2절 조사
	제2장 국민의 출입국	제3절 심사결정을 위한 보호
	제3장 외국인의 입국 및 상륙	제4절 심사 및 이의신청
	제1절 외국인의 입국	제5절 강제퇴거명령서의 집행
	제2절 외국인의 상륙	제6절 보호의 일시해제
	제4장 외국인의 체류와 출국	제7절 출국권고 등
	제1절 외국인의 체류	제7장 선박등의 검색
	제2절 외국인의 출국	제8장 선박등의 장 및 운수업자의 책임
	제5장 외국인의 등록 및 사회통합 프로그램	제8장의2 난민여행증명서 발급 등
	제1절 외국인의 등록	제9장 보칙
	제2절 사회통합 프로그램	제10장 벌칙
	제6장 강제퇴거 등	제11장 고발과 통고처분
	제1절 강제퇴거의 대상자	

현재의 출입국관리법은 안전한 국경관리와 체류 외국인관리를 중요한 목적으로 하고 있으나, 사실상 외국인의 출입국과 체류관리가 주요 목적과 내용을 이룬다. 11장으로 구성된 전체 법률 중 제1장(총칙)과 제2장(국민의 출입국), 선박의 입출항과 관련된 제7장과 제8장을 제외한 나머지 5개 장의 대부분이 외국인 관리를 내용으로 하고 있다. 제3장에서는 외국인의 입국 및 상륙과 관련하여, 사증, 입국심사, 입국금지 대상, 체류 자격, 상륙허가 등에 대해 규정하고 있으며, 세부적인 내용은 대통령령이나 법무부령으로 정하도록 하고 있다(제7조~제16조의2). 제4장에서는 외국인의 체류와 출국에 대하여 다루고 있는데, 외국인의 체류 및 활동 범위,

외국인 고용의 제한, 외국인 고용의 신고 의무, 체류자격 부여 및 변경 등의 내용을 담고 있다(제17조~제30조). 여기에서는 결혼이민자와 성폭력 피해자에 대한 특칙을 마련하여, 체류기간 연장이 가능하도록 하였다(제25조의 2, 제25조의 3). 제5장에서는 외국인 등록 및 사회통합 프로그램에 대해 규정하고 있다. 제1절에서는 외국인등록의 의무와 등록사항, 변경 신고, 외국인등록증 발급 등 외국인 등록에 대해서, 제2절에서는 사회통합프로그램의 운영, 이수자에 대한 우대, 자원봉사위원 등에 대해서 다루고 있다(제31조~제41조). 제6장에서는 강제퇴거의 대상자, 관련 조사 및 심사, 보호 및 출국권고 등에 대해 다루고 있다(제46조~제68조). 외국인의 강제퇴거 등을 자세히 규정한 제6장은 2010년 개정에서 자세하게 규정된 후, 2014년 개정에서 인권존중(제56조의3)과 적법절차를 강화하였다(최윤철, 2016, p.514). 한편, 제8장의2에서는 난민여행증명서 발급, 난민에 대한 체류허가의 특례 등의 내용을 다루고 있다.

나. 문제점

외국인이 대한민국에 입국하려고 할 때에는 체류자격을 가져야 한다. 이 체류자격에 따라 외국인의 대한민국에서의 체류기간 및 활동범위가 결정된다. 체류자격은 출입국관리법시행령 제12조의 별표 1에서 규정하고 있는데, 이 체류자격은 체류기간의 장단, 입국목적에 따라 구분된다(김경제, 2014, p.5).[7] 우리나라에서는 비전문 외국인 근로자에 대해 비전

---

7) 체류자격을 기간의 장단에 따라 구분하면 체류기간이 90일 이하인 단기체류, 체류기간이 91일 이상인 장기체류, 체류기간의 제한이 없는 영주로 구분한다. 장기체류와 영주의

문취업(E-9) 비자를 발급하고 있다. E-9 비자를 발급받고 입국한 경우 일정한 기간 동안 체류 후 귀국하는 것이 원칙으로, 귀화나 영주권 취득이 불가능하다. 이에 대해 특정 외국인들에게 귀화나 영주권 취득을 위한 기회를 평등하게 제공하지 못한다는 비판이 있다. 또한 비전문 외국인 근로자의 경우 가족의 이주에 관한 규정이 없어 가족 해체를 초래하고 있다는 지적도 있다. 전문 외국 인력의 경우 가족 초청, 동반 입국이 어느 정도 보장되는 데 반해, 비전문 외국인 근로자는 이러한 권리가 봉쇄되어 있다는 것이다.

하지만, 이러한 주장에 대해 비전문 외국인 근로자의 경우, 국가적 차원에서 입국시키는 목적이 뚜렷하고 그 전제가 단기간의 노동력 제공 후 귀국임을 고려할 때, 귀화나 영주권 취득이 불가능한 것이 당연하다는 주장도 있다. 가족 동반 역시 체류기간이 한정된 입국인만큼 가족 동반을 허용할 이유가 없다는 주장이다.

한편 외국인의 인권존중과 적법절차를 강화하였으나, 외국인의 강제퇴거 절차 및 실체적인 내용이 여전히 신체의 자유, 인신 보호 등과 관련한 적법절차 보장에 충실하지 못하다는 비판도 계속해서 제기되고 있다.

경우에는 입국일로부터 90일 이내에 외국인등록을 해야 한다. 체류자격을 입국 목적에 따라 분류하면, 외교, 공무, 협정, 사증면제, 관광 · 통과, 일시취재, 단기방문, 단기취업, 문화예술, 유학, 기술연수, 일반연수, 취재, 종교, 주재, 기업투자, 무역경영, 구직, 교수, 회화지도, 연구, 기술지도, 전문직업, 예술흥행, 특정활동, 비전문취업, 선원취업, 방문동거, 거주, 동반, 재외동포, 영주, 결혼이민, 기타, 관광취업, 방문취업으로 구분한다(김경제, 2014, pp.5-6).

3) 교육 관련법 분석

(1) 교육기본법

가. 현황

교육기본법은 교육에 관한 국민의 권리 · 의무 및 국가 · 지방자치단체의 책임을 정하고 교육제도와 그 운영에 관한 기본적 사항을 규정함을 목적으로 한다. 교육기본법은 총 25조로 구성되어 있으며, 그중 다문화와 직접적으로 관련된 조항은 제4조이다. 교육기본법 제4조에서는 모든 국민은 성별, 종교, 신념, 인종, 사회적 신분, 경제적 지위 또는 신체적 조건 등을 이유로 교육에서 차별을 받지 아니한다고 규정하고 있다.

교육기본법(제5437호)(시행 1998.3.1.)을 시작으로, 수차례 개정을 거쳤으며, 현재는 교육기본법(제14150호)(시행 2016.8.30.)이 적용되고 있다. 제정 이후 개정 연혁은 표 8과 같다.

표 8 교육기본법 제 · 개정 연혁

제정(1997.12.13.), 시행(1998.3.1.)
↓
일부개정(2000.1.28.) 시행(2000.7.29.)
↓
일부개정(2002.12.5.) 시행(2002.12.5.)
↓
일부개정(2004.1.20.) 시행(2004.1.20.)
↓
일부개정(2005.3.24.) 시행(2005.3.24.)
↓
일부개정(2005.11.8.) 시행(2005.11.8.)
↓
일부개정(2007.5.11.) 시행 (2007.8.12.)
↓
일부개정(2007.7.27.) 시행 (2007.7.27.)
↓
일부개정(2007.12.21.) 시행(2007.12.21.)
↓
일부개정(2008.3.21.) 시행(2008.6.22.)
↓
일부개정(2015.1.20.) 시행(2015.1.20.)
↓
일부개정(2016.5.29.) 시행(2016.8.30.)

교육기본법의 개정 과정을 간략하게 살펴보면 다음과 같다. 2000년 1월 28일에 이루어진 개정에서는 남녀평등의 이념을 보다 적극적으로 실현할 수 있도록, 이와 관련된 교육 시책을 실시할 의무를 국가 및 지방자치단체에 부여하도록 하였다. 2002년 12월 5일 이루어진 개정에서는 교육 관련 행정업무가 전자적으로 처리될 수 있도록 필요한 시책에 대하여 마련할 수 있도록 하고 있다. 2004년 1월 20일에 이루어진 개정에서는 국가

및 지방자치단체와 학교 등의 설립 및 경영자는 교육 실시에 있어 합리적 이유 없이 성별에 따라 차별할 수 없도록 하며, 남녀평등교육이 실현되도록 하고 있다. 2005년 3월 24일 이루어진 개정에서는 교육행정정보시스템(NEIS) 실시와 관련하여 제도의 미비점 등을 보완하고 있다. 2005년 11월 8일 이루어진 개정에서는 학교에서 학문적 양심을 토대로 학업 · 연구 및 교육이 이루어질 수 있는 문화적 풍토를 조성하기 위하여 학생은 학습자로서의, 교원은 교육자로서의 윤리의식을 확립하도록 하고 있다. 2007년 5월 11일 이루어진 개정에서는 미래 세대인 학생들의 기초체력을 증진시키고 사회성과 협동심 등 인성교육을 강화하기 위하여 국가 및 지방자치단체로 하여금 학생의 체력증진과 체육활동 장려에 필요한 시책을 수립 · 실시하도록 하고 있다. 2007년 7월 27일 이루어진 개정에서는 교원 수급 등 지역 격차 완화, 학생의 성 관련 시책 실시, 교육 관련 정보 공개, 교육에 있어서 인종 차별 금지 명시, 자녀 등 피보호자에 대한 학생 정보 제공 받을 권리 명시 등 다양한 현 제도의 미비점 등을 개선하고자 하였다. 2007년 12월 21일 이루어진 개정에서는 법 문장을 쉽고 간결한 용어로 서술하도록 하고 있다. 2008년 3월 21일 이루어진 개정에서는 대학교 기숙사 등 주거 안전 및 향상을 도모하고 있다. 2015년 1월 20일 개정에서는 국가와 지방자치단체로 하여금 학생과 교직원의 안전을 보장하고 사고 예방에 필요한 시책을 수립 · 실시하도록 의무를 부과하고 있다. 2016년 5월 29일 개정에서는 헌법적 가치가 교육정책으로 반영 · 진흥될 수 있도록 하고 있다.

이 중에서 가장 주목할 부분은 2007년 7월 27일에 이루어진 동법에 대한 일부개정 부분이며, 이때부터 교육에 있어 인종 차별 금지를 교육기본법에 명시하게 되었다. 교육기본법의 구체적인 내용은 표 9와 같다.

표 9 교육기본법의 내용

구분	주요 내용	
교육 기본법	**제1장 총칙** 제1조 목적 제2조 교육이념 제3조 학습권 제4조 교육의 기회균등 제5조 교육의 자주성 등 제6조 교육의 중립성 제7조 교육재정 제8조 의무교육 제9조 학교교육 제10조 사회교육 제11조 학교 등의 설립 **제2장 교육당사자** 제12조 학습자 제13조 보호자 제14조 교원 제15조 교원단체 제16조 학교 등의 설립자 · 경영자 제17조 국가 및 지방자치단체	**제3장 교육의 진흥** 제17조의2 남녀평등교육의 증진 제17조의3 학습윤리의 확립 제17조의4 건전한 성의식 함양 제17조의5 안전사고 예방 제18조 특수교육 제19조 영재교육 제20조 유아교육 제21조 직업교육 제22조 과학 · 기술교육 제22조의2 학교체육 제23조 교육의 정보화 제23조의2 학교 및 교육행정기관 업무의 전자화 제23조의3 학생정보의 보호원칙 제24조 학술문화의 진흥 제25조 사립학교의 육성 제26조 평가 및 인증제도 제26조의2 교육 관련 정보의 공개 제27조 보건 및 복지의 증진 제28조 장학제도 등 제29조 국제교육

교육기본법은 크게 3장으로 구성되어 있으며, 제1장 총칙에서는 동법의 목적, 교육 이념 등의 내용을 담고 있다. 제2장 교육당사자에서는 실제적인 교육 당사자인 학습자, 보호자, 교원, 교원단체 등을 설명하고 있다.

제3장에서는 교육의 진흥과 관련된 다양한 내용을 포괄하고 있다.

나. 문제점

교육기본법 제4조[8]에 따르면, '인종' 등에 따른 차별을 금지하는 일반 조항이 존재한다(박성혁 · 곽한영, 2008). 즉 피부색이 다르더라도 한국 국적을 보유한 다문화가정 자녀에 대해서 교육의 기회를 동등하게 보장한다. 하지만 교육기본법상의 교육을 받을 수 있는 권리는 '모든 국민'으로 한정하고 있어, 한국 국적을 갖지 않은 다문화구성원의 자녀는 교육권에 제한을 받게 된다(장덕호, 2015, p.173). 하지만 현실적으로 다문화구성원들이 우리의 교육 제도하에서 교육권을 보장받아야 할 상황이 발생하기 때문에 이를 보완하기 위하여 교육기본법에 대한 재검토가 필요할 것이다. 일각에서는 교육기본법에 다문화주의적 교육 원리가 담긴 포괄적 규정의 신설을 통하여 관련 하위 법령의 해석 및 행정, 정책 판단의 준거로 삼도록 할 필요가 있다는 의견을 제시하기도 한다. 물론 법률 개정에 앞서 이 부분에 대한 사회 구성원 전체의 공감대 형성이 우선되어야 하며, 이를 위한 지속적인 관심과 논의가 필요하다.

(2) 초 · 중등교육법

가. 현황

초 · 중등교육법은 교육기본법 제9조에 따라 초 · 중등교육에 관한 사

8) 제4조(교육의 기회균등) ① 모든 국민은 성별, 종교, 신념, 인종, 사회적 신분, 경제적 지위 또는 신체적 조건 등을 이유로 교육에서 차별을 받지 아니한다.

항을 정함을 목적으로 한다. 초 · 중등교육법(제5438호)(시행 1998.3.1.)을 시작으로, 수차례 개정을 거쳤으며, 현재는 초 · 중등교육법(제14158호)(시행 2016.5.29.)이 적용되고 있다. 제정 이후 개정 연혁은 표 10과 같다.

표 10 초 · 중등교육법 제 · 개정 연혁

제정(1997.12.13.) 시행(1998.3.1.)
↓
일부개정(1999.8.31.) 시행(2000.3.1.)
↓
일부개정(2000.1.28.) 시행(2000.1.28.)
↓
일부개정(2001.4.7.) 시행(2001.4.7.)
↓
일부개정(2002.8.26.) 시행(2002.8.26.)
↓
일부개정(2003.7.25.) 시행(2006.3.1.)
↓
일부개정(2004.1.20.) 시행(2004.1.20.)
↓
일부개정(2005.3.24.) 시행(2005.9.25.)
↓
일부개정(2005.12.7.) 시행(2005.12.7.)
↓
일부개정(2007.1.3.) 시행(2007.1.3.)
↓
일부개정(2007.8.3.) 시행(2007.8.3.)
↓
일부개정(2007.12.14.) 시행(2008.3.1.)
↓
일부개정(2011.5.19.) 시행(2011.5.19.)
↓
일부개정(2011.7.25.) 시행(2011.10.26.)

↓

일부개정(2011.9.30.) 시행(2012.1.1.)

↓

일부개정(2012.1.26.) 시행(2012.1.26.)

↓

일부개정(2012.3.21.) 시행(2012.3.21.)

↓

일부개정(2013.12.30.) 시행(2013.12.30.)

↓

일부개정(2014.1.28.) 시행(2014.4.29.)

↓

일부개정(2015.3.27.) 시행(2015.9.28.)

↓

일부개정(2016.1.27.) 시행(2016.7.28.)

↓

일부개정(2016.2.3.) 시행(2016.8.4.)

↓

일부개정(2015.5.29.) 시행(2016.5.29.)

초 · 중등교육법 중에서 다문화와 관련된 개정 사항은 2016년 7월 28일 시행된 2016년 1월 27일 개정에서 나타난다. 이 개정은 현행법 상 외모 · 언어 · 문화 차이로 국내학교에 적응하기 곤란한 다문화가정의 자녀에 대해서도 외국인학교 입학자격을 부여함으로써 이들의 교육권을 보장할 필요가 있음에도 부모의 국적취득여부에 따라 입학자격이 결정되는 점, 부모와 함께 한국에 체류할 여건이 안 되는 외국인 학생이 한국에서 교육을 받고자 할 경우도 제외하고 있으며, 외국인 학교가 부정입학 등에 연루될 경우 외국인학교에 대해 시정 · 변경명령 없이 행정처분을 부과할 수 있는 근거가 없어 이에 대한 제재의 실효성이 떨어지는 상황인 점 등을 고려하여 이루어졌다. 이에 따라서 부모와 함께 국내에 체류할 여건이 안 되는 외국인 학생이 학업을 위해 국내에 체류할 경우 및 귀화자의 자녀 가운데 일반 초 · 중 · 고등학교에서 학업을 지속하기 곤란하다고 판단되는 경우를 외국인학교 입학대상에 포함하도록 하였다(제60조의2제1항). 또한 외국인 학교가 초 · 중등교육법 또는 기타 교육 관계 법령을 위반한 경우, 이에 대한 행정처분을 대통령령으로 정하도록 하였다(제63조제3항 신설).

초 · 중등 교육법의 구체적인 내용은 표 11과 같다.

표 11 초 · 중등교육법의 내용

구분	주요 내용	
초 · 중등 교육법	**제1장 총칙** 제1조 목적 제2조 학교의 종류 제3조 국립 · 공립 · 사립 학교의 구분 제4조 학교의 설립 등 제5조 학교의 병설 제6조 지도 · 감독 제7조 장학지도 제8조 학교 규칙 제9조 학생 · 기관 · 학교 평가 제10조 수업료 등 제11조 학교시설 등의 이용 **제2장 의무교육** 제12조 의무교육 제13조 취학 의무 제14조 취학 의무의 면제 등 제15조 고용자의 의무 제16조 친권자 등에 대한 보조 **제3장 학생과 교직원** 제1절 학생 제2절 교직원 **제4장 학교** 제1절 통칙	제2절 학교운영위원회 제3절 삭제 제4절 초등학교 · 공민학교 제5절 중학교 · 고등공민학교 제6절 고등학교 · 고등기술학교 제7절 특수학교 등 제8절 각종학교 제4장의2 교육비 지원 제60조의4 교육비 지원 제60조의5 교육비 지원의 신청 제60조의6 금융정보등의 제공 제60조의7 조사 · 질문 제60조의8 교육비 지원 업무의 전자화 제60조의9 교육비 지원을 위한 자료 등의 수집 등 **제5장 보칙 및 벌칙** 제61조 학교 및 교육과정 운영의 특례 제62조 권한의 위임 제63조 시정 또는 변경 명령 제64조 휴업명령 및 휴교처분 제65조 학교 등의 폐쇄 제66조 청문 제67조 벌칙 제68조 과태료

사실 현행 초 · 중등 교육법에서 다문화와 관련된 조항은 거의 찾아보기 힘들며, 초 · 중등 교육법 시행령에서 관련된 조항을 일부 확인할 수 있다. 초 · 중등 교육법 시행령 제19조 제1항을 살펴보면, 귀국 학생 및 다

표 12 초 · 중등교육법 시행령의 다문화 관련 내용

제19조(귀국 학생 및 다문화학생 등의 입학 및 전학) ① 다음 각 호의 어느 하나에 해당하는 아동이나 학생(이하 이 조에서 "귀국학생등"이라 한다)의 보호자는 제17조 및 제21조에 따른 입학 또는 전학 절차를 갈음하여 거주지가 속하는 학구 안에 있는 초등학교의 장에게 귀국학생등의 입학 또는 전학을 신청할 수 있다.

1. 외국에서 귀국한 아동 또는 학생
2. 재외국민의 자녀인 아동 또는 학생
3. 북한이탈주민의 보호 및 정착지원에 관한 법률 제2조제1호에 따른 북한이탈주민인 아동 또는 학생
4. 외국인인 아동 또는 학생
5. 그 밖에 초등학교에 입학하거나 전학하기 전에 국내에 거주하지 않았거나 국내에 학적이 없는 등의 사유로 제17조 및 제21조에 따른 입학 또는 전학 절차를 거칠 수 없는 아동 또는 학생

② 제1항의 신청을 받은 초등학교의 장은 전자정부법 제36조제1항에 따른 행정정보의 공동이용을 통하여 출입국관리법 제88조에 따른 출입국에 관한 사실증명 또는 외국인등록 사실증명의 내용을 확인하여야 한다. 다만, 귀국학생등의 보호자가 그 확인에 동의하지 않을 때에는 다음 각 호의 어느 하나에 해당하는 서류를 첨부하게 하여야 한다.

1. 출입국에 관한 사실이나 외국인등록 사실을 증명할 수 있는 서류
2. 임대차계약서, 거주사실에 대한 인우보증서 등 거주사실을 확인할 수 있는 서류

③ 외국에서 귀국한 아동은 제1항에도 불구하고 교육감이 정하는 바에 따라 귀국학생 특별학급이 설치된 초등학교에 입학 또는 전학할 수 있다.

④ 다문화가족지원법 제2조제1호에 따른 다문화가족의 구성원인 아동이나 학생(이하 "다문화학생"이라 한다)은 제17조 및 제21조에도 불구하고 교육감이 정하는 바에 따라 다문화학생 특별학급이 설치된 초등학교에 입학하거나 전학할 수 있다.

문화학생 등의 입학 및 전학에 관련한 사항을 규정하고 있다. 구체적인 내용은 표 12와 같다.

또한 귀국학생 및 다문화학생 등의 입학 · 전학 및 편입학을 다루고 있는 초 · 중등교육법 시행령 제75조를 살펴보면, 다문화구성원에 해당하는 학생들, 특히 미등록 아동 등에 대해서도 국내 학교에 입학하여 교육을 받을 수 있는 기회를 부여하고 있다.[9)]

나. 문제점

앞서 살펴보았듯이, 초 · 중등교육법에는 다문화와 관련된 내용을 직접적으로 다루지 않고 있다. 오히려 다른 다문화 관련 법에서 교육에 관한 부분을 언급하고 있음을 감안할 때, 초 · 중등교육법상에서 다문화 관

---

9) 제75조(귀국학생 및 다문화학생 등의 입학 · 전학 및 편입학) ① 다음 각 호의 어느 하나에 해당하는 아동이나 학생의 보호자는 제68조 및 제73조제1항에 따른 입학 · 전학 또는 편입학 절차를 갈음하여 거주지를 학구로 하는 초등학교가 속하는 학교군 또는 중학구에 있는 중학교의 장에게 입학 · 전학 또는 편입학을 신청할 수 있다.

1. 제19조제1항 제1호부터 제4호까지의 아동 또는 학생
2. 그 밖에 중학교에 입학 · 전학 또는 편입학하기 전에 국내에 거주하지 않았거나 국내에 학적이 없는 등의 사유로 제68조 및 제73조제1항에 따른 입학 · 전학 또는 편입학 절차를 거칠 수 없는 아동 또는 학생

② 제1항의 신청을 받은 중학교의 장은 전자정부법 제36조제1항에 따른 행정정보의 공동이용을 통하여 출입국관리법 제88조에 따른 출입국에 관한 사실증명 또는 외국인등록 사실증명의 내용을 확인하여야 한다. 다만, 제1항 각 호에 따른 아동 또는 학생의 보호자가 그 확인에 동의하지 아니할 때에는 다음 각 호의 어느 하나에 해당하는 서류를 첨부하게 하여야 한다.

1. 출입국에 관한 사실이나 외국인등록 사실을 증명할 수 있는 서류
2. 임대차계약서, 거주사실에 대한 인우보증서 등 거주사실을 확인할 수 있는 서류

③ 외국에서 귀국한 학생은 제1항에도 불구하고 교육감이 정하는 바에 따라 귀국학생 특별학급이 설치된 중학교에 입학 · 전학 또는 편입학할 수 있다.

④ 다문화학생은 제68조 및 제73조제1항에도 불구하고 교육감이 정하는 바에 따라 다문화학생 특별학급이 설치된 중학교에 입학 · 전학 또는 편입학할 수 있다.

련 교육에 관한 사항을 규정할 것인지 고민해 볼 필요가 있을 것이다. 초 · 중등교육법에서 다룰 수 있는 다문화 관련 사항으로는 다문화교육의 정의와 목표, 대상의 명확화와 교육적 기회 부여, 교육과정 운영, 이중언어 교육, 교사의 다문화적 교수 능력 개발, 기타 필요한 교육적 지원 등에 관한 구체적 규정 등이 있을 것이다. 또한 하위 시행령과 시행 규칙에서는 다문화 역량을 갖춘 교원 양성 및 연수, 다문화교육적 관점에서의 장학, 다문화교육에 대한 성과 평가 및 환류, 이를 위한 예상 및 행정지원 등에 대하여 다룰 수 있을 것이다.

초 · 중등교육법 시행령 부분을 살펴보면, 2006년 초 · 중등교육법 시행령 개정으로 인하여 미등록 아동에게도 취학의 기회가 확대된 것을 알 수 있다. 이를 통하여 그동안 교육권을 보장받지 못하였던 불법체류자 자녀 등에게도 최소한의 교육을 받을 수 있는 길이 보장되었다. 하지만 이러한 시행령 개정으로 인하여 다문화구성원의 범위의 측면에서 타 법률과 모순이 발생하게 되었다. 재한외국인처우기본법에서 '재한외국인'은 합법체류 외국인과 결혼이민자와 그 자녀이지만 다문화가족지원법의 '다문화가족'은 결혼이민자와 그 가족, 귀화자와 그 가족까지 포함한다. 하지만 초 · 중등교육법시행령에서는 다문화구성원의 범위를 불법체류자 자녀까지 확대하고 있는 것 아니냐는 문제를 제기하게 된다. 물론 초 · 중등교육법 시행령상에 이를 구체적으로 언급하고 있는 것은 아니지만, 현실적으로 이들 자녀에까지 교육권을 확대하는 것은 오히려 법률상 혼란을 야기하는 것이 아니냐는 지적을 받기도 한다. 하지만 이는 비단 초 · 중등교육법 시행령만의 문제라기보다, 근본적으로 우리 법률 전체적으로 다문화구성원에 대한 개념 정의가 모호한 것에서 발생한 문제라 할 수 있다.

앞서 제시한 바와 같이 초·중등교육법 시행령상에서 미등록 아동에 대한 입학을 보장하고 있으나, 법률이 아닌 시행령이라는 점과 미등록아동의 입학여부가 학교장의 재량사항으로 규정되어 있다는 점에서 실효성이 있느냐 하는 문제가 제기되기도 한다. 즉 해당 학교가 미등록 아동을 입학시키지 않는다고 하더라도 이를 처벌할 수 있는 강제 규정이 없다.

한편 초·중등교육법 시행령 제75조에서는 중학교 학생이 합법적인 체류사실을 증명하지 않더라도 학생의 학습권이 보장되도록 개정되어 아동의 교육권이 중학교까지 보장받게 되었다. 이는 이른바 불법체류라는 신분으로 인해 아동의 교육권이 침해받지 않도록 조치를 취한 조항이다. 외국인 근로자 가정의 자녀들이 초등학교에 입학하는 것을 허용하고 있으며, 초·중등교육법 시행령 제75조와 82조에 따라 중학교의 경우 학칙과 학교장에 의하여 전입학이 허용되고(초·중등교육법 시행령 제75조[10]), 고등학교의 경우 일반전형 이외의 방법으로 입학전형을 실시하는 것을 인정하고 있다(동법 제82조[11]). 따라서 외국인 근로자 자녀들은 국

10) 제75조(귀국학생 및 다문화학생 등의 입학·전학 및 편입학) ① 다음 각 호의 어느 하나에 해당하는 아동이나 학생의 보호자는 제68조 및 제73조제1항에 따른 입학·전학 또는 편입학 절차를 갈음하여 거주지를 학구로 하는 초등학교가 속하는 학교군 또는 중학구에 있는 중학교의 장에게 입학·전학 또는 편입학을 신청할 수 있다.

11) 제82조(입학전형방법) ① 전기학교의 입학전형은 교육감이 정하는 바에 따라 학생의 자기주도 학습 능력을 신장시키는 것을 목적으로 중학교의 학교생활기록부 기록(학교생활기록부가 없는 경우에는 이를 갈음하여 활용하는 자료를 말한다)과 다음 각 호의 일부 또는 전부를 반영하되, 중학교 교육과정의 수준과 범위를 벗어나지 아니하는 범위에서 실시한다. 〈개정 2010.6.29., 2011.12.30.〉

내에서의 학교 급에 따른 졸업장을 취득하게 되면 다음 단계의 학교 급으로 진학이 가능하다(김미나, 2009).

하지만 중학교의 최종 입학 결정이 학교의 학칙에 의하도록 규정되어 있으므로 실제 입학 과정에서는 많은 어려움이 발생한다(장덕호, 2015). 초등학교는 불법체류자의 자녀도 전월세 계약서, 이웃의 거주확인 보증서 등의 서류 제출만으로 입학할 수 있도록 절차를 완화하였으며, 취학중인 불법체류 아동들을 초등학교 졸업시점까지 그 부모와 함께 체류할 수 있도록 한시적인 구제 조치를 실시하고 있다. 그러나 미등록 이주민이 갖는 거주지 불안정, 신분노출 우려, 경제적 어려움 등으로 인하여 미등록 이주 아동의 재학률은 매우 낮다. 특히 '외국인등록사실 증명'을 중 · 고등학교에 제출할 수 없기 때문에 정부의 입학에 관한 허용 조치의 실효성이 많이 상쇄되는 형편이다. 또한 현행법은 교사가 학생과 부모의 불법체류사실을 알게 되면 신고하도록 되어 있기 때문에 미등록 이주 아동은 불안할 수밖에 없는 실정이다(장덕호, 2015). 따라서 미등록 아동에 대한 최소한의 교육권 보장이 정책의 근본적인 방향이라면 이를 보다 현실적으로 지원할 수 있는 강제 규정이 필요하다.

---

1. 제19조제1항제1호부터 제4호까지의 아동 또는 학생
2. 그 밖에 중학교에 입학 · 전학 또는 편입학하기 전에 국내에 거주하지 않았거나 국내에 학적이 없는 등의 사유로 제68조 및 제73조제1항에 따른 입학 · 전학 또는 편입학 절차를 거칠 수 없는 아동 또는 학생

4) 노동법 및 사회보장 관련법 분석

(1) 다문화가족지원법

가. 현황

다문화가족지원법은 다문화가족 구성원이 안정적인 가족생활을 영위할 수 있도록 함으로써 이들의 삶의 질 향상과 사회통합에 이바지함을 목적으로 하고 있다. 가족은 사회를 구성하는 가장 기본적인 구성단위로서 가족의 건전성과 지속성은 우리 사회의 안녕과 발전에 커다란 영향을 미친다. 따라서 다문화가족지원법의 제정은 다문화가족에 대한 지원이자, 우리 사회의 영속성을 위한 중요한 결단이었다고 볼 수 있다.

다문화가족지원법(제8937호)(시행 2008.3.21.)을 시작으로, 수차례 개정을 거쳤으며, 현재는 다문화가족지원법(제13536호)(시행 2016.6.2.)이 적용되고 있다. 제정 이후 개정 연혁은 표 13과 같다.

표 13 다문화가족지원법 제 · 개정 연혁

제 · 개정 연혁
제정(2008.3.21.) 시행(2008.9.22.)
↓
타법개정(2010.1.18.) 시행(2010.3.19.)
↓
일부개정(2011.4.4.) 시행(2011.10.5.)
↓
일부개정(2012.2.1.) 시행(2012.8.2.)
↓
타법개정(2013.3.23.) 시행(2013.3.23.)
↓
일부개정(2013.8.13.) 시행(2014.1.1.)
↓

일부개정(2015.12.22.) 시행(2016.3.23.)
↓
일부개정(2015.12.1.) 시행(2016.6.2.)
↓
일부개정(2016.3.2.) 시행(2016.9.3.)

다문화가족지원법의 개정 과정을 간략하게 살펴보면 다음과 같다. 2010년 1월 18일에 이루어진 다문화가족지원법에 대한 개정은 정부조직법의 일부개정으로 인하여 발생한 것으로, 해당 법률 내용에 변화는 없었다. 2011년 4월 4일에 이루어진 법률 개정은 다문화가족 수의 급격한 증가와 함께 다문화가족 범위에 대한 재설정이 필요하게 되어 이루어진 것으로, 기존에 법률에 비하여 다문화가족의 범위를 확대하고, 다문화가족정책위원회가 설치된 특징이 있었다. 또한 다문화가족에 대한 이해 증진을 위한 교육 실시, 결혼 이민자 등에 대한 한국어교육 지원 등의 새로운 내용도 포괄하게 되었다. 2012년 2월 1일에 이루어진 법률 개정에서는 다문화 관련 정책을 보다 체계적으로 실행할 수 있도록 국가와 지방자치단체 등에서 이루어질 관련 사업 등에 대하여 명시하는 방향으로 변화하였다. 2013년 3월 22일에는 모국어 교육 지원 사업에 대한 활성화, 다문화 이해 교육 활성화를 위하여 법률을 일부 개정하였다. 2013년 8월 13일의 개정에서는 결혼이민자나 다문화가족의 생활적응과 조기정착을 돕기 위하여 다국어로 상담과 통역이 가능한 다문화가족종합정보 전화센터를 설치함으로써 결혼이민자나 다문화가족이 필요한 서비스를 받을 수 있도록 하였고, 다문화가족이 이혼 등의 사유로 해체된 경우에도 그 구성원이었던 자녀에 대하여는 이 법을 적용할 수 있는 근거를 마련하였다. 2015년 12월

22일에는 기존의 초기 정착 단계 지원 중심의 정책 패러다임을, 다문화가족 구성원이 모든 생활 영역에서 사회 구성원으로서의 기본적인 역할을 담당할 수 있도록 다문화가족의 역량 자체를 개발하는 방향으로 정책적 패러다임을 변화시켰다. 가장 최근에 이루어진 2016년 3월 2일 법률 개정에서는 결혼 이민자등에게 제공하는 정보의 내용을 보다 구체화하여, '아동에 대한 학습 및 생활지도 관련 정보'를 포함하여 제공하도록 명시적으로 규정하는 방향으로 변화하였다.

다문화가족 지원법의 주요 내용은 표 14와 같다.

표 14 다문화가족지원법의 내용

구분	주요 내용	
다문화 가족지원법 (17개 조항)	제1조 목적 제2조 정의 제3조 국가와 지방자치단체의 책무 제4조 실태조사 등 제5조 다문화가족에 대한 이해증진 제6조 생활정보 제공 및 교육 지원 제7조 평등한 가족관계의 유지를 위한 조치 제8조 가정폭력 피해자에 대한 보호 · 지원 제9조 의료 및 건강관리를 위한 지원	제10조 아동 보육 · 교육 제11조 다국어에 의한 서비스 제공 제12조 다문화가족지원센터의 설치 · 운영 등 제13조 다문화가족 지원업무 관련 공무원의 교육 제14조 사실혼 배우자 및 자녀의 처우 제15조 권한의 위임과 위탁 제16조 민간단체 등의 지원 제17조 과태료

2008년 3월 21일 법률 제8937호로 제정되어 2008년 9월 22일부터 시행된 다문화가족지원법은 16개의 조문으로 구성되어 있다. 제정 당시의 다문화가족지원법은 국가와 지방자치단체에 대하여, 다문화가족 구성원이 안정적인 가족생활을 영위하는 데 필요한 제도와 여건을 조성할 의무(제3조), 다문화가족에 대한 사회적 차별 및 편견을 예방하고 사회구성원이

문화적 다양성을 인정하고 존중할 수 있도록 다문화 이해교육과 홍보 등 필요한 조치를 할 의무(제5조), 다문화가족이 민주적이고 양성평등한 가족관계를 누릴 수 있도록 가족상담, 부부교육, 부모교육, 가족생활교육 등을 추진할 의무(제7조)를 부과하고 있었다. 그리고 다문화가족 내 가정폭력을 방지하기 위하여 노력하여야 하고(제8조 제1항), 가정폭력의 피해를 입은 결혼이민자 등에 대한 보호 및 지원을 위하여 외국어 통역 서비스를 갖춘 가정폭력 상담소 및 보호시설의 설치를 확대하도록 노력하여야 하며(제8조 제2항), 다문화가족 지원정책을 추진함에 있어서 결혼이민자등의 의사소통의 어려움을 해소하고 서비스 접근성을 제고하기 위하여 다국어에 의한 서비스 제공이 이루어지도록 노력하여야 한다고 규정하고 있었다(제11조). 나아가 결혼이민자 등이 대한민국에서 생활하는 데 필요한 기본적 정보를 제공하고, 사회적응교육과 직업교육 및 훈련 등을 받을 수 있도록 필요한 지원을 할 수 있고(제6조), 건강하고 안전하게 임신 · 출산할 수 있도록 영양 · 건강에 대한교육, 산전 · 산후 도우미 파견, 건강검진과 그 검진 시 통역 등 필요한 서비스를 지원할 수 있으며(제9조), 다문화가족 구성원인 아동이 학교생활에 신속히 적응할 수 있도록 교육지원대책을 마련하여야 하고, 특별시 · 광역시 · 도 · 특별자치도의 교육감은 다문화가족 구성원인 아동에 대하여 학과 외 또는 방과 후 교육 프로그램 등을 지원할 수 있으며(제10조 제2항), 국가와 지방자치단체는 다문화가족 구성원인 아동의 초등학교 취학 전 보육 및 교육 지원을 위하여 노력하고, 그 아동의 언어발달을 위하여 한국어교육을 위한 교재지원 및 학습지원 등 언어능력 제고를 위하여 필요한 지원을 할 수 있다고 규정하고 있었다(제10조 제2항). 그리고 다문화가족의 현황을 파악하기 위한 실태조사를 하도록 하였고(제4조), 다문화가족지원센터를 통하여 다문화가족에 대한 지원이 원활하게 이루어질 수 있도록 하고 있으며(제12조), 아울러 다문화가족 지원 관련 업무에 종사하는 공무원의 다문화가족에 대한 이해증진과 전문성 향상을 위하여 교육을 실시할 수 있도록 하였다(제13조). 나아가 사실혼 배우자 및 자녀에 대해서도 다문화가족지원법상의 지원이 이루어질 수 있도록 하였다(제14조).

나. 문제점

다문화가족지원법은 재한외국인처우기본법과의 위상 문제로 논란이 있다. 일반적으로는 재한외국인처우기본법을 기본법으로 보고, 다문화가족지원법을 개별법으로 보지만, 보호 대상의 범위와 법 규정의 실효성 담보 등은 여전히 문제로 제기되고 있다. 따라서 해당 법률의 성격을 명확하게 하여 법의 실효성을 높일 수 있도록 해야 한다. 또한 이 법률은 근본적으로 내국인과 외국인 간 상호 이해나 소통, 외국인의 사회참여 등과 같은 진정한 의미에서의 사회통합에 관한 내용이 상당히 부족하며, 다문화구성원을 단순한 시혜의 대상으로 보고 있다는 점이 문제이다.

구체적으로 해당 법률에서 드러나는 문제점은 다음과 같다. 우선 제2조의 다문화가족에 대한 정의를 살펴보면, 일방의 배우자가 대한민국 국민이어야 한다고 규정하고 있다.[12] 이러한 정의에 따르게 되면, 외국인노동

---

12) 제2조(정의) 이 법에서 사용하는 용어의 뜻은 다음과 같다. 〈개정 2011.4.4.〉
1. "다문화가족"이란 다음 각 목의 어느 하나에 해당하는 가족을 말한다.
가. 재한외국인 처우 기본법 제2조제3호의 결혼이민자와 국적법 제2조부터 제4조까

자 부부와 그 사이에서 태어난 자녀, 외국인 유학생과 그 동반가족 등과 같이 외국인만으로 이루어져 있는 다문화가족은 제외된다는 문제점이 있다. 또한 제2조 1항 가목에 따르면 재한외국인처우기본법에서의 '결혼이민자' 정의를 그대로 따르고 있기 때문에 불법 체류자 등은 이 법의 보호 대상에서 제외된다는 문제점이 발생한다. 즉, 다문화가족지원법은 다문화가족의 구성원 중에 국민이 있는 경우에만 지원하겠다는 것을 명시하고 있다. 우리나라는 현재 외국인근로자의 고용 등에 관한 법률상의 외국인 근로자에게는 가족을 동반할 수 없게 하고 있다. 이 때문에 우리나라의 다문화가족은 주로 우리 국민과 가족을 이룬 결혼이민자를 중심으로 논의되며, 순수한 가족이민의 형태는 사실상 찾아보기 힘들다는 특징이 있다. 하지만 기술연수(D-4)나 비전문취업(E-9), 방문취업(H-2)을 통해 입국한 자들이 동일한 체류자격을 가지고 입국한 자와 혼인할 경우는 어떻게 보아야 할 것인지 문제될 수 있다. 이미 우리 사회에 존재하고 있는 혼인이 해소된 결혼 이주민, 외국인 유학생, 탈북자, 이주노동자, 불법 체류자 등에 대한 문제, 우리 국민과의 결합이 아닌 외국인과의 결합으로 이루어진 가족 등에 대해서는 법적 보호가 미흡한 실정이다. 이들은 우리 법률이 규정한 다문화가족에는 해당하지 않지만 우리나라에 정주하는

지의 규정에 따라 대한민국 국적을 취득한 자로 이루어진 가족

나. 국적법 제3조 및 제4조에 따라 대한민국 국적을 취득한 자와 같은 법 제2조부터 제4조까지의 규정에 따라 대한민국 국적을 취득한 자로 이루어진 가족

2. "결혼이민자등"이란 다문화가족의 구성원으로서 다음 각 목의 어느 하나에 해당하는 자를 말한다.

가. 재한외국인 처우 기본법 제2조제3호의 결혼이민자

나. 국적법 제4조에 따라 귀화허가를 받은 자

동안은 이와 같은 지원이 필요한 사람들이기 때문이다.

둘째, 다문화구성원 생활 지원 방안에 강제성이 없어 실효성 문제가 발생한다. 제6조에 제시된 다문화가족의 교육지원을 위한 생활정보 제공 및 교육지원 관련 내용을 살펴보면[13], 해당 정책의 내용을 지원할 수 있다 정도의 재량사항으로 구성되어 있다. 이로 인하여 업무의 통일성과 정책의 전문성이 결여되어 있으며, 실제 정책의 실행 여부에도 문제가 발생하게 된다. 따라서 이러한 문제점을 보완하여 강행 규정으로 바꿀 수 있는 부분에 대한 검토가 필요하다.

셋째, 다문화 관련 정책이 중복되어 운영되는 문제점이 발생한다. 다문화가족지원법 제12조에 따르면 국가와 지방자치단체는 다문화가족지원센터를 설치하고 운영할 수 있다. 제12조에는 국가 또는 지방자치단체에서 설치하는 다문화가족지원센터가 담당할 수 있는 일에 대하여 제시하고 있다.[14] 그러나 중앙-광역-지역 센터로 구분되는 다문화가족지원센터의 업무를 명확하게 규정되지 않았기 때문에 각 단위별 다문화가족지

---

13) 제6조(생활정보 제공 및 교육 지원) ① 국가와 지방자치단체는 결혼이민자등이 대한민국에서 생활하는데 필요한 기본적 정보를 제공하고, 사회적응교육과 직업교육 · 훈련 및 언어소통 능력 향상을 위한 한국어교육 등을 받을 수 있도록 필요한 지원을 할 수 있다. 〈개정 2011.4.4.〉

14) 제12조 ④ 지원센터는 다음 각 호의 업무를 수행한다.
1. 다문화가족을 위한 교육 · 상담 등 지원사업의 실시
2. 결혼이민자등에 대한 한국어교육
3. 다문화가족 지원서비스 정보제공 및 홍보
4. 다문화가족 지원 관련 기관 · 단체와의 서비스 연계
5. 일자리에 관한 정보제공 및 일자리의 알선
6. 다문화가족을 위한 통역 · 번역 지원사업
7. 그 밖에 다문화가족 지원을 위하여 필요한 사업

원센터의 사업이 중복되어 운영되는 경우가 많다. 특히 현재 다문화가족 지원 소관 부처는 10여 개에 이르며, 정책도 각 부처별로 산발적으로 지원되고, 중복 지원되는 경우도 많다. 또한 지역센터는 정부가 구상하는 다문화가족 지원의 허브 역할을 하기에는 열악한 실정이다. 지역 센터로 선정되기 위해서는 정부가 요구하는 필수사업인 기본 사업뿐 아니라 기타 사업도 시행해야 하는 실정이나 지역 센터 상근자의 수가 부족한 상황에서는 현실적으로 불가능하다. 그 외에도 각종 시민 단체에서 이루어지는 다문화가족 지원 사업에 대해서도 조정을 해야 하며, 유용한 프로그램을 발굴하여 보급하는 등의 역할을 하기에는 지역 센터로는 한계가 있다. 따라서 이러한 중복 문제를 해결하기 위한 보다 근본적인 대책이 필요하다. 통일적이고 효율적인 다문화가족 지원을 위한 실질적인 계획 수립과 시행, 평가를 아우를 수 있는 '컨트롤타워'를 마련하여 이를 법령에 포함시키는 것이 적절할 것이다.

넷째, 다문화가족 지원과 관련한 실태조사로 인한 기본권 침해 소지가 있다. 현재 다문화가족 지원법에는 실태조사의 범위와 한계를 법률에서 명확하게 규정하지 않고 있기 때문에 다문화구성원이 포함되었다는 이유로 인하여 다른 가족 구성원들의 기본권이 침해될 우려가 있다. 사생활의 비밀과 자유, 행복 추구권 등이 실태조사 과정에서 침해될 소지가 있으므로, 법률상 그 한계를 명확하게 규정할 필요가 있다.

다섯째, 다문화가족에 관한 실태조사 기간에 대한 고려가 필요하다. 여성가족부장관은 다문화가족의 현황 및 실태를 파악하고 다문화가족 지원을 위한 정책수립에 활용하기 위하여 3년마다 다문화가족에 대한 실태

조사를 실시하고 그 결과를 공표하여야 한다(제4조 제1항). 그리고 실태조사의 대상 및 방법에 관한 자세한 사항은 다문화가족지원법 시행규칙 제2조에서 규정한다. 그런데 다문화가족에 대한 실태조사를 기초로 하여 수립되어야 할 다문화가족지원을 위한 기본계획은 5년을 주기로 하여 수립되고, 통계법에 따라 이루어지는 인구 및 주택에 대한 총 조사의 주기도 5년이며, 건강가정기본법 제20조에 따라 이루어는 가족실태조사 조사주기 역시 5년이다. 그렇다면 정책수립의 근거가 되는 실태조사도 5년을 주기로 시행되어야 하는 것은 아닌지 고민해 볼 필요가 있다고 생각된다. 왜냐하면 다문화가족에 대한 실태조사가 의미를 가지기 위해서는 실태조사의 결과를 바탕으로 기본계획이 수립되어야 할 것이며, 이를 위해서는 다문화가족에 대한 실태조사를 통하여 인구 및 가족에 대한 총 조사나 건강가정기본법에 따른 가족실태조사와 비교할 수 있는 통계자료를 생성하는 것이 보다 편리할 것이기 때문이다(전경근, 2011). 따라서 실태조사의 주기를 정책 수립 주기와 맞추기 위한 법 개정이 필요하다고 할 것이다.

(2) 재한외국인처우기본법

가. 현황

재한외국인처우기본법은 대한민국의 국적을 가지지 아니하였지만 대한민국에 거주할 목적을 가지고 합법적으로 체류하고 있는 재한외국인에 대한 적정한 처우를 도모하고자 제정되었다. 동법은 재한외국인이 한국사회에 적응하여 개인의 능력을 충분히 발휘할 수 있도록 하기 위한 기본 사항을 정하고, 대한민국 국민과 재한외국인의 상호이해와 존중을 도모하고자 한다.

재한외국인처우기본법(제8442호)(시행 2007.7.18.)을 시작으로, 2011년과 2013년 개정을 거쳐 현재는 재한외국인처우기본법(제11298호)(시행 2013.7.1.)이 적용되고 있다. 제정 이후 개정 연혁은 표 15와 같다.

표 15 재한외국인처우기본법 제 · 개정 연혁

제정(2007.5.17.) 시행(2007.7.18.)
↓
일부개정(2010.7.23.) 시행(2011.1.24.)
↓
일부개정(2012.2.10.) 시행(2013.7.1.)

재한외국인처우기본법은 2007년 제정 이후, 두 차례의 개정이 있었다. 2010년에 있었던 첫 번째 개정을 통해 결혼이민자의 안정적 국내 정착과 다문화가족의 복지를 위하여 국가 및 지방자치단체가 결혼이민자의 자녀에게 교육 및 보원 지원 등을 하던 것에서 나아가 결혼이민자의 자녀에게 의료 지원을 할 수 있도록 확대되었다(제12조). 2012년에 이루어진 두 번째 개정은 난민법의 제정과 관련된다. 난민에 관한 인정절차를 출입국관리법에서 규율하던 것에서, 난민인정 절차를 개선하고 난민의 지위와 권리를 보장하기 위해 난민법(법률 제11298호, 2012.2.10.)이 제정되어 난민인정절차 및 난민 등의 처우를 난민법에서 규율하게 되었다. 이에 재한외국인처우기본법 제14조 제1항이 "출입국관리법 제76조의2에 따라 난민의 인정을 받은 자"에서 "난민법에 따른 난민인정자"로 개정되었다.

재한외국인처우기본법은 각 부처가 외국인정책을 개별적 · 단편적으로 추진하면서 발생한 정책의 중복, 충돌, 부재 현상을 개선하기 위해 외국인정책을 종합적이고 중장기적인 관점에서의 체계적인 정책추진체계를 마련하고자 한다. 동법은 구체적인 권리와 의무를 규정하는 내용을 담고 있지는 않고, 국가와 지방자치단체에게 재한외국인의 처우에 대한 증진 노력을 할 책무를 선언하고 있는 기본법적인 성격적 성격을 갖는다. 재한외국인처우기본법의 주요 내용은 표 16과 같다.

재한외국인처우기본법은 제1장 총칙, 제2장 외국인정책의 수립 및 추진체계, 제3장 재한외국인 등의 처우, 제4장 국민과 재한외국인이 더불어 살아가는 환경조성, 제5장 보칙으로 되어 있다.

제1조에서는 우리나라 사회통합의 가치를 내세우며 자국 중심의 다문화주의적 입장에서 입법하였음을 밝히고 있다. 제2장은 외국인정책의 종합적이고 중장기적인 수립과 추진을 위한 체계를 규정하고 제2조에서는 재한외국인과 결혼이민자를 구분하여 정의한다. 대한민국 국적을 취득하지 못한 결혼이주여성과 국내 이주자는 외국인으로서의 지위를 가지므로 이들에게는 동법이 적용된다.

법무부장관의 외국인정책에 대한 기본계획 수립 · 추진(제5조), 관계 중앙행정기관의 장이 기본계획에 따라 연도별 시행계획 수립 · 시행(제6조), 외국인정책에 관한 주요 사항을 심의 · 조정하기 위한 '외국인정책위원회'의 설치 · 운영(제8조)에 대한 내용 등이 포함된다. 또한 재한외국인 등의 인권옹호를 위하여 국가 및 지방자치단체의 재한외국인 또는 그 자녀에 대한 불합리한 차별 방지 및 인권옹호를 위한 교육 · 홍보 노력(제10조), 재한외국인의 사회적응을 위한 교육 · 정보제공 및 상담 등 사회 적

표 16 재한외국인처우기본법의 내용

구분	주요 내용	
재한외국인 처우기본법 (23개 조항)	제1조 목적	제13조 영주권자의 처우
	제2조 정의	제14조 난민의 처우
	제3조 국가와 지방자치단체의 책무	제15조 국적취득 후 사회적응
	제4조 다른 법률과의 관계	제16조 전문외국인력의 처우 개선
	제5조 외국인정책의 기본계획	제17조 과거 대한민국국적을 보유하였던 자 등의 처우
	제6조 연도별 시행계획	
	제7조 업무의 협조	제18조 다문화에 대한 이해 증진
	제8조 외국인정책위원회	제19조 세계인의 날
	제9조 정책의 연구 · 추진 등	제20조 외국인에 대한 민원 안내 및 상담
	제10조 재한외국인 등의 인권옹호	제21조 민간과의 협력
	제11조 재한외국인의 사회적응 지원	제22조 국제교류의 활성화
	제12조 결혼이민자 및 그 자녀의 처우	제23조 정책의 공표 및 전달

응 지원(제11조), 결혼이민자 및 그 자녀의 사회적응을 위한 보육 · 교육 · 의료 지원(제12조), 영주권자의 처우(제13조), 난민의 처우(제14조), 국적취득 후의 사회적응(제15조), 전문외국인력의 처우 개선(제16조), 세계인의 날(제19조) 지정 등에 관한 규정 등을 두고 있다.

나. 문제점

재한외국인처우기본법은 국가와 지방자치단체가 재한외국인의 처우를 증진하기 위해 종합적 · 거시적 차원의 외국인정책을 추진해야 할 책무를 선언하면서 외국인정책을 위한 기본법으로서 제정되었다. 하지만 기본법의 특성상 각종 외국인 유형에 따른 처우에 관한 규정에 대한 대강의 방향만 제시, 재한외국인을 바라보는 시각, 제한적인 적용대상 및 적용 범위, 규정의 실효성 등에 대한 한계가 지적되고 있다. 이에 대해 구체적으로 살펴보면 다음과 같다.

첫째, 재한외국인을 동화를 위한 지원 대상으로서 바라보고 있다. 재한외국인처우기본법은 제1조[15]에서 재한외국인을 잘 적응시켜 대한민국의 발전에 기여할 것을 목적으로 하고 있음을 밝히고 있다. 이 조항을 통해 동법이 재한외국인의 기본적 인권 보호와 다문화 주의에 대한 고려가 부족하고, 오로지 이들을 잘 적응시켜 대한민국의 발전에 기여해야 한다는 일종의 책임의식만을 강조하고 있다고 볼 수 있다(조상균 외, 2006). 또한 동법 제12조[16]의 결혼이민자 및 그 자녀의 처우에 관한 규정을 통해서도 동법이 사회통합을 목적으로 하고 있지만, 실제로는 재한외국인의 사회참여를 위한 규정은 전무하고, 이들을 지원 대상으로만 보고 지원 위주의 정책을 규정하고 있으며, 우리 사회에 '동화'시켜야 한다는 데 목적을 두고 있음을 알 수 있다(김이선 외, 2007). 즉, 진정한 의미에서의 사회통합에 관한 내용이 부족하고, 사회통합의 의미가 불분명하여 내국인과 재한외국인의 상호이해가 결여되고 재한외국인은 우리 사회의 주체로 인정받지 못하고 있다. 물론 이들에 대한 지원은 중요하지만, 다문화에 대한

---

15) 제1조(목적) 이 법은 재한외국인에 대한 처우 등에 관한 기본적인 사항을 정함으로써 재한외국인이 대한민국 사회에 적응하여 개인의 능력을 충분히 발휘할 수 있도록 하고, 대한민국 국민과 재한외국인이 서로를 이해하고 존중하는 사회 환경을 만들어 대한민국의 발전과 사회통합에 이바지함을 목적으로 한다.

16) 제12조(결혼이민자 및 그 자녀의 처우) ① 국가 및 지방자치단체는 결혼이민자에 대한 국어교육, 대한민국의 제도 · 문화에 대한 교육, 결혼이민자의 자녀에 대한 보육 및 교육 지원, 의료 지원 등을 통하여 결혼이민자 및 그 자녀가 대한민국 사회에 빨리 적응하도록 지원할 수 있다. 〈개정 2010.7.23.〉
② 제1항은 대한민국 국민과 사실혼 관계에서 출생한 자녀를 양육하고 있는 재한외국인 및 그 자녀에 대하여 준용한다.

시각이 결여된 채 지원의 근본적인 목적을 관리와 적응을 통한 통합에 두는 것은 다시 한 번 고려되어야 할 것이다. 내국인과 재한외국인 간의 상호이해와 주체적인 시각에서의 사회참여 등을 통한 사회통합이 정립되어야 한다.

둘째, 적용대상과 적용범위가 매우 제한적이다. 이 법률에서 말하는 재한외국인은 확인된 정주의사와는 관계없이 단지 거주할 목적으로 출입국관리법상의 체류자격을 가진 채 3개월 이상 합법적으로 체류하고 있는 자만으로 한정하고 있다(법 제2조 제1호). 이로 인해 거주 목적이 아닌 단순한 체류를 의도하는 외국인과 이주노동자들 중 합법적 지위가 없는 불법체류 외국인 등은 이 법률의 적용대상에서 배제된다.

외국인 체류질서 확립을 위해서는 합법적 외국인만을 보호대상으로 한정할 필요는 있지만, 불법체류자의 유형에 따른 개별적인 접근이 고려되어야 한다. 동법의 이러한 시각은 2003년 발효된 UN의 '모든 이주노동자와 그 가족의 권리보호에 관한 국제협약'에서 "체류자격의 합법이나 불법에 관계없이 모든 이주민들의 근로조건과 생활조건은 적절성, 안정성, 위생적 기준과 인간의 존엄성의 원칙에서 보장되어야 한다"(제70조)라는 규정과 배치된다(송오식, 2013).

특히 불법체류 노동자에 대한 종합적 정책과 법제가 충분하지 않은 상황에서 불법체류 노동자의 유형이 매우 다양하고, 외국인(근로자)들끼리 결혼할 경우, 불법체류자의 신분은 그대로 유지되어 그 자녀도 부모의 신분에 따라 합법적인 체류 신분을 가질 수 없어 자녀의 교육권 등이 특히 문제된다. 동법 제10조, 제11조, 제12조 등에서 이들을 위한 지원을 규정하고 있지만, 여기에는 합법적으로 체류하는 재한외국인이란 전제가 내포되어 있다. 이들을 위한 정책과 법제가 마련되기 전까지는 불법체류자에 대한 보호가능성을 열어두는 입법정책을 통해 사회적으로 발생하는 문제를 해결할 필요가 있다(나달숙, 2013).

한편 동법 제2조 제3호[17]에 따르면 결혼이민자는 대한민국 국민과 혼인 후 국적 취득을 하지 않았거나 아직 하지 못한 경우, 국적 취득 전 이혼 등으로 인해 혼인관계가 해소된 재한외국인을 의미한다. 이에 따르면 국적을 이미 취득한 결혼이민자나 대한민국 영주권자와 혼인한 적이 있거나 혼인관계에 있는 재한외국인은 결혼이민자 개념에서 제외되어 동법의 보호대상에서 제외된다. 이러한 문제를 해결하기 위해서 결혼이민자의 특성을 고려한 개념의 수정이 필요하다.

셋째, 법무부가 외국인정책을 총괄하는 것이 적절한지에 대한 고려가 필요하다. 재한외국인처우기본법상의 업무와 다문화가족지원법상 업무가 중복되는 경향이 있고, 재한외국인처우기본법상에 이주민 지원과 자녀에 대한 지원 등 다문화가족 업무도 포함되어 있다. 현재는 재한외국인처우기본법상의 주무는 법무부가 담당하고, 다문화가족지원법의 주무는 보건복지부가 담당하고 있는데, 유사한 업무를 다른 부서가 진행하는 것은 업무의 중복과 체계상 혼란을 야기할 수 있다.

---

17) 제2조(정의) 1. “재한외국인”이란 대한민국의 국적을 가지지 아니한 자로서 대한민국에 거주할 목적을 가지고 합법적으로 체류하고 있는 자를 말한다.
2. “재한외국인에 대한 처우”란 국가 및 지방자치단체가 재한외국인을 그 법적 지위에 따라 적정하게 대우하는 것을 말한다.
3. “결혼이민자”란 대한민국 국민과 혼인한 적이 있거나 혼인관계에 있는 재한외국인을 말한다.

넷째, 동법은 외국인의 기본적인 인권보호내용을 구체적으로 적시하지 않고 있어 외국인에 대한 처우의 기본방향 및 정책을 규정하도록 국가 및 지방자치단체의 책무를 강조하는 기본법으로서의 역할에 부합하지 못하다. 국가 및 지방자치단체의 책무에 대한 규정이 대부분 노력규정 · 임의규정이고, 구체적인 집행은 관련 기관에 위임하거나사실상 재량에 속하도록 규정하고 있다. 이로 인해 외국인에 대한 보호와 지원을 충실히 실행할 제도와 장치가 부족하여 실질적인 권리보호가 이루어지지 못하고 있다. 기본법에서 국가 및 지방자치단체의 권한과 책임의 종류, 범위 등을 정해주고, 주요 정책들의 종류, 범위, 한계 등을 명확히 한 뒤 구체적인 사항들을 개별법에 의해서 집행할 수 있도록 하는 것이 올바른 기본법 입법의 방향이 될 수 있다(최윤철, 2013).

(3) 외국인근로자의 고용 등에 관한 법률

가. 현황

중소기업 등의 인력부족을 해소하고 지속적인 경제성장을 도모하기 위하여 내국인근로자의 고용기회 보호의 원칙하에 외국인근로자를 체계적으로 도입하고, 효율적인 고용관리와 근로자의 권익 보호를 위하여 외국인 근로자의 고용 등에 관한 법률이 2003년에 제정되었다. 동법은 외국인근로자를 합법적으로 고용하는 것뿐만 아니라 불법체류자를 엄격하게 관리하는 데에도 그 취지가 있다. 이를 위해 외국인근로자의 취업활동기간, 근로기간 및 체류기간 제한, 사업장 이동 및 변경 제한, 고용자의 관리 책임 등의 규정들이 외국인근로자의 체류관리와 함께 규정되어 있다.

외국인 근로자의 고용 등에 관한 법률은 2003년 8월 16일 제정, 2004년 8월 17일 시행된 이후 여러 차례 개정되었다. 동법의 제정 이후 개정 연혁은 표 17과 같다.

표 17 외국인 근로자의 고용 등에 관한 법률 제 · 개정 연혁

제정(2003.8.16.) 시행(2004.8.17.)
↓
일부개정(2004.12.31.) 시행(2005.7.1.)
↓
일부개정(2005.5.31.) 시행(2005.5.31.)
↓
일부개정(2005.12.30.) 시행(2006.7.1.)
↓
일부개정(2007.1.3.) 시행(2007.3.4.)
↓
일부개정(2008.2.29.) 시행(2008.2.29.)
↓
일부개정(2009.10.9.) 시행(2010.1.10.)
↓
일부개정(2010.6.4.) 시행(2010.7.5.)
↓
일부개정(2012.2.1.) 시행(2012.7.2.)
↓
일부개정(2013.3.23.) 시행(2013.3.23.)

2004년에 있었던 첫 번째 개정에서는 노동부장관이 외국인구직자명부를 작성할 때의 협의 대상을 구체화하고 확대하였다(제7조 ①). 2005년 개정에서는 외국인근로자를 고용하고 있는 중소기업의 인력난을 해소하기 위해 외국인근로자의 재취업제한기간을 1년에서 6월로 단축하고(제18조), 3년의 취업기간 만료로 출국하는 외국인근로자 중 출국 전에 당해

외국인근로자를 고용하고 있던 사용자의 추천이 있는 자에 대하여는 6월의 재취업제한기간을 단축할 수 있도록 하였다(제18조의2).

2005년의 개정에서는 산업현장의 원활한 인력수급을 위해 외국인근로자 고용절차를 간소화하고 외국국적동포의 취업허용업종을 확대하며, 2004년 고용허가제 시행 이후 나타난 미비점을 보완하고자 하였다. 인력부족확인서와 고용허가서를 통합(제6조, 제8조)하고, 근로계약 체결 대행에 관한 법적 근거를 마련(제9조제1항)하였으며, 외국국적동포의 취업허용업종에 제조업 등을 추가(제12조제1항제3호 신설)하고, 사용자의 근로개시 신고 의무를 삭제(제17조제1항)하였다. 이후 2007년 개정에서는 외국국적동포의 취업기회를 확대하기 위하여 외국국적동포의 취업절차와 고용절차를 간소화하고, 현행 제도의 미비점을 개선 · 보완하고자 하였다. 주요 개정 내용으로는 외국국적동포의 취업절차를 간소화(제12조)하고, 사용자의 외국국적동포 고용절차를 완화하는 규정 등이 있다.

2008년 개정에서 정부부처의 명칭 변경이 반영되었고, 2009년 개정에서는 사용자의 인력수요에 맞게 외국인근로자의 고용을 안정화하고, 외국인근로자의 권익 보호를 강화하고자 하였다. 이를 위해 용어를 쉽게 바꾸고, 문장 체계를 정비하여 국민의 법 문장 이해도를 높이고자 하였다. 주요 개정 내용으로는 외국인근로자와 사용자 당사자 간 합의에 따라 근로계약기간을 정하도록 하는 규정(제9조제3항 및 제4항), 사용자가 재고용을 요청한 외국인근로자에 대해 2년 미만의 범위에서 계속 고용할 수 있도록 개선하는 규정(제18조의2), 외국인근로자의 사업장 변경 제한을 완화하는 규정(제25조제1항, 제3항 및 제4항) 등이 있다.

2012년 개정에서는 국내 취업활동 기간 중에 내국인 고용 곤란 사업장에서 사업장 변경 없이 성실하게 근로한 외국인근로자에 대해서는 일정기간 후 다시 취업할 수 있도록 하고, 한국어능력시험 등에 관한 규정을 적용하지 않는 등 현행 제도의 미비점을 개선 · 보완하고자 하였다. 2014년 개정에서는 한국어능력시험의 수수료 규정(제7조제3항), 출국만기보험금 등에 관한 규정(제13조제3항 및 제4항, 제15조제3항), 휴면보험금 등 관리위원회 설치(제13조의2), 행정형벌 중 자유형은 징역형으로 통일(제29조)하는 규정이 포함되었다.

2016년 개정에서는 사용자가 외국인근로자와의 근로계약을 해지하거나 변경하고자 직업안정기관의 장에게 신고해야 함을 정한 규정이 출입국관리법에서 외국인의 근로계약이 변경된 경우 사용자가 관할 출입국관리사무소장 등에게 신고하도록 한 규정과 중복되어 이중으로 신고되는 것으로 인해 나타나는 국민의 불편을 개선하고자 하였다(제17조).

외국인 근로자 고용 등에 관한 법률의 주요 내용은 표 18과 같다. 외국인 근로자 고용 등에 관한 법률은 총 6장 32개 조항으로 구성된다. 국무총리소속하에 외국인력정책위원회를 두어 외국인근로자의 고용관리 및 보호에 관한 주요사항을 심의 · 의결하고, 노동부하에 외국인력고용위원회를 두어 외국인근로자의 고용제도 운영 및 권익보호 등에 관한 사항을 두도록 하였다(제4조). 또한 외국인근로자를 고용하고자 하는 내국인의 구인노력(제6조), 외국인구직자명부 작성 및 외국인구직자 대상 한국어능력시험 실시(제7조) 및 외국인근로자 고용허가서 발급(제8조), 외국인근로자와의 근로계약 체결(제9조), 최대 3년 내에서 근로계약 기간 갱신

표 18 외국인 근로자 고용 등에 관한 법률의 내용

구분	주요 내용
외국인 근로자 고용 등에 관한 법률 (32개 조항)	제1조 목적 제2조 외국인근로자의 정의 제3조 적용 범위 등 제4조 외국인력정책위원회 제5조 외국인근로자 도입계획의 공표 등 제6조 내국인 구인 노력 제7조 외국인구직자 명부의 작성 제8조 외국인근로자 고용허가 제9조 근로계약 제10조 사증발급인정서 제11조 외국인 취업교육 제12조 외국인근로자 고용의 특례 제13조 출국만기보험 · 신탁 제13조의2 휴먼보험금등관리위원회 제14조 건강보험 제15조 귀국비용보험 · 신탁 제16조 귀국에 필요한 조치 제17조 외국인근로자의 고용관리 제18조 취업활동 기간의 제한 제18조2 취업활동 기간 제한에 관한 특례 제18조3 재입국 취업의 제한 제18조4 재입국 취업 제한의 특례 제19조 외국인근로자 고용허가 또는 특례고용 가능확인의 취소 제20조 외국인근로자 고용의 제한 제21조 외국인근로자 관련 사업 제22조 차별금지 제23조 보증보험 등의 가입 제24조 외국인근로자 관련 단체 등에 대한 지원 제24조의2 외국인근로자 권익보호협의회 제25조 사업 또는 사업장 변경의 허용 제26조 보고 및 조사 등 제26조의2 관계 기관의 협조 제27조 수수료의 징수 등 제27조의2 각종 신청 등의 대행 제27조의3 대행기관의 지정취소 등 제28조 권한의 위임 · 위탁 제29조 벌칙 제30조 벌칙 제31조 양벌규정 제32조 과태료

(제18조), 외국인근로자의 퇴직금보장을 위한 사용자의 출국만기보험 또는 출국만기일시금신탁 가입(제13조), 고용된 외국인근로자에 대한 건강보험(제14조) 등의 규정을 포함하고 있다.

특히 이 법은 대한민국에 취업하고자 하는 외국인구직자 명부 작성시 외국인구직자 선발기준으로 한국어능력시험에 응시할 것을 요구한다(제7조 제2항).

나. 문제점

외국인 근로자 고용 등에 관한 법률의 취지는 기업으로 하여금 외국인 노동자를 합법적으로 고용할 수 있게 하면서, 다른 한편으로는 불법체류자를 엄격하게 관리하는 데 있다. 이러한 취지로 인해 외국인근로자에 대한 안정적인 노동권 보장과 직업의 자유, 가족 구성권, 나아가 신체의 자유 등 기본권 보장에 제한이 가해진다는 문제점이 있다.

첫째, 외국인근로자의 노동권의 보장에 대한 논의가 필요하다. 동법 제18조는 외국인근로자의 취업활동 기간을 3년으로 보장하고 있으나, 제18조의2 ①에서 제18조에도 불구하고 '1회에 한정하여 2년 미만의 범위에서 취업활동 기간을 연장 받을 수 있다'라고 제한하고 있다. 또한 제25조에 따라 외국인노동자 자신의 귀책사유가 아닌 사유로 사업장을 변경할 수는 있으나, 사업장 변경 신청기간, 방법 등의 절차상의 어려움과 횟수의 제한 등이 여전히 존재하여 외국인근로자가 사업장 변경을 위해 들여야 할 시간과 노력이 상당히 복잡하고 어렵다. 이러한 조항은 외국인근로자의 사업장 변경을 사실상 어렵게 하고, 불법체류자를 양산하고, 숙련노동자를 상실하는 측면도 있다. 국내의 인력수급을 위한 정책적 정당성은 인정하더라도, 외국인노동자 관리에 과도한 초점을 맞추는 정책으로 인해 외국인근로자의 인간으로서의 기본적 권리 및 노동의 권리까지는 침해되어서는 안 된다.

둘째, 외국인근로자의 가족 구성원에 대한 논의가 필요하다. 외국인근로자가 사업장에서 근로를 하며 우리나라 사회에 장기 체류할 경우, 외국인근로자의 가족구성과 가족동반체류에 대한 문제가 발생한다. 하지만 이 법률은 외국인근로자의 가족에 대한 어떠한 규정도 포함하고 있지 않아 외국인근로자의 가족해체를 초래한다.

다만, 한국정부는 외국인근로자가 한국에서 결혼(사실혼 포함)을 하여 출생한 자녀의 양육을 위한 체류허가는 인정하고, 약간의 체류 연장이나 동반출국 조치를 취하고 있다. 그러나 이러한 조치는 각종 사회보장급여의 수급자격 등의 문제로 이어질 수 있다. 이러한 외국인근로자들의 산업인력에 공헌한 공로와 노동의 숙련도를 인정하여 이들의 근로연장과 정주를 위한 방안이 모색되어야 한다는 의견이 있다(최경옥, 2010).

5) 다문화 관련 법제 현황 분석

기존의 선행 연구와 관련 법제에 대한 검토를 토대로 다문화 관련 법제의 현황을 분석하면 다음과 같다.

분석틀은 각 법의 내용을 정부 차원과 개인(대상자) 차원으로 나누고, 정부차원은 운영 주체, 계획 수립, 생활 지원, 연구, 예산, 강제규정 등에 대한 내용으로, 개인차원은 가정 생활, 학교 생활(교육 등), 직장 생활(근로 등), 사회 생활 등에 대한 내용으로 구분하였다. 정부 차원과 개인 차원으로 별도로 분류하기 어려운 것은 기타로 분류하였다.

이러한 분석틀을 토대로 출입국관리법, 다문화가족지원법, 재외동포의 출입국과 법적 지위에 관한 법률, 교육기본법, 초 · 중등 교육법 시행령, 국적법, 재한외국인처우기본법의 조항들을 내용에 따라 분류하였다.

분석한 내용을 정리하면 표 19와 같다.

표 19 다문화 관련 법제 현황 분석

법	지위를 규정하는 법/제도	정부 차원						개인 차원(대상자)				기타
		운영 주체	주요 사업			예산	강제규정	생활을 규정하는 법/제도				
			계획 수립	생활 지원	연구			가정 생활	학교 생활(교육)	직장 생활(근로)	사회 생활	
출입국관리법	출입국관리법 전반	제39조(사회통합 프로그램) 제78조(관계 기관의 협조) 제81조의2(출입국관리공무원의 주재) 제92조(권한의 위임)		제19조의2(외국인의 기술연수활동) 제25조의2(결혼이민자에 대한 특칙) 제25조의3(성폭력피해자에 대한 특칙) 제40조(사회통합 프로그램 이수자에 대한 우대)	제80조(사실조사) 제81조(출입국관리공무원 등의 외국인 동향조사)	제39조(사회통합 프로그램) 제90조의2(불법취업외국인의 출국비용 부담책임)	제17조(외국인의 체류 및 활동범위) 제18조(외국인 고용의 제한) 제19조(외국인을 고용한 자 등의 신고의무) 제20조(체류자격 외 활동) 제21조(근무처의 변경 · 추가) 제22조(활동범위의 제한) 제23조(체류자격 부여) 제24조(체류자격 변경허가) 제25조(체류기간 연장허가) 제27조(여권등의 휴대 및 제시) 제31조(외국인	제10조(체류자격) 제25조의2(결혼이민자에 대한 특칙) 제25조의3(성폭력피해자에 대한 특칙) 제39조(사회통합 프로그램) 제40조(사회통합 프로그램 이수자에 대한 우대)	제10조(체류자격) 제17조(외국인의 체류 및 활동범위) 제19조의4(외국인 유학생의 관리 등)	제10조(체류자격) 제17조(외국인의 체류 및 활동범위) 제18조(외국인 고용의 제한) 제19조(외국인을 고용한 자 등의 신고의무) 제19조의2(외국인의 기술연수활동) 제20조(체류자격 외 활동) 제21조(근무처의 변경 · 추가) 제90조의2(불법취업외국인의 출국비용 부담책임)	제3장 외국인의 입국 및 상륙 전반 −제10조(체류자격) 등 제4장 외국인의 체류와 출국 전반 −제17조(외국인의 체류 및 활동범위) / 제20조(체류자격 외 활동) / 제22조(활동범위의 제한) / 제23조(체류자격 부여) / 제24조(체류자격 변경허가) / 제25조(체류기간 연장허가) / 제27조(여권등의 휴대 및 제시) 등 제5장 외국인의 등록 및 사회통합 프로그램 전반 −제31조(외국인등록) / 제32조(외국인등록사항) / 제33조(외국인등록증의 발급) / 제40조(사회	제83조(출입국사범의 신고) 제85조(형사절차와의 관계) 제86조(신병의 인도) 제87조(출입국관리 수수료) 제88조(사실증명의 발급) 제88조의2(외국인등록증 등과 주민등록증 등의 관계) 제89조(각종 허가 등의 취소 · 변경) 제93조(남북한 왕래 등의 절차)

법	지위를 규정하는 법/제도	정부 차원						개인 차원(대상자)				기타
		운영 주체	주요 사업			예산	강제규정	생활을 규정하는 법/제도				
			계획 수립	생활 지원	연구			가정 생활	학교 생활(교육)	직장 생활(근로)	사회 생활	
							등록) 제33조의2(외국인등록증 등의 채무이행 확보수단 제공 등의 금지) 제6장 강제퇴거등 전반 제10장 벌칙 전반				통합 프로그램 이수자에 대한 우대) 등 제6장 강제퇴거 등 전반 -제46조(강제퇴거의 대상자) / 제47조(조사) / 제48조(용의자에 대한 출석요구 및 신문) / 제49조(참고인에 대한 출석요구 및 진술) / 제50조(검사 및 서류 등의 제출요구) 등 제8장의 2 난민여행증명서 발급 등 전반 -제76조의5(난민여행증명서) / 제76조의6(난민인정증명서 등의 반납) / 제76조의7(난민에 대한 체류허가의 특례) 등 제90조 신원보증	

법	지위를 규정하는 법/제도	정부 차원						개인 차원(대상자)				기타
		운영 주체	주요 사업			예산	강제규정	생활을 규정하는 법/제도				
			계획 수립	생활 지원	연구			가정 생활	학교 생활(교육)	직장 생활(근로)	사회 생활	
다문화 가족 지원법		제3조(국가와 지방자치단체의 책무) 제3조의4(다문화가족정책위원회의 설치) 제11조의2(다문화가족 종합정보 전화센터의 설치 · 운영 등) 제12조(다문화가족지원센터의 설치 · 운영 등) 제12조의 2(보수교육의 실시) 제13조(다문호가족 지원업무 관련 공무원의 교육) 제13조2(다문화가족지원사업 전문인력 양성) 제15조(권한의 위임과 위탁) 제16조(민간단체 등의 지원)	제3조의2(다문화가족 지원을 위한 기본계획의 수립) 제3조의3(연도별 시행계획의 수립 · 시행)	제6조(생활정보 제공 및 교육 지원) 제7조(평등한 가족관계의 유지를 위한 조치) 제8조(가정폭력 피해자에 대한 보호 · 지원) 제9조(의료 및 건강관리를 위한 지원) 제10조(아동 보육 · 교육) 제11조(다국어에 의한 서비스 제공) 제12조(다문화가족지원센터의 설치 · 운영 등)④항	제4조(실태조사 등)	제12조(다문화가족지원센터의 설치 · 운영 등)⑥항	제7조(과태료)	제6조(생활정보 제공 및 교육 지원) 제7조(평등한 가족관계의 유지를 위한 조치) 제8조(가정폭력 피해자에 대한 보호 · 지원) 제11조(다국어에 의한 서비스 제공) 제14조(사실혼 배우자 및 자녀의 처우) 제14조의2(다문화가족 자녀에 대한 적용 특례)	제6조(생활정보 제공 및 교육 지원) 제10조(아동 보육 · 교육) 제11조(다국어에 의한 서비스 제공)	제6조(생활정보 제공 및 교육 지원) 제11조(다국어에 의한 서비스 제공)	제9조(의료 및 건강관리를 위한 지원) 제11조(다국어에 의한 서비스 제공)	제5조(다문화가족에 대한 이해증진) 제12조의3(유사명칭 사용 금지)

법	지위를 규정하는 법/제도	정부 차원						개인 차원(대상자)				기타
		운영 주체	주요 사업			예산	강제규정	생활을 규정하는 법/제도				
			계획 수립	생활 지원	연구			가정 생활	학교 생활(교육)	직장 생활(근로)	사회 생활	
재외동포의 출입국과 법적 지위에 관한 법률	제5조(재외동포체류자격의부여) 제10조(출입국과 체류)	제4조(정부의 책무)					제17조(과태료)				제11조(부동산 거래 등) 제12조(금융거래) 제13조(외국환거래) 제14조(건강보험)	제6조(국내거소신고) 제7조(국내거소신고증의 발급 등) 제8조(국내거소신고증의 반납) 제9조(주민등록등과의 관계) 제16조(국가유공자 · 독립유공자와 그 유족의 보훈급여금)
교육기본법									제4조(교육의 기회균등)			
초 · 중등교육법 시행령									제19조(귀국학생 및 다문화학생 등의 입학 및 전학) 제17조(귀국학생 및 다문화학생 등의 입학 · 전학 및 편입학)			

법	지위를 규정하는 법/제도	정부 차원						개인 차원(대상자)				기타
		운영 주체	주요 사업			예산	강제규정	생활을 규정하는 법/제도				
			계획 수립	생활 지원	연구			가정 생활	학교 생활(교육)	직장 생활(근로)	사회 생활	
국적법		제17조(관보 고시) 제20조(국적 판정) 제21조(허가 등의 취소) 제22조(권한의 위임)					제10조(국적 취득자의 외국 국적 포기 의무) 제12조(복수국적자의 국적선택의무) 제14조의2(복수국적자에 대한 국적선택명령) 제14조의4(복수국적자에 관한 통보의무 등) 제17조(관보 고시)	제4조(귀화에 의한 국적 취득) 제8조(수반 취득) 제19조(법정대리인이 하는 신고 등)			제4조(귀화에 의한 국적 취득) 제5조(일반귀화 요건) 제6조(간이귀화 요건) 제7조(특별귀화 요건) 제8조(수반 취득) 제9조(국적회복에 의한 국적 취득) 제10조(국적 취득자의 외국 국적 포기 의무) 제11조의2(복수국적자의 법적 지위 등) 제12조(복수국적자의 국적선택의무) 제13조(대한민국 국적의 선택 절차) 제14조(대한민국 국적의 이탈 요건 및 절차) 제14조의2(복수국적자에 대한 국적선택명령) 제14조의3(대한민국 국적의 상실결정)	

법	지위를 규정하는 법/제도	정부 차원						개인 차원(대상자)				기타
		운영 주체	주요 사업			예산	강제규정	생활을 규정하는 법/제도				
			계획 수립	생활 지원	연구			가정 생활	학교 생활(교육)	직장 생활(근로)	사회 생활	
재한 외국인 처우 기본법	제12조(결혼이민자 및 그 자녀의 처우) 제13조(영주권자의 처우 제14조(난민의 처우) 제15조(국적취득 후 사회적응) 제16조(전문외국인력의 처우 개선) 제17조(과거 대한민국국적을 보유하였던 자 등의 처우)	제5조(외국인정책의 기본계획):법무부장관 제7조(업무의 협조) 제8조(외국인정책위원회)	제3조(국가 및 지방자치단체의 책무) 제5조(외국인정책의 기본계획) 제6조(연도별 시행계획) 제8조(외국인정책위원회) 제16조(전문외국인력의 처우 개선)	제10조(재한외국인 등의 인권옹호) 제11조(재한외국인의 사회적응 지원) 제13조(영주권자의 처우 제14조(난민의 처우)	제9조(정책의 연구 · 추진 등)			제12조(결혼이민자 및 그 자녀의 처우)			제10조(재한외국인 등의 인권옹호) 제11조(재한외국인의 사회적응 지원) 제13조(영주권자의 처우 제14조(난민의 처우)	제18조(다문화에 대한 이해 증진) 제19조(세계인의 날) 제20조(외국인에 대한 민원 안내 및 상담) 제21조(민간과의 협력) 제22조(국제교류의 활성화) 제23조(정책의 공표 및 전달)

2. 해외 다문화 관련 법제의 이해

1) 캐나다의 다문화 관련 법제

(1) 다문화정책의 역사적 배경

캐나다는 2011년을 기준으로 외국에서 출생한 영주자격자와 귀화자가 총인구의 약 20%를 차지하며 2011년 한 해 동안 총인구의 약 0.7%인 25만 명이 신규로 영주자격을 취득하였다. 영주이민자가 이민자의 인구의 상당 부분을 차지하는 '이민국가'의 대표적인 사례 중 하나이다.

2006년에서 2011년까지 약 116만 명이 캐나다로 영주이민하였다.

표 20 캐나다 인구대비 외국출생인구(영주자격자와 귀화자) 현황[18)]

	2001	2006	2011
외국출생인구 (영주자격자와 귀화자)	5,448,480	6,186,950	6,775,800
총인구	29,639,030	31,241,030	33,476,688
인구대비 외국출생인구 비율	18.4%	19.8%	20.2%

출처: 캐나다 통계청 2001, 2006, 2011년 센서스; 한태의, 2015, p. 17에서 재인용.

18) 캐나다 국적이민부와 통계청에서는 매년 체류 영주권자 수에 대한 통계를 별도로 집계하지 않고 있다. 국적이민부는 매년 신규 영주자격 취득자에 대한 통계를, 통계청은 매 5년마다 시행되는 인구센서스에서 외국에서 출생한 주민의 수를 집계하며 여기에는 영주자격자와 영주자격자를 거쳐 귀화한 주민 수를 포함한다(한태의, 2015, p.17).

표 21 영주자격 신규취득자 현황

	2009	2010	2011	2012	2013
영주권 신규 취득자	252,172	280,688	248,749	257,895	258,953
인구	33,628,571	34,005,300	34,342,800	34,752,100	35,154,300
인구대비 영주권 신규취득자 비율	0.7%	0.8%	0.7%	0.7%	0.7%

출처: Citizenship and Immigration Canada, Facts and Figure (permanent Residents), 2013, p.4; 한태의, 2015, p.18에서 재인용.

이 중 57.9%가 아시아, 13.7%가 유럽, 12.5%가 아시아, 12.3%가 중남미, 3.9%가 미국으로부터 유입되었다. 국가별로 살펴보면, 필리핀(13.1%), 중국(10.5%), 인디아(10.4%) 순으로 유입이 많고 미국, 파키스탄, 영국, 이란, 한국, 콜롬비아, 멕시코가 그 뒤를 이었다.

1987년 이래 캐나다에서는 매년 총인구의 0.6~0.9%가 신규로 영주자격을 취득하고 있으며 최근에는 영주자격 취득자 중 가족이민이 약 25%, 경제이민이 약 60%, 난민이 약 10% 정도의 비율을 대체로 유지하고 있다(한태의, 2015, pp.17-18).

가. 헌법상 외국인의 지위

① 입국단계의 외국인

캐나다기본권헌법 제6조 제1항은 캐나다 국민(every citizen of Canada)은 캐나다 입국 · 체류 · 출국의 권리가 있음을, 동조 제2항은 캐나다 국민과 영주권자(every citizen and every person who has the status of a permanent resident of Canada)는 캐나다 안에서의 거주 · 이전의 자유가

있음을 명시하고 있다. 이는 캐나다 헌법상 캐나다 국민만이 입국의 자유가 있으며, 국민이 아닌 외국인(영주권자 포함)의 캐나다 입국 권리는 부여되지 않음을 보여준다(한태희, 2015, pp.40-41).

② 체류 외국인

캐나다기본권헌법은 체류 외국인의 법적 지위에 관하여 국민에 고유한 선거권(제5조), 입국 · 체류 · 출국권(제6조 제1항) 등을 제외하고는 캐나다 영토에 체류하는 모든 사람(everyone, every individual 등)이 원칙적으로 기본권을 누린다고 규정하고 있다. 대법원은 1985년 Singh 사례(Singh v. Minister of Employment and Immigration)에서 외국인(이 사례에서는 난민인정신청자)이 캐나다에 체류하고 있고 캐나다법의 적용을 받기 때문에 캐나다기본권헌법 제7조가 적용된다고 판시하면서, 난민인정심사는 난민신청자의 신체의 안전(security of person)에 관련되며 이를 서류심사로만 하는 것은 근본적 정의(fundamental justice)의 실행 원칙인 절차적 공정성(procedural fairness)을 침해하는 것으로 판단하였다. 이 판례에 따라 난민심사에 회부된 모든 난민인정심사는 이민난민심판원의 준사법성격의 구두청문회(quasi-judicial oral hearings)에서 이루어지게 되었다(한태희, 2015, p.41).

나. 헌법의 이민에 대한 태도

캐나다는 이민자로 국가가 형성된 소위 전통적 이민국가로서 다양한 문화를 가진 사람들이 국가 구성원이다. 캐나다에서는 이들의 평화로운 공존을 위해 1971년 세계에서 최초로 다문화주의를 국가 공식정책으로 채택하였고, 1982년에 제정된 캐나다기본권헌법에도 이를 반영하였다.

이에 따라 캐나다기본권헌법 제27조는 “기본권헌법은 캐나다의 다문화적 전통 보전과 촉진에 부합하게 해석되어야 한다”고 규정하고 있다.

캐나다기본법헌법 제정 이래 연방대법원은 이 조항을 다문화주의를 지지하는 데 유용하게 활용하였다. 이 조항은 종교의 자유와 재판절차에 있어서 통역인의 조력을 받을 권리 등 자유권 해석에 있어서 해석 기준으로 활용되었고, 연방대법원은 표현의 자유를 표방한 소수집단에 대한 증오표현(hate speech)을 규제하는 데 이 조항을 적절히 인용하기도 하였다.

(2) 다문화 관련 법제 및 정책 현황

캐나다는 전통적 이민국가로 건국 후 2년 후인 1869년에 최초로 이민법(Immigration Act)을 제정하였다. 최초의 이민법은 범죄자를 제외하고는 이민자에 대한 특별한 규제가 없었으나 1919년에 출신국과 인종을 기준으로 하여 이민자를 받아들이는 이민법이 제정되어 40년 이상을 유지하였고, 1962년이 되어서야 이러한 차별을 철폐하였다. 이후 2001년에 이민 및 난민보호법을 제정하여 오늘에 이르고 있다.

국적에 관하여는 1947년 캐나다국적법(Canadian Citizenship Act)이 최초로 제정되었고, 1985년 새롭게 국적법을 제정하여 오늘에 이르고 있다. 이민사회통합 관련 법률로는 1988년 캐나다다문화주의법이 제정되었고 다문화주의를 국가 운영의 기본 방향으로 하고 있다(한태의, 2015, p.56.).

표 22 캐나다 이민정책 관련법 개관

법률명	소관부처	주요 내용
국적법 (Citizenship Act, 1985)	국적 이민부	–국적의 취득, 상실, 회복, 절차 등
캐나다 다문화주의법 (Canadian Multiculturalism Act, 1988)	국적 이민부	–다문화주의가 정부의 공식적인 정책임을 선언 –다문화주의 정책실현을 위해 국적이민부장관은 타 부처와 조정을 하고 다문화주의 실현을 위해 필요한 조치를 하여야함
이민 및 난민보호법 (Immigration and Refugee Protection Act, 2001)	국적 이민부	–제1장: 출입국관리(입출국, 체류, 사증, 보호, 항소) –제2장: 난민 –제3장: 법 집행 –제4장: 이민난민심판원

출처: 감환악 외, 2012, p.83; 한태의, 2015, p.57.

가. 국적법

캐나다 국적법은 국적의 취득(제1장), 상실(제2장), 회복(제3장), 국적증명서(제5장), 국적심사절차(제6장) 등을 규정하고 있다. 캐나다는 우리나라와 달리 속지주의(출생지주의)를 채택하고 있으며 복수국적을 전면적으로 인정하고 있다. 2014년 캐나다는 자국과 연고도 형성하지 않고 경제적으로도 기여하지 않으면서 단지 편의를 위한 국적 취득을 방지하기 위하여 국적법을 개정하였다. 개정 주요 내용 중 하나로, 귀화신청을 위한 거주요건이 강화되었다. 과거에는 귀화 신청 직전 4년 중 3년을 캐나다에 체류할 것을 요구(영주권 취득 전 거주는 1년을 한도로 하여 1일 거주 시 1/2일을 인정)하였으나 개정된 국적법(2015.6.11. 시행)은 귀화 신청 직전 영주권자로 6년 중 4년을 거주하고 매년 183일을 거주했을 것(영주권 취득 전 거주는 인정하지 않음)을 요구하는 등 귀화요건을 강화하였다(한태의, 2015, pp.57-58).

나. 캐나다 다문화주의법

캐나다는 1971년 전 세계에서 최초로 다문화주의를 국가의 공식정책으로 채택한 국가이다. 캐나다 기본권헌법 제27조는 "기본권헌법은 캐나다의 다문화적 전통 보전과 촉진에 부합하게 해석되어야 한다"고 규정하고 있다.

그 후 1988년 제정된 캐나다 다문화주의법은 그 전문(前文)에서 "캐나다 연방정부는 인종, 국적, 피부색, 종교의 다양성이 캐나다 사회가 지니는 특성임을 자각한다. 다문화주의정책은 이러한 다양성을 보존, 계승하기 위하여 시행하는 것이며 모든 캐나다인은 경제, 사회, 문화, 그리고 정치적 분야에 걸쳐 동등한 위치에 있어야 한다"고 선포한다. 이 법 본문에서는 다문화주의정책 방향 및 연방정부기관의 의무(제3조), 정책추진체계(제4조에서 제7조), 다문화주의장관(Minister for Multiculturalism)의 의회 연차보고서 제출의무(제8조) 등을 규정하고 있다(한태의, 2015, pp.58-59).

다. 이민 및 난민보호법

이민 및 난민보호법은 2001년 제정되고 2002년 6월 28일부터 시행되었다. 이민 및 난민보호법은 출입국관리 및 난민에 관한에 관한 기본적인 사항을 제시하는 기본법의 성격을 가지며 상세 체류자격 등 이민법의 주요 세부사항은 이민 및 난민보호법 규정에서 정하고 있다. 또한, 이민 및 난민보호법은 경제이민, 입국심사, 취업체류자격 등의 분야에서 국적이민부장관이 훈령(ministerial instruction)으로 관련 사항을 정할 수 있도록 하고 있다. 마지막으로 법령은 아니지만 국적이민부 이민관 업무지침은 국적이민행정의 지침 역할을 하고 있으며, 이 매뉴얼의 법적 효력에 관하여 캐나다 법원은 특단의 사유가 없는 한 이민관 업무지침에 위반한 행정행위는 위법이라고 해석하고 있다(한태의, 2015, p.59). 이민 및 난민보호법 및 동법 규정의 구성은 표 23과 같다.

표 23 이민 및 난민보호법과 동법 규정의 구성

이민 및 난민보호법	이민 및 난민보호법 규정
총칙(제1조~제10조) 제1장 출입국관리 제1절 입국요건 및 이민자선발 제2절 입국심사 제3절 입국 및 체류 제4절 입국금지 제5절 체류자격 상실 및 강제퇴거 등 제6절 보호와 보호 해제 제7절 재심청구권 제8절 사법심사 제9절 보안사범 제10절 일반조항 제2장 난민 제1절 정의 및 일반 조항 제2절 난민인정심사절차 제3절 퇴거전 위험평가 제3장 집행 제4장 이민난민심판원 제5장 부칙	제1장 정의 제2장 입국 공통 요건 제3장 입국금지 제4장 입국심사 절차 제5장 영주자격 총칙 제6장 경제이민자 제7장 가족이민자 제8장 난민이민자 제9장 비영주자격 총칙 제10장 방문자 제11장 외국인근로자 제12장 유학생 제13장 강제퇴거 등 제14장 보호와 보호해제 제15장 이민난민심판원 이민항소과 제16장 압수 제17장 교통수단의 검색 등 제18장 정부의 자금 융자 제19장 비자 수수료 제20장 경과 규정 제21장 시행일

출처: 한태의, 2015, p.60.

이민 및 난민보호법은 난민법이 별도로 제정되어 있는 우리나라와는 달리 난민에 관한 사항도 같이 규율하고 있다. 난민에 관한 내용이 출입국관리와 같이 '장'으로 편제되어 있으며, 우리나라에는 유사기관이 없는 이민난민심판원에 관한 사항이 제4장에 규정되어 있다. 이민 및 난민보호법 규정은 제5장에서 영주자격 총칙을 두고 제6장에서 제8장까지 경제이민자, 가족이민자, 난민이민자 등 영주자격 종류별로 규정하고 있으며, 제9장에서는 비영주자격 총칙을 두고 제10장에서 제12장까지 방문자, 외국인근로자, 유학생 등 비영주자격 종류별로 규정하고 각 체류자격별 취득요건 등에 관하여 상세하게 기술하고 있다.

이민 및 난민보호법 제3조 제1항에서는 이민제도의 목적으로 지역경제발전, 가족재결합 도모, 영주권자의 사회통합 촉진 등 11가지를, 제2항에서는 난민제도의 목적으로 재정착난민수용, 공정한 난민심사 제공 등 8가지를 규정하고 있다. 이러한 목적조항은 국적이민부 이민관, 이민난민심판원, 법원 등에서 이민 및 난민보호법 조항을 해석할 때 기준으로서의 역할을 한다. 그리고 제3조 제3항은 이민 및 난민보호법 해석과 적용 시 ① 캐나다 국내 및 국제적 이해 증진, ② 이민과 난민에 대한 공공의 이해 증진, ③ 연방정부, 주정부, 외국, 국제 기구, 비정부기구와의 협력 촉진, ④ 캐나다기본권헌법에 부합한 행정행위 확립, ⑤ 불어사용커뮤니티 지원, ⑥ 캐나다가 비준한 국제법 준수 등 6가지 취지에 맞게 하도록 구체적으로 제시하고 있다(한태의, 2015, pp.60-61).

(3) 시사점

우리나라의 이민법제는 재한외국인처우기본법을 제외하고는 출입국관리법을 중심으로 정책대상에 따라 재외동포의 출입국과 법적 지위에 관한 법률, 외국인근로자의 고용 등에 관한 법률, 다문화가족지원법, 난민법 등 일종의 특별법 성격의 법률이 다수 제정되어 이민법제가 복잡한 특성을 가지고 있다.

이는 캐나다가 이민 및 난민보호법에 이민제도 전반의 기본사항을 정하고 이민 및 난민보호법 규정에서 영주자격과 비영주자격에 대하여 구체적인 사항을 체계적으로 기술한 것과 대비된다. 물론 우리나라가 재외동포, 단순기능외국인근로자, 다문화가족, 난민을 특별한 이민정책대상으로 삼는 나름의 합당한 정책적 이유가 있다. 하지만 이렇게 복잡한 법제는 체계적인 이민정책을 수립하고 실행하는 데 걸림돌이 되고 있다. 최근 통합이민법 제정의 필요성에 대한 논의가 활발한 것도 이러한 이유이다. 문제는 새로운 이민법체계 구축의 방법론인데 이민정책 관련법을 한 곳에 모아 '이민법' 또는 '이민사회통합법' 등 통합이민법전을 만드는 방식과 출입국관리법을 대폭 개정하는 방향이 제시되고 있다. 통합이민법전을 만든다고 하더라도 그 중심은 출입국관리법이 될 수밖에 없는 점을 고려할 때, 재외동포의 출입국과 법적 지위에 관한 법률, 외국인근로자의 고용 등에 관한 법률, 난민법, 다문화가족지원법 등을 폐지하여 해당 체류자격 등 출입국관리에 관한 사항은 출입국관리법에 반영하고, 법적 처우나 사회통합 등에 관한 사항은 재한외국인처우기본법 시행령에 규정하여 이민정책의 제1영역인 출입국관리영역은 출입국관리법에, 제2영역인 이민사회통합영역은 재한외국인처우기본법에 규정하여 2법 체제로 운영하는 것이 바람직할 것으로 본다. 재한외국인처우기본법은 이미 결혼이민자와 그 자녀(제12조), 영주권자(제13조), 난민(제14조), 전문외국인력(제16조), 동포(제17조) 등에 대한 특별처우 근거 조항을 두고 있음을 참고할 필요가 있다.

2) 독일의 다문화 관련 법제

(1) 다문화정책의 역사적 배경

독일은 높은 수준의 경제력과 사회복지정책으로 유럽국가 중 외국인들이 선호하는 이민 국가 중 하나로 손꼽힌다. 제2차 세계대전 이후 본격적으로 외국인노동자 제도를 도입하면서 독일에 거주하는 외국인의 숫자는 계속해서 증가하고 있다. 1990년대 중반 독일정부는 외국인의 독일사회로의 통합과 공존을 위해 다양한 관련 정책을 추진하고 입법을 통해 제도화하고 있다(김남국, 2010).

독일의 시기별 다문화사회통합 정책 및 법률은 표 24와 같다.

독일내 외국인이 본격적으로 유입되기 시작한 것은 1950년대 이후부터이다. 독일은 빠른 경제 성장으로 인한 노동력 부족을 해결하기 위해 이탈리아, 그리스, 스페인, 터키 등 유럽국가들뿐만 아니라 비유럽 국가들과 협약을 체결하고 적극적인 노동이주정책을 펼쳤다. 당시 기업들은 연방노동청과 협력하여 직접 외국의 노동자들을 모집하였다. 대부분의

표 24 독일의 시기별 다문화사회통합 정책 및 법률

시기	특징
1950년대	· 외국인 노동력 유입 시작
1970년대	· 초청노동자(Gastarbeiter) 시대, 일시적 통합정책, 본국 귀환 독려 정책 · 퀸보고서 제출(1979년)
1980년대	· 외국인 제한정책, 귀환정책 추진 : '귀국촉진법'(1983년)
1990년대	· 독일사회가 다문화사회임을 인정하고 사회통합 정책의 전환 시도 · 외국인법 개정(1990년)
2000년대	· 기존 독일 거주 외국인들의 독일 역사 · 문화 이해, 독일적 가치 존중, 독일로의 사회통합 추구 · 국적법 개정(2000년) · 이민법 제정(2005년) · 연방이민난민청(Bundesamt fuer Migration und Fluetling) 신설 · 국가통합실천계획(NIP) 발표(2007년)

노동자들은 임시취업 또는 단기체류 외국인근로자 프로그램을 통해 독일로 유입되어 단기간 일하다가 계약이 만료되면 본국으로 돌아가고, 다시 입국을 하는 형태로 생활하였다.

독일정부는 독일사회에 정착한 외국인노동자와 가족들을 통합이 아닌 귀환의 대상으로만 간주하였기 때문에, 정부차원의 이주민통합정책은 귀국을 목표로 한 차별적인 배제정책의 성격이 강했다(김영란, 2015, p.127). 이주민에 대한 지원정책도 정부가 직접 개입하기보다는 간접적으로 지원하는 방식을 취하였다(김용찬, 2006).

1973년 국제오일쇼크로 인해 경제성장이 둔화되면서 독일정부는 공식적으로 외국인노동자의 충원을 금지하였다. 하지만 기존에 독일에 정착해 있던 외국인노동자의 가족 유입이 가능해지고, 독일에서 태어난 외국인 2~3세와 이주민의 수가 증가하면서 독일사회에 이주민의 통합문제가 심화되어 나타나기 시작하였다. 주택 · 교육 · 언어문제 등 이민자 가정과 자녀들의 사회통합문제, 외국인에 대한 내국인의 고정관념, 선입견, 혐오, 배척, 차별 등의 문제가 대두되었다. 하지만 독일정부는 이주민을 문화적으로 동화시키기보다 독일만의 문화적 단일성을 보존하고, 이주노동자들의 고국문화를 유지하도록 하는 정책 기조를 지속하였다.

그러던 중 1979년 '퀸보고서'가 제출되면서 외국인노동자의 사회통합을 위한 독일정부의 정치적 책임에 대한 관심이 증가하였다. 그러나 1980년대까지도 독일정부는 이민자들과 외국인 이주자 가족과 자녀들을 위한 특별한 사회통합정책을 제시하지 않았고, 사회보장도 일시적이었다. 이로 인해 이민에 따른 문화적 다양성의 충돌 등의 문제가 발생하였고, 대다수의 이민자들은 독일사회에 통합되지 못하고 주류 사회와 분리 · 배제되었다(Treichler, 2007).

1990년 냉전종식 이후 또다시 부족한 노동력을 충원하기 위해 소련 및 동유럽에서의 외국인노동자 유입이 다시 증가하였다. 또한 정치적 난민, 이주자 가족구성원의 이주, 유럽공동체 국가 시민들의 독일로의 유입 등 새로운 형태의 외국인 유입이 증가하였다. 이와 함께 독일의 저출산, 결혼기피 현상에 따른 노동력감소, 인구감소, 고령화 현상이 심화되고 독일 내의 사회적 불안, 갈등, 충돌이 심화되었다. 이에 따라 문화적 다양성을 인정하지 않고 이민문제를 방치하던 소극적인 독일의 이주민정책이 변화하기 시작하였다.

1990년대부터 독일은 이민자들에 대한 통합정책을 적극적으로 추진하고, 관련 법안의 제정과 개정을 통해 이러한 문제를 해결하고자 하였다. 1990년 외국인법(Auslaendergesetz)을 개정하여 외국인에게 처음으로 이민 신분을 인정하고, 장기 체류 및 가족 재결합에 대한 규정과 이민 2세대와 장기거주자의 귀화 규정을 완화하였다. 또한 1999년에는 국적법(Staatsangehoerigkeitsgesetz)을 개정(2000년 1월 발효)하여 외국인의 국적취득요건을 완화하고 이들의 사회적, 정치적 참여 기회와 법적 보호를 확대하여 사회통합의 가능성을 확대하였다. 2005년에는 새로운 이민법(Zuwanderungsgesetz)이 제정되어 독일이 이민국가임을 인정하고 이주자의 사회통합에 대한 법적 근거를 마련하였다. 연방이민난민청을 설립하였으며, 통합프로그램규정을 통해 이주민의 독일사회로의 통합을 위한 각종 정책과 법적 조치가 마련되었다. 이러한 법률 및 정책의 개혁을 통해 외국인을 독일사회 및 문화에 대한 일방적인 사회적응 대상으로 보는 시각에서 벗어나, 사회적 유대를 강화하고 외국인에 대한 복지적, 교육적 측면 등 사회전반에 대한 종합적인 접근을 시도하고 있다.

(2) 다문화 관련 법제 및 정책 현황

독일은 외국인의 유입과 정착의 심화, 자국민의 고령화와 저출산으로 인한 인구 감소, 전문인력의 부족, 종교 · 문화적 갈등, 범죄율 증가, 빈부격차 등의 사회적 문제를 극복하기 위해 이민법과 국적법을 주된 근거로 하여 다문화구성원에 대한 사회통합정책을 펼치고 있다(김영란, 2012).

가. 이민법

1990년대에 접어들면서 독일사회 내에서 저출산과 고령화가 심화되어 인구구조가 급변하고 노동인구가 급감함에 따라 외국인 노동력과 전문인력의 수요가 증가하였다. 외국인 노동력의 유입이 증가하면서 이들에 대한 관리체계의 개선 필요성이 대두되었다(김환학 외, 2012, pp.19-20). 국제적으로는 유럽연합 회원국 간의 자유이동을 보장하는 등의 내용이 담긴 유럽연합 이민통합정책의 수용에 대한 국제사회의 요청이 강해졌다. 독일은 이러한 대내외적인 문제를 해결하고자 외국인의 이민과 이주민들의 독일사회로의 통합에 대해 규정하는 이민법(Zuwanderungsgesetz)[19]을 2004년 8월에 공포하여 2005년 1월부터 시행하고 있다.

독일 이민법은 1848년 프랑크푸르트 제헌회의에서 제정된 해외 이주를 위한 이민법과 1938년 나치정권하에서 제정된 외국인경찰령(Ausländerpolizeiverordnung), 1965년 외국인법(Ausländergesetz)에서 역사적 기반을 찾을 수 있다. 이민법은 연방정부가 구성한 이주에 관한 독립위원회(Unabhängige Kommission Zuwanderung(속칭 Süssmuth-Kommission))를 통하여 준비되었다. 이민법은 외국인 이주와 관련된 개별 법률을 종합하는 형식을 취하는데, 기존의 외국인법, 망명절차법, 유럽연합 국가 국민의 이주자유법 등의 내용이 종합되어 있다. 취업을 목적으로 하는 이민의 완화, 외국인 이민 조절, 장기간 독일 체류 외국인의 사회 융합, 유럽

19) 정식명칭은 Das Gesetz zur Steuerung und Begrenzung der Zuwanderung und zur Regelung des Aufenthalts und der Integration von Unionsbürgern und Ausländern (이주를 조종 및 제한하고 유럽연합회원국 국민 기타 외국인의 체류와 통합을 규율하기 위한 법률)(김환학 외, 2012, pp.20)

연합 국가 국민의 체류 규정 등을 주요 내용으로 한다(김환학 외, 2012, pp.17). 이민법의 구성은 표 25와 같다.

표 25 이민법의 구성

제1장 일반규정
제2장 독일연방영토로의 입국과 출국
제3장 사회동화 지원
제4장 사회질서법상의 절차
제5장 체류의 종료
제6장 손해배상비용과 수수료
제7장 절차규정
제8장 난민, 이주, 동화 담당위원
제9장 처벌 및 벌금규정
제10장 규정제정권

이민법의 내용은 크게 제3국 출신 외국인의 체류에 관한 법률(외국인체류법, Aufenthaltsgesetz)과 관련된 내용, 유럽연합 회원국의 국민이 독일 내에서 갖는 자유이전 및 영리활동 등의 지위에 관해 규정한 법률(자유이전법, Freizügigkeitsgesetz)과 관련된 내용, 난민에 관한 내용 등으로 구성된다(김환학 외, 2012, pp.20). 외국인체류법과 관련된 주요 내용을 살펴보면, 입국과 체류에서 여권과 비자, 외국인 신분으로서의 체류허가와 영주허가, 일반적인 사항과 체류목적에 따른 유학과 취업, 국제법적 인도적 · 정치적 사정, 가족 수반, 연방노동청과 외국인청의 관계에 대한 규정(제2장), 사회통합교육의 취지와 내용, 교육참여에 대한 권리자와 의무자 등에 대한 규정(제3장), 체류자의 의무 등 질서규정(제4장)이 있다. 또한 체류의 종료에서 출국의무의 발생 일반과 체류허가의 취소, 강제퇴

거, 퇴거를 위한 구금, 거주지 제한, 불법체류자의 체포에 영장주의 천명에 대한 규정(제5장), 항공 기타 여객운송업체의 책임(제6장), 절차규정으로 행정기관간의 관계와 연방이민난민청의 기능, 체류허가의 신청과 결정, 외국인의 협력의무, 정보보호 등에 대한 규정(제7장), 기타 처벌규정과 위임규정, 경과규정 등으로 구성되어 있다(김환학 외, 2012, pp.20).

자유이전과 관련된 내용은 유럽연합 회원국 국민이 독일에서 갖는 지위에 대한 규정과 관련된다. 유럽연합 회원국 국민은 신분증이나 여권만으로 3개월간 독일에 체류할 수 있으며 독일재정에 부담을 주지 않는 한 독일 내에서 거주이전의 자유를 갖는다. 원칙적으로 연방노동청의 허가 없이도 취업이 허용된다. 이러한 규정을 통해 외국인법상의 지위보장만이 아니라, 유럽연합조약에 의한 시장통합에서 비롯되는 여러 경제활동의 자유를 널리 인정하고 있다(김환학 외, 2012, pp.21).

또한 국적취득과 관련하여 전통적인 혈통주의와 속지주의를 접목하였고 귀화조건을 15년 이상 독일 거주에서 8년 이상 독일 거주로 완화하였다. 또한 독일에 거주하고 있는 외국인이 가족을 데리고 올 수 있고, 그 가족들의 권리도 보호받을 수 있는 규정을 두었다. 그리고 제3국 국민들의 독일 체류허가 규정을 '한시적 체류허가'(직업활동, 국민적 · 인간적 · 정치적 이유 등의 목적과 연계, 기간제한)와 '무제한 정착허가'(체류허가 발급 5년 후 다른 조건-60개월 연금보험 지불, 생활에 대한 자립적 재원 확보, 헌법에 대한 충성, 독일어 능력, 독일 법질서 및 사회질서에 대한 소양 등-을 충족시킬 경우 기간 제한 없이 정착허가)로 간소화하였다. 소규모 투자 및 사업이민의 경우 최소 투자금과 최소 일자리 창출 기준을 두어 체류를 허가하고 있다. 하지만 이러한 규정으로 인해 단순고용인력으로 들어오는 제3국의 국민에게는 한시적 체류허가만이 부여되고, 독일의 경제와 사회에 큰 이익을 가져오는 고급전문인력에게는 입국 즉시 무제한 정착허가가 용이하게 부여되는 등 외국인 노동인력에 대하여 차별적으로 정책이 적용되고 있다는 비판이 있다(장선희, 2014).

한편 독일 이민법은 독일어교육과 교양교육으로 구성된 통합교육과정 규정을 국적취득과 연계하여 이주민이 노동시장에 원활하게 진입하고 독일사회에 적응하는 데 도움을 주고자 하였다(고상두 · 하명신, 2010, pp.435). 외국인 및 이민자의 정착지원을 위하여 이주 초기 개별 상담을 통해 개인에게 맞춘 통합프로그램을 제공한다. 또한 연방이민난민청(Bundesamt fuer Migration und Fluetling)을 신설하여 이민자의 노동시장정책과 사회통합정책을 유기적으로 연결하여 주관하고 있다. 또한 국가안전과 관련하여 잠재적 테러분자와 종교원리주의자에 대한 국외추방 규정을 두어 테러나 범죄 등 독일의 안전을 위협할만한 정황 증거만으로도 사람을 추방할 수 있도록 하였다. 이민자 통합과 관련해서는 이민자 통합과정 비용의 연방 부담과 통합과정 불참자에 대한 불이익처분 규정을 두었고, 인권 문제와 관련해서는 성적 박해를 망명인정의 이유로 보는 규정 등을 두고 있다. 특히 망명신청자를 위한 체류허가 조항을 두어 망명 및 피난 절차를 신속하게 진행할 수 있게 하였다. 또한 노동시장과 관련해서 유럽연합 회원국 이외의 외국인에게도 취업이민을 개방했다는 점에서 의의가 있다(장선희, 2014, pp.40).

나. 국적법

1970-80년대 독일의 외국인정책에는 '제도를 통한 불평등 대우'로 해석되거나 실행될 수 있는 내용이 포함되어 있었다. 조건 없고 지속 가능한 통합을 지향하는 외국인정책보다는 독일사회와 문화에 대한 순응을 강조하는 억압적인 외국인정책들이 주류를 이루었다. 그 예로는 가족 초청 문제를 '사회적으로 감당할 수 있는 범위로 조정'하는 정책, 외국인 고용시의 내국인 우선원칙 관철, 실업 상태인 외국인에 대한 체류허가 제한, 귀국 장려정책, 외국인법의 규정과 개입을 통한 자율적인 개인정보 관리의 제한 등을 들 수 있다. 1990년대 들어서면서 독일의 경제적, 정치적, 사회적, 문화적 안정에 대한 불안감이 최고조에 달하면서 국적법의 개정을 요구하는 목소리가 높아졌다. 국적법은 독일 시민권의 취득과 포기, 귀화와 관련한 법으로, 제국국적법(Reichs-und Staatsangehorigkeitsgesetz)을 모태로 삼아 1999년까지 적용되었던 국적법을 수정하여 2000년 1월 1일부터 발효된 개정국적법(Staatsangehorigkeitsgesetz)을 지칭한다. 국적법은 독일국민과 외국인 모두에게 적용되는 모법에 해당한다. 국적법은 기본적인 시민권 부여의 원칙이 무엇인지에 대한 최소한의 법적 근거에 관해 규정하고 있다(고상두 · 하명신, 2010, pp.422-423). 국적법 개정 이전의 국적취득원칙은 이상에서 본 바와 같이 속인주의에 기초하고 있어 독일에서 출생하고 성장한 이민자의 자녀도 외국인으로 분류되었으나, 개정 이후 국적취득조건을 완화하고, 독일에서 출생한 외국인 자녀는 속지주의를 적용받게 되었다(장선희, 2014, pp.37-38). 독일 국적법의 주요 내용은 표 26과 같다.

표 26 국적법의 구성

제1장 총칙	제1조 독일인의 정의 제2조 (적용불가)
제2장 연방국가의 시민권	제3조 연방국가의 시민권 취득 제4조 출생에 의한 시민권 취득 제5조 1993년 7월 1일 전에 출생한 자의 신고권 제6조 독일인에 의한 입약 제7조 국외추방자관련연방법률(Federal Expellees Act) 제15조 제1항 내지 제2항에 의한 증명서 발급과 시민권 취득 제8조 독일 시민으로의 승인 요건 제9조 독일인의 배우자 귀화 요건 제10조 (폐지) 제11조 (폐지) 제12조 (폐지) 제13조 귀화신청 제14조 귀화요건 제15조 (폐지) 제16조 귀화증명서 제17조 시민권 상실 제18조 시민권 이탈 제19조 시민권 이탈 신청 제20조 (폐지) 제21조 (폐지) 제22조 이탈 비인정 요건 제23조 이탈증서 제24조 이탈의 무효 제25조 외국시민권의 취득 제26조 시민권의 포기 제27조 외국인에 의한 입양 제28조 시민권 상실 제29조 성년이 된 후의 시민권 선택 제30조 (폐지) 제31조 (폐지)

	第32조 (폐지)
제3장 독일제국의 직접 시민권	第33조 (폐지) 第34조 (폐지) 第35조 (폐지)
제4장 결칙	第36조 귀화통계 第37조 외국인 관련 법률의 준용 第38조 수수료 第39조 이 법과 다른 법의 시행을 위한 일반 행정규정 공포 第40조 소관 관청과 절차의 결정 第40조1 독일시민권이 없을시 독일국적으로의 전환 第40조2 독일내 정상 거주하는 만10세 미만의 외국인의 귀화 신청

출처: 법무부, 2006, pp.45-55.

2000년 1월 1일 발효된 국적법의 핵심 내용은 다음과 같다. 첫째, 1913년 제국국적법 이래 고수되어 온 속인주의 원칙과 출생지에 따라 국적취득이 결정되는 속지주의 원칙이 부분적으로 결합되었다. 즉, 부모 중 1인 이상이 8년 이상 독일에 합법적으로 거주했거나, 영주권을 보유하고 최소 3년 이상 독일에 거주한 외국인의 출생자녀는 독일 시민권을 부여받을 수 있게 되었다. 이처럼 태어나면서부터 이중국적을 갖게 된 이민자 2세는 18세가 되면 5년 이내에 의무적으로 하나의 국적만을 선택해야 한다. 즉 원칙적으로 이중국적은 허용되지 않고 있다.

둘째, 국적취득의 조건이 완화되었다. 국적취득에 필요한 체류기간이 단축되어 15년 이상 독일 내 거주하는 조건에서 8년 거주로 하향 조정되었다. 이에 따라 외국인이 독일인으로 귀화하는 것이 한층 용이해졌으나, 그 대상자는 영주권을 가지고 있어야 하며, 복지급여와 실업수당 없이 생활할 수 있음을 입증해야 한다. 또한 독일어에 능통해야 한다는 조건을 갖추어야 한다. 이상에서 살펴본 바와 같이 1913년 제국국적법 제정 이래 몇 차례의 법 개정을 거쳐 2000년 개정국적법에 이르러 혈통적 유대를 중시하는 속인주의적 시민권 제도에서 보다 개방적인 속지주의적 시민권 제도로의 전환이 이루어졌다(고상두 · 하명신, 2010, pp.431).

다. 외국인의 사회통합 정책 - 독일어 교육

독일의 이주자 통합정책은 외국인 통합촉진과 자발적인 참여를 위한 다양한 통합프로그램과 법적 조치를 실시하고 있다. 특히 외국인들에 대한 무조건적인 관용정책을 펴기 이전에 독일에서 교육받고 사회에 진출하기 위해서 독일어를 습득하는 것이 우선이라는 조건을 강조하여 교육프로그램을 다양화하였다. 각 주마다 취학 전 아동의 독일어 능력을 향상시키기 위해 아동보호시설, 학교, 가정과의 협조적 관계를 유지하고, 특색 있는 아동 언어 진단 프로그램을 개발하여 실시하고 있다.

또한 학교교육의 특색 사업으로 외국인이주자자녀에 대한 모국어 수업이 진행된다. 이러한 모국어 수업은 외국인에게 일방적으로 독일어와 독일문화를 수용하도록 강제하는 것이 아니라 그들의 언어와 문화를 수용하고 포용하는 방향으로 독일의 사회통합정책이 진행되고 있음을 보여준다(한상우, 2010, p.77).

독일의 언어교육을 통한 사회통합정책은 학교 내 교육뿐만 아니라 학교 밖에서도 '통합코스'를 통해 촉진된다. 통합코스는 언어코스와 오리엔테이션코스로 구성된다. 여기에서는 독일 역사, 문화 등의 배경지식을 제공하고, 글을 모르는 사람, 청소년, 여성 등을 위한 특별 언어 지도까지도 진행하고 있다.

라. 주요집행기관

독일의 사회통합정책은 연방내무부, 연방내무부 산하 연방이민난민청, 주정부, 지방자치단체가 분담하여 담당 · 추진하고 있다. 독일의 주요 다문화정책 담당기관과 각 기관의 기능은 표 27과 같다.

독일 다문화사회 통합정책은 특히 연방내무부가 관련 업무를 총괄한다. 그리고 연방내무부 산하의 연방이민난민청은 망명절차와 난민 수용, 귀국 및 통합업무뿐만 아니라 전반적인 이민자 통합 · 정책조정을 담당하고 있다. 또한 이주 초기 청소년을 포함한 이주민들을 위한 통합교육과정 프로그램 개발과 시행, 연방정부의 통합촉진정책을 위한 연구 지원, 외국인중앙등록부의 관리, 귀화시험 주관, 연방 · 주 · 지역의 상호협력과 공조 강화를 담당한다(김환학 외, 2012).

실질적인 사회통합정책은 연방정부의 경제적 지원 아래 주정부가 추진한다. 주정부는 새로 이주한 이주민의 조기정착 및 적응을 위하여 이민상담소, 통합교육담당기관, 외국인상담소, 난민상담소 등을 운영하고 있다.

지방정부는 지역과 지방 차원의 이주민 지원정책을 수행한다. 이외에도 사회복지단체, 종교단체 등 다양한 단체들이 독일사회의 외국인을 위한 사회통합정책을 수행하는 과정에서 긍정적인 역할을 수행하고 있다.

표 27 독일의 다문화정책 담당기관과 주요 기능

담당부처	주요내용
연방내무부	-외국인, 난민, 재외동포 귀환, 이민, 국적분야에 대한 책임기관 -외국인의 사회적 통합과 난민문제 등을 다루는 주무부처 *외국인노동자가족 초대, 외국인의 사회적 통합이 중요한 사회적 이슈로 확산되면서 관장영역 확대 -이주운영위원회운영: 이주행정의 장기발전 계획과 새로운 이주정책 수립
연방행정청	-재외동포귀환이민수용, 유태인이민의 분배, 귀화 등 외국인통합과 관련된 사업지원 과제 수행 -산하기관인 '외국인중앙등록소'에서 외국인현황 등 통계작업 실시
연방이민청 (Bundesamt fur Migration and Fluchtlinge)	-주로 이민과 난민업무 수행 -외국인정책과 관련된 기관들 사이에서 관계 조정 -수요에 입각한 노동시장정책 수행과 상이한 기관에서 진행되는 외국인정책에 대해 전체적인 조망을 하면서 장기적인 이민정책 계획 -유입인구의 언어적인 사회통합을 위한 종합 프로그램 수행 *독일거주 외국인의 고충상담, 사회적응교육 실시 및 사회통합에 필요한 예산지원, 정보제공업무 등 수행
주정부	-주정부내무부: 외국인 법집행을 위한 주정부 차원의 지도 · 감독 -주정부외국인국: 외국인법과 기타 외국인관련 법률 · 규정 집행의 전반적 책임기관
기초지자체	-외국인 통합정책 수행 및 사회보장정책 관장 -연방, 주정부 및 시의 행정부에는 외국인들의 동화정책을 위한 부처가 존재하며, 이민자들과 관련된 제반문제에 대해 정책수립과 홍보활동

출처: 신재주, 2010. p.21.

(3) 시사점

독일의 이주민 통합정책은 연방정부와 지방정부가 분담하여 실시하는데, 실질적인 정책수행은 지방정부와 주정부 중심으로 이루어지고, 정책의 총괄은 연방정부에서 이루어진다. 즉, 연방내무부 산하의 연방이민난

민청이 전반적인 통합정책을 수립하고, 실제적인 프로그램 진행은 각 주정부가 실시하여 이주민들이 지역사회에 통합될 수 있도록 돕는다(김순임 · 민춘기, 2011, p.303).

우리나라의 경우, 외국인 고용정책은 노동부가, 방문취업제는 법무부가 담당하고, 보건복지부와 문화체육관광부, 행정자치부가 다문화정책, 재한외국인의 사회적응 및 복지지원 등을 동시에 진행하고 있다. 즉 각 부처 간의 업무 영역 확보와 행정편의에 맞추어 비슷한 다문화정책이 부처별로 중첩적으로 진행되고 있다. 각 부처 간 다문화정책의 중복은 인력과 비용 등의 낭비를 초래할 뿐만 아니라, 지원 대상자의 지원 신청 절차와 지원 내용 등에 혼란을 초래할 수 있다. 따라서 독일의 사례에서처럼, 우리나라의 다문화정책을 총괄하는 총괄 부서를 두고, 그 부서를 중심으로 주요 정책 분야와 지역의 특수성을 반영한 정책을 시행하는 방안에 대한 고민이 필요하다.

또한 독일은 국적법과 이민법 등의 개정을 통해 독일인에게 부여되는 사회적 권리를 외국인에게도 최대한 부여하고 있으며, 다문화정책의 대상범위를 합법적으로 독일에 거주하고 있는 외국인을 대상으로 하고 있어 그 대상범위가 넓다고 할 수 있다.

그러나 우리나라의 경우 다문화가족지원법을 중심으로 한 다문화 관련 정책의 주된 지원 대상은 결혼이민자와 그들의 가족으로 제한되어 있어 그 범위가 매우 협소하다. 또한 재한외국인처우기본법의 주된 보호대상도 대한민국에 합법적으로 거주하는 외국인으로 정하고 있고, 그들의 권익보호보다는 규제에 초점을 두고 있다. 결혼 이외의 목적으로 한국에 체류하는 외국인노동자와 그들의 가족이 우리나라에 체류하고 있는 외국인의 대부분을 차지하고, 그들이 우리 사회에 기여하고 있는 바를 고려하면, 이들의 생활과 노동을 위한 포괄적인 법적 포용과 대책이 마련되어야 할 것이다.

3) 호주의 다문화 관련 법제

(1) 다문화정책의 역사적 배경

호주는 오늘날 전 세계에서 가장 대표적인 다문화국가 중 하나로 알려져 있다. 호주의 다문화주의 역사는 이민의 역사와 함께하는데, 호주 이민의 역사는 1788년 영국인의 정착에서부터 시작되었다(정상우, 2008, p.85). 당시 영국은 호주의 토착 원주민을 제한된 거주 구역에서 살도록 하거나, 다수를 학살하는 등의 식민 정책을 펼쳤다.

호주의 이주민에 대한 정책은 법적, 제도적 장치의 존재 유무 및 성격에 따라서 크게 4개 시기로 구분할 수 있으며, 각 시기별 특징은 표 28과 같다(전영기 · 최은수, 2014, pp.57-59).

표 28 호주의 시기별 이주 정책

시기	특징
제1기 (1788년~1900년)	· 영국 식민지 정책으로 인한 이주 및 경제적 동기로 인한 이주 · 법, 제도적 정책 미비 ※ 이주민 특징 – 영국의 식민지 시기: 영국 재소자 유입 – 1840년 이후: 유럽으로부터 자유 이민 증가(특히 아일랜드계의 기근으로 인한 이민이 많았음) – 1850년대: 금광 개발로 인한 유럽 및 중국계 이주 – 1860년대: 사탕 수수 산업을 위한 멜라네시아계 이주
제2기 (1901년~1945년)	· 연방 정부 설립 → 국가 차원의 이민정책 실시(1901년 이민(제한)법과 1903년 시민권법 제정) · 백호주의 정책에 입각한 이주 정책
제3기 (1945년~1972년)	· 연방 정부 조직 내 이민부 설립 (배경: 제2차 세계 대전 이후 인구 급감으로 인한 위기 의식) · 이민정책 및 이민자 정책 지원정책 본격 실시
제4기 (1973년~현재)	· 다문화정책 실시(백호주의 정책 폐지) · 1999년 '다문화 호주를 위한 국가 아젠다' 발표 · 2000년 '다문화 호주 위원회' 설치

출처: 전영기 · 최은수, 2014, pp.57–59 내용을 바탕으로 재구성.

호주의 초기 이민정책은 '백호주의'를 중심으로 한 동화정책이었으며, 이러한 정책적 기조는 1788년 이후 약 200년 동안 이어졌다. 그러나 이러한 백호주의 정책은 호주의 생활에 적응하지 못하는 비영국계 유럽인이나 아시아인들에게 많은 문제를 가져왔으며, 결국 백인 간, 혹은 백인과 유색 인종 간의 갈등으로 이어졌다. 이에 호주 정부는 다문화주의 이념을 수용하고, 공식적인 정책으로 내세우게 된다(정상우, 2008, p.87). '다문화

사회'라는 용어가 처음으로 호주정부 정책문건에 등장한 것은 1973년 휘틀람(Whitlam) 노동당정부하의 알 그라스비(Al Grassby) 이민성장관의 연설 "미래를 위한 다문화사회(A Multi-Cultural Society for the Future)"에서이다. 이때 다문화주의를 호주의 이민자 정착, 복지, 사회문화 정책의 기초로 선언하게 된다. 다문화주의에 대한 공식적인 정의는 1977년 호주민족문제위원회(Australian Ethnic Affairs Council)가 제출한 "다문화사회로서의 호주(Australia as a Multicultural Society)"에서 처음으로 등장하였으며, '문화적 다원주의' 접근으로 사회결속, 기회와 문화적 정체성의 평등의 원칙에 기반하는 것으로 정의하고 있다. 이후 프레이저(Frazer) 내각(1975년~1983년) 시기에 출판된 '갈버리 보고서'(Galbally Report, 1978)가 등장하는데, 갈버리는 이민자 도착 후 프로그램 및 서비스 재검토 위원회(Review of Post-Arrival Programs and Services to Migrants)에 임명되어, 정부 및 비정부단체가 제공하는 프로그램 및 서비스의 효율성과 개선사항에 대해 검토하고 이를 보고하게 되었다. 이 보고서는 모든 호주인들이 편견의 두려움 없이 자신의 문화를 유지할 수 있는 권리, 모든 이민자가 평등한 접근권과 서비스를 제공받을 수 있도록 하는 특별 서비스 및 프로그램이 필요하다는 것을 주요 내용으로 담고 있다.

> 우리는 호주에 존재하고 있는 광범위한 문화적 인종적 차이를 인정한다. 그리고 우리는 현재의 이러한 다양성이 국민형성에 여러 문제점을 야기하겠지만 동시에 이익을 가져올 것이라는 점을 깨닫고 있다. … 다언어, 다종교 그리고 다문화적 집단들은 필연적으로 파당과 긴장 그리고 어쩌면 분열을 가져오며 이러한 문제를 해결하는

> 문제에 봉착하게 될 것이라는 것은 명백하다. 그러나 우리는 이러한 문제는 반드시 극복되리라 믿는다. … 우리는 이민자들이 그들 고유의 문화와 인정적 일체감을 유지할 권리를 가진다고 믿는다. … 다문화적인 상호작용의 과정에 의해 새로운 국민형성의 틀이 만들어질 때 전체로서의 사회는 근본적으로 이익이 되며 민주적 본질은 강화될 것이다. … 우리는 필연적으로 문화적 다양성이 분열을 야기한다는 주장에 반대한다. 오히려 우리는 종종 야기되는 집단 간의 적대감과 비난은 문화적 억압에서 비롯되었다고 믿는다.
>
> (Galbally, 1978, pp. 104-105)

이후 1980년대 노동당 정부가 들어서면서 매우 적극적인 다문화정책이 수립되게 된다. 이에 따라 호주는 아시아와 보다 긴밀하게 연계하기 시작하였고, 아시아계 호주인 등 과거에 차별받던 집단에게 시민권을 부여하는 등 변화가 나타나게 되었다. 그러나 1990년대 후반 자유당-국민당 보수연립 정부가 들어서면서 호주의 다문화정책은 다소 후퇴하게 된다. 하지만 최근에는 '2011년 호주의 사람들: 호주인의 다문화정책(The People of Australia: Australian's Multicultural Policy, 2011)' 발표를 통해 '호주 정부가 흔들림 없이 다문화 호주에 대한 의지를 유지할 것'임을 천명하기도 하였다. 이처럼 호주의 다문화정책은 집권 정당의 성격에 따라 다소 정책적인 변화를 보이기도 하지만, 원칙적으로는 다문화주의를 고수하고 있다(정상우, 2008, p.87).

호주 이민정책의 주요 특징은 크게 2가지로 설명할 수 있다. 하나는 '백호주의' 이민정책의 기조를 1973년에 폐지하였다는 점, 그리고 점수제에 기반한 '기술이민'을 강조한다는 점이다. 특히 호주 이민정책의 기본 방향 중 가장 큰 비중을 차지하는 것은 '경제'에 대한 고려이다(김학환 외, 2012). 호주는 1950년대부터 해외 기술 인력을 유치하고, 부족한 노동력 확보를 위한 기술 이민 프로그램을 운영하여 왔으며, 국가 경제에 도움이 되는 기술과 자질을 갖춘 이민자를 선별적으로 받아들였다. 이러한 호주의 '선별적 이민정책(selective immigration policy)'은 점수제 기술 이민(point based skilled migration)제도로 대표된다(전영기 외, 2014, p.59). 최근에는 전 세계적 경제 위기와 함께 이러한 선별적 이민정책이 크게 강화되었으며, 호주의 기술 수요 기반에 중심을 둔 수요 중심적 이민에 우선권을 부여하고 있다(김안나 외, 2012). 2010년 7월 이후에는 기술 이민 프로그램에 일부 변화가 나타났다. 직업에 따라서 점수를 부여하던 기존 방식에서, 언어능력, 경력, 연령, 학력 등 복합적인 요인을 고려하여 점수를 부여하는 방식으로 변화하였다. 또한 2012년 7월부터는 기술 이민 프로그램의 개편으로 호주로 이민을 희망하는 외국인의 경우 이민시민권부 홈페이지에 직접 등록하여 인력풀을 구축하도록 하였으며, 호주 주정부나 사업주는 이 인력풀을 통해서 외국인을 추천하거나 초대하게 되었다.

(2) 다문화 관련 법제 및 정책 현황

가. 호주의 이민 관련 법률 체계

호주는 영국의 법체계에 기반하고 있으나, 영국과는 달리 성문 헌법을 가지고 있다. 하지만 헌법에서 명시적으로 인정하고 있는 기본권은 종교의 자유권, 차별금지(연방헌법 117조), 상거래의 자유권뿐이다(한경구 외, 2012, p.88). 따라서 호주의 이민에 관한 법률은 1958년에 제정된 '이민법(Migration Act 1958)과 그 시행령/이민규정(Migration Regulation 1994)'과 '호주 시민권법(The Australian Citizenship Act 2007)'이 대표적이다. 이러한 호주 이민법제에 나타나는 가장 큰 특징은 우리나라, 일본, 독일, 러시아 등 대륙법계의 이민법제는 100여 개 조항인 데 비하여 호주의 이민법제는 500조 이상의 방대한 규모로 구성되어 있다는 점이다(우기봉, 2011, p.69). 이처럼 법률 조항이 많은 이유는 호주의 법체계는 영국의 법 체계에 기반하고 있어 영미법적 전통을 따르고 있기 때문이다. 즉 적법 절차(due process)를 강조하는 영미법적 전통에 따라 구체적인 사안에 대해 개별적으로 세부적인 절차를 규정하고 있기 때문이다. 호주의 이민 관련 주요 법의 내용을 간략히 정리하면 표 29와 같다.

표 29 호주 이민 관련 주요 법과 내용

범주	관련법	주요 내용
연방과 주의 권한 배분	헌법	제5장 51조: 연방의회에 귀화(naturalization) 및 이민(immigration and emigration)에 관한 입법권을 부여함
국경 및 체류 관리	이민법 (Migration Act 1958)	제2장: 국경 관리 전반에 대한 내용(입출국, 체류, 비자(종류, 신청, 심사, 발급 및 취소), 보호, 구금, 송환 제3장: 이민 대행사(Migration Agents) 관리 제5-8장: 재심제도 제6장: 이민재심심판소(MRT) 운영 제7장: 보호비자 관련 결정 재심(난민재심심판소(RRT)운영 등) 제8장: 연방법원 재심 등
	이민규정(Migration Regulations 1994)	제2장: 각각의 비자 관련 체류자격, 신청조건, 신청비용, 후원자 자격 등 제3장: 입국자 정보 수집 제4장: 재심 제도
	시민권법 (Citizenship Act 2007)	제2장: 시민권 취득, 취득요건, 상실 등
사회 통합/ 다문화	이민(교육)법 (Immigration (Education) Act 1971)	제2장: 영어교육(대상자를 규정함) 제3장: 시민권 교육
외국인 고용	이민법 (Migration Act 1958)	제2장: 포인트 시스템 이민시민권부 장관은 비자 신청자의 자질에 대하여 점수(points)를 부여함. 이민시민권부 장관은 비자의 합격점수(pass mark)와 대기자 점수(pool mark)를 제공해야 함
	이민규정(Migration Regulations 1994)	제2장: 포인트 시스템, 기술이민 심사 등
기타	이민대행사규정 (Migration Agents Regulation 1998)	제2장: 등록하지 않은 자의 이민 관련 지원 제3장: 이민대행사 등록 등

출처: 김학환 · 오정은 · 최서리 · 한태희 · 이승복 · 박가영 · 신예진, 2012, p.101.

▸ **이민법(Migration Act 1958)**

호주 이민법(Migration Act 1958)은 이민법령의 중심으로, 이민행정과 이민자 관리에 필요한 전반적인 사항을 규정하고 있다(우기봉, 2011, p.70). 호주 이민법은 총 9장으로 이루어져 있으며, 507개 조항의 내용을 포함하고 있다. 이민법의 구성은 다음과 같다.[20]

표 30 호주 이민법의 구성

제1부 총칙(Preliminary)
제2부 입국 관리 (Arrival, Presence and departure of persons)
제3부 이민 대행사와 이민 지원(Migration Agents and Immigration Assistance)
제4부 법 집행 관련 위반(Offences relating to decisions under Act)
제5부 재심 결정(Review of Part 5-reviewable decisions)
제7부 재심 결정(Review of Part 7-reviewable decisions)
제8장 연방법원의 재심(Judicial Review)
제9장 기타(Miscellaneous)

호주 이민법 제1부 총칙은 법률에 사용하는 용어의 정의, 사증의 종류와 허가 및 취소에 관한 내용, 입국 불허된 외국인에 대한 송환 등 전반적인 내용을 규정하고 있다. 제2부에서는 입국 관리에 관한 내용을 담고 있으며, 학생사증 조건에 대한 조사, 비용부담, 보안의 문제 등을 규정하고 있다. 제3부는 호주의 이민 행정사[21]에 관한 사항을 규정하고 있으며, 제

20) https://www.legislation.gov.au(검색일: 2016. 3. 26.)

21) 호주 이민법 제3부(제275조~제332조 F)는 이민행정사를 규정하고 있다. 이민행정사는 일정한 조건을 충족하는 자에게 이민행정에 관한 행정절차를 대리하는 역할을 수행

4부는 이민법 위반자에 대한 처벌에 관한 사항을 규정하고 있다. 제5, 7, 8부는 각각 이민법 관련 행정처분에 관한 이의신청, 행정특별법원의 설치, 행정소송 및 사법구제 절차에 대하여 규정하고 있으며, 제9부는 보칙의 성격으로서 기타 절차적인 문제를 규정하고 있다. 참고로 이민법 시행령/이민규정(Migration Regulations 1994)은 비자 발급과 관련된 체류자격과 신청조건 등을 다루고 있다.

▸ **호주 시민권법(The Australian Citizenship Act 2007)**

호주의 시민권 제도에 대한 최초의 입법은 1948년에 제정되어, 1949년 1월 26일부터 발효된 국적 시민법(Nationality and Citizenship Act 1948)이라고 할 수 있다. 1949년 이전의 호주시민은 영국의 신민(British subject)으로서의 법적 지위를 가지고 있었으므로, 시민권에 대한 규정을 독자적으로 마련할 필요성이 없었다. 그러나 제2차 세계대전 이후부터 호주로 이민자가 지속적으로 유입되자, 이들에 대한 시민권 부여 등 이민정책적인 이슈들이 증가하면서, 자연스럽게 시민권제도의 변화를 요구하게 되었다(우기봉, 2011, p.90).

호주의 시민권제도는 국적 시민법(Nationality and Citizenship Act 1948)이 제정된 이후 2007년까지 약 30여 차례의 개정이 있었는데, 이는

하도록 하는 제도이다. 이와 같은 특별한 종류의 법조 직역이 존재하는 이유는 호주의 법률과 제도를 충분히 이해하지 못하는 이주 외국인에게 저렴한 비용으로 이민행정에 관한 전문적인 법률적 서비스를 제공받을 기회를 부여하기 위함이라고 볼 수 있다. 이민행정사의 역할은 호주로 이민을 희망하는 자를 위한 상담(Counseling)과 이민에 필요한 각종 정보를 제공하는 일과 이민행정에 필요한 서류를 작성하여 주거나 대리로 신청하는 기능이라고 볼 수 있다. 두 역할 중 실제 이민관련 서류를 작성하여 신청을 대리하는 업무가 큰 비중을 차지하고 있다.

주로 이민정책 차원에서 비롯된 것으로 볼 수 있다. 이 시기에 호주는 인구를 충원하기 위해 이민자를 적극적으로 받아들이는 정책을 취하여 왔으며, 이민자들로 하여금 좀 더 쉽고 신속하게 시민권을 취득하도록 하는 방향으로 국적 시민법(Nationality and Citizenship Act 1948)을 개정하여 왔다.

그러나 2007년 발효한 호주시민권법(The Australian Citizenship Act 2007)은 시민권 취득에 필요한 최소 거주요건을 기존의 2년에서 4년으로 연장하였고, 시민권 테스트(citizenship test) 제도를 도입함으로써 과거 개방 일변도의 시민권제도에 큰 변화를 가져왔다. 이와 같이 시민권제도를 강화한 이유는 2000년대 들어서 이민자에 대한 선별 · 검증 및 통합노력 등을 강조하는 서유럽 국가들의 이민정책 기조와 궤를 같이한다고 볼 수 있다. 한편, 시민권법(The Australian Citizenship Act 2007)에서 도입한 시민권 테스트 제도는 2007년부터 시행하고 있는 영국의 공헌형 시민권 제도(earned citizenship)의 모델이 되었다. 호주 시민권법은 국적시민법(Nationality and Citizenship Act 1948)을 대체하는 입법으로 현재 호주의 시민권과 관련한 사항을 규율하는 다수의 법령 중에서 기본법의 지위를 갖는다고 볼 수 있다(우기봉, 2011, pp.90-91).

호주 시민권법은 다음과 같이 구성되어 있다.[22] 제1편(Part1-Preliminary)은 시민권 · 영주권에 대한 개념설명 및 정의 등에 대해 규정하고 있으며, 제2편(Part2-Australian citizenship)은 선천적인 시민권 취득요건, 후천적

22) https://www.legislation.gov.au(검색일: 2016. 3. 26.)

표 31 호주 시민권법의 구성

제1부 총칙(Preliminary)
제2부 호주 시민권 (Australian citizenship)
제1장 선천적 시민권 취득(Automatic acquisition of Australian citizenship)
제2장 후천적 시민권 취득(Acquisition of Australian citizenship by application)
제3장 호주 시민권의 박탈Cessation of Australian citizenship
제4장 호주 시민권의 증명(Evidence of Australian citizenship
제5장 시민권 신청자의 신원 확인(Personal identifiers)
제3부 기타(Other matters)

인 시민권 취득요건, 우수 외국인에 대한 시민권 부여, 시민권 테스트 제도, 시민권 포기와 상실, 시민권 신청자에 대한 신원확인 절차 등에 대해 규정하고 있다. 제3편은 기타 사항을 다루고 있다.

▸ **기타 법률**

–1975년 인종차별법(Racial Discrimination Act 1975)

1960년대의 인종적으로 제한적인 이민정책의 완화, 1973년 보편적 입

표 32 인종차별법의 구성

제1부 총칙(Preliminary)
제2부 인종차별금지(Prohibition of racial discrimination)
제3부 인종 차별 위원회와 위원회의 역할(Race Discrimination Commissioner and functions of Commission)
제4부 인종 차별(Offences)
제6부 인종 차별 위원회(Race Discrimination Commissioner)
제7부 기타(Miscellaneous)

국허용 정책 도입 및 백호주의 포기는 2년 뒤 인종차별법 제정으로 이어졌다. 동 법은 인종 및 다른 형태의 차별을 금지하도록 하여, 호주정부가 1969년 모든 형태의 인종차별 철폐에 관한 국제협약(International Convention on the Elimination of All Forms of Racial Discrimination, 1969) 가입에 따른 의무를 이행하도록 하고 있다(Lopez, 2000).

– 1986년 인권 기회 평등 위원회법(Human Rights and Equal Opportunity Commission Act 1986)

동법에 따라 독립적인 인권기회평등위원회(Human Rights and Equal Opportunity Commission)가 설립되었으며, 위원회는 차별 진정에 대한 조사 및 중재, 발의된 법률 검토, 호주가 가입한 국제인권협약상의 인권

표 33 인권 기회 평등 위원회법의 구성

제1부 총칙(Preliminary)
제2부 호주 인권 위원회 (Australian Human Rights Commission
제1장 위원회의 설립과 구성(Establishment and Constitution of Commission)
제2장 위원회의 의무, 기능, 권한(Duties, functions and powers of Commission)
제3장 인권 관련 역할(Functions relating to human rights)
제4장 고용 평등 관련 역할(Functions relating to equal opportunity in employment)
제5장 행정적 조직(Administrative provisions)
제6장 협력 계획(Corporate plan)
제2부A 호주 원주민을 위한 사회 정의 원칙(Aboriginal and Torres Strait Islander Social Justice Commissioner)
제3부B 불법적 차별에 대한 보상(Redress for unlawful discrimination)
제3부C 차별 및 기타 결정에 관한 시정 요구(Referral of discriminatory awards and determinations to other bodies)
제3부 기타(Miscellaneous)

문제에 영향을 미칠 사안에 대한 조사 등 인권과 관련한 의무와 기능을 갖고 있다. 1986년 호주 인권위원회법(Australian Human Rights Commission Act 1986)에 따라 인권기회평등위원회는 2009년 8월 호주인권위원회(Australian Human Rights Commission)로 이름을 바꾸고 기존의 업무를 계속해서 수행해 오고 있다.

–1999년 공공서비스법(Public Service Act 1999)

호주 지역사회의 다양성에 대한 인정 및 고려에 대한 약속 등 호주 공공서비스가 지켜야 할 가치를 명시하고 있다. 공공서비스법 제18조 고용평등 장려 조항에 따라 연방 정부 기관의 수장은 직장 내 다양성 프로그램(workplace diversity program)을 설치하고 호주 공공서비스 가치 실행을 지원해야 한다.

(3) 지방(주)정부 차원의 정책

호주는 각 주에서 독자적으로 주정부를 구성하고, 별도의 입법, 행정, 사법부를 보유하고 있다. 이에 따라 호주에서는 이민자를 받아들이고 관리하는 것은 연방 정부 차원에서 담당하고, 이민자에 대한 지원 및 통합 정책은 주정부에서 주로 담당하고 있다. 즉, 연방 정부는 이민과 시민권 관련 업무를, 주정부는 다문화주의적 입장에서 이민자에 대한 지원 업무를 주로 담당하고 있다(한경구 외 2012, p.97). 이에 호주는 연방차원에서 다문화주의에 관한 법률을 직접적으로 제정하여 시행하지는 않고 있다. 다만 주정부 차원에서 공동체위원회(Community Relations Commissions)가 설치되었고, 다문화주의 원칙에 관한 법률과 민족차별금지법 등이 제정되었다(정상우, 2008).

지방(주) 정부 차원에서 제정하여 시행하고 있는 다문화 관련 법률에 대한 예시는 다음과 같다.

표 34 지방(주)정부 차원의 다문화 관련 법률 예시

※ **2000년 뉴사우스웨일즈 주 공동체관계위원회 및 다문화주의 원칙법(Community Relations Commission and Principles of Multiculturalism Act 2000(NSW))**: 동 법에 의해 뉴사우스웨일즈 주 공무원들은 법안에 명시된 다문화주의의 원칙을 이행해야 한다(NSW Government 2004).

※ **2004년 다문화빅토리아법(Multicultural Victoria Act 2004)**: 법안에 빅토리아식 다문화주의의 원칙을 명시하고 있다. 다문화주의와 관련한 빅토리아 주의 법률로는 1995년 균등기회법(Equal Opportunity Act 1995), 2001년 인종 및 종교적관용법(Racial and Religious Tolerance Act 2001) 및 2006년 인권헌장과 책임성 법(Charter of Human Rights and Responsibilities Act 2006) 등이 있다(Babacan and Ben-Moshe, 2008).

※ **1980년 남호주 다문화 및 민족문제위원회법(South Australian Multicultural and Ethnic Affairs Commission Act 1980)**: 동 법에 의해 남호주 다문화 및 민족문제위원회(South Australian Multicultural and Ethnic Affairs Commission)가 설립되었으며, 남호주 사회의 민족적 다양성에 대한 이해증진과 인식개선 업무, 정부 및 공공 기관에 다문화주의와 민족문제에 대한 자문 제공 업무를 수행하고 있다(Multicultural South Australia (MSA) 2011).

※ 퀸즈랜드 주정부는 새로운 다문화주의 정책 선언문인 '우리 모두를 위한 다문화적 미래(A multicultural future for all of us)'를 발표하고, 다문화 인정 법안(multicultural recognition legislation) 도입을 약속했다(Multicultural Affairs Queensland, 2011).

(4) 시사점

호주의 다문화주의 정책은 이민자의 필요에 대응하기 위한 노력으로 개발되었으나, 국가 건설과 사회 통합이라는 목표 속에서 점차 확대되었다. 하지만 호주의 다문화정책은 시민권 부여에 따른 국가에 대한 개인의

충성을 강조하고, 여전히 백인우월주의를 전제로 하고 있다는 점에서 비판을 받기도 한다. 그러나 과거 백호주의로 인한 인종차별주의를 극복하고 중앙정부와 지방정부, 다양한 시민사회집단과의 협조 속에서 다문화주의를 실현해간다는 점에서 시사점을 찾을 수 있다.

III. 사회통합형 다문화 법제에 대한 인식 조사

III. 사회통합형 다문화 법제에 대한 인식 조사

1. 전문가 델파이 조사

1) 조사 개요

본 연구에서는 다문화 관련 법률 및 제도에 대한 분석과 이에 대한 개선점을 도출하기 위하여 먼저 다문화 관련 전문가를 대상으로 한 델파이 조사를 실시하였다. 델파이 기법은 전문가의 의견을 반복적으로 수집하고 교환함으로써, 전문가들의 견해를 종합하고 정리하는 일련의 절차이다(이종성, 2001; 노승용, 2006). 본 연구에서는 학계의 관련 전공자 및 연구자 4명, 정부 부처의 업무 담당자 3명, 관련 단체의 업무 담당자 2명 등 총 9명의 다문화 관련 전문가를 대상으로 델파이 조사를 실시하였다. 델파이 조사는 총 2회에 걸쳐 이루어졌으며, 전문가들에게 이메일로 조사 문항을 보내고 회신을 받는 방식으로 진행되었다. 1차 조사는 다문화 관련 법률 및 제도 전반에 대한 평가와 개별 다문화 관련 법률 및 제도에 대한 평가를 중심으로 실시하였고, 2차 조사는 1차 조사 결과를 바탕으로 관련 법제를 통합하는 법률인 (가칭)'다문화 통합법' 제정에 대한 의견, 관련 업무를 총괄하는 (가칭)'이민청' 설립에 관한 의견 등을 묻는 내용으로 실시하였다.

2) 1차 조사 결과

(1) 현행 다문화 관련 법률 및 정책에 대한 평가

현재 우리나라에서 시행되고 있는 다문화 관련 법률 및 정책 중에서 가장 효과적인 것에 대해 1~3순위까지 직접 기입하도록 하였다. 응답 결과에 각 순위별 가중치를 부여한 후, 결과를 종합하면 표 35와 같다.

표 35 현행 다문화 법률 및 정책 중 효과적인 것에 대한 응답 결과(1차)

	1순위	2순위	3순위	종합
국적법	1	1	0	5
외국인근로자고용등에 관한 법률상의 고용허가제	1	0	0	3
출입국관리법	1	3	1	10
협의 이혼 시 자녀가 있을 경유 3개월의 조정기간 후 판결	1	0	0	3
다문화가족지원법	2	0	0	6
결혼이민자에 대한 결혼전 교육	1	0	0	3
재한외국인 처우 기본법	1	1	1	6
중학교 의무교육	0	1	0	2
다누리콜센터운영	0	1	0	2
다문화가정 교육지원	0	1	0	2
재외 동포법	0	1	0	2
불법이지만 혼인신고 가능 법률	0	0	1	1
다문화가족 지원센터 운영	0	0	1	1
사회 통합 프로그램	0	0	1	1

응답내용을 구체적으로 살펴보면, 가장 긍정적인 평가를 얻고 있는 다문화 관련 법률인 출입국관리법인 것을 알 수 있다. 이 법은 입국 초기 외국인들에 대하여 한국사회에 조기에 적응할 수 있도록 교육 및 정보 등을 제공하고, 이들의 부적응을 방지할 수 있도록 한다는 점에서 긍정적인 평가를 얻고 있었다. 그 다음으로 긍정적인 평가를 얻고 있는 법률로는 다문화가족지원법과 재한외국인처우기본법이 있는데, 다문화가족지원법의 경우, 특히 결혼이주여성에 대하여 초점을 맞추어 정책을 지원한다는 점에서 긍정적인 평가가 많았으며, 재한외국인처우기본법의 경우 포괄적이면서 근본적인 법률의 성격을 가졌다는 점에서 긍정적으로 평가되었다. 이들 법에 대한 전문가의 구체적인 의견은 표 36과 같다.

표 36 현행 다문화 관련 법률 및 정책에 대한 전문가 세부 의견

〈다문화가족지원법〉

-다문화가족 구성원에 대한 가장 기본적이며 포괄적인 내용을 담고 있다.
-결혼이주여성을 종합적으로 지원한다. 특히 한국어 교육에 초점을 맞추고 있다.
-결혼이민자를 포함한 다문화가족구성원이 국제결혼에 관한 정보를 제공받을 수 있는 곳이라는 점에서 효과적이다.

〈재한외국인처우기본법〉

-전체 외국인을 대상으로 하여 사회통합 및 문화다양성 등을 포괄적으로 규정하고, 이민정책 총괄을 위한 위원회 설치 운영에 관해 규정하고 있어 총괄 추진체계가 마련되었다.
-재한외국인에 대한 처우를 정한 가장 기초와 근간이 되는 법이기 때문이다.

다음으로는 현재 우리나라에서 시행되고 있는 다문화 관련 법률 및 정책 중에서 가장 개선이 필요한 부분에 대해서 우선순위에 따라 3가지를

선정하도록 하였다. 그 결과는 표 37과 같다.

표 37 다문화 관련 법률 및 정책 중 개선이 필요한 것에 대한 응답 결과(1차)

	1순위	2순위	3순위	종합
다문화가족지원법	3	1	0	11
출입국관리법	2	1	1	9
결혼이민자의 부모 초청의 기간	1	0	0	3
중도입국자녀에 대한 지원	1	0	0	3
외국인근로자고용에관한법률	2	0	0	6
찾아가는 방문교육사업	0	1	0	2
국적법	0	2	0	4
결혼비자의 취업자유	0	1	0	2
다문화가족 자녀에 대한 지원	0	1	0	2
재한외국인처우기본법	0	1	0	2
고용허가제의 성실근로자 제도와 특별한국어 시험제도	0	0	1	1
외국인근로자의고용등에 관한 법률	0	0	1	1
결혼이민자 자녀가 있을 경우 이혼 후 비자 연장 가능문제	0	0	1	1
결혼중개업의관리에관한법률	0	0	1	1
중앙정부와 지방자치단체의 역할 혼선	0	0	1	1
다문화가족에 대한 이해 부족	0	0	1	1

1차 델파이 조사 결과, 전문가들은 다문화가족지원법에 대한 개선이 가장 시급하다고 생각하고 있었으며, 그 다음으로는 출입국관리법과 외국인근로자고용등에관한법률순이었다. 응답내용을 보다 구체적으로 살

펴보면, 다문화가족지원법의 경우 우선 다른 법률과의 통합이 필요하다는 의견이 있었다. 특히 다문화가족지원법에는 이민자 중에서 일부만을 대상으로 하고 있기 때문에, 여러 사업에서 중복되거나, 혹은 아예 지원 대상에서 누락되는 대상자들이 많다는 의견이 있었다. 또한 다문화가족의 정의에 있어서도 다문화가족으로 한번 분류된 이후에는 번복이 되지 않는다는 문제가 있다는 점이 지적되고 있었다. 출입국관리법은 처벌요건 판단이 자의적이라는 점, 체류 자격 변경 기준이 협소하다는 점 등이 문제로 지적되었으며, 출입국관리법상 긍정적인 평가를 받고 있는 사회통합프로그램의 경우 재원 조달의 어려움이 있다는 점이 문제로 지적되었다. 외국인근로자 고용 등에 관한 법률의 경우, 사업주에 대한 처벌 요건 기준을 강화할 필요가 있다는 점 등이 문제로 제기되었다.

이상의 내용을 바탕으로 문제점과 개선방안을 보다 구체적으로 파악하기 위해서 전문가들에게 다음과 같이 세부항목을 제시한 후 문제점과 개선방안을 추출하도록 하였다.

다문화 관련 법률 및 정책의 문제점에 대한 전문가들의 의견을 정리한 결과는 그림 1과 같다. 가장 심각한 문제점으로 지적된 것은 다문화 관련 법률 및 제도의 총괄 체계가 미흡한 점, 다문화 관련 법률 및 제도의 방향성이 불명확한 점이다. 이어 다문화 관련 법률 및 제도 간의 연계 부족, 다문화 관련 법률 및 제도의 대상 중복이 문제점으로 지적되었다.

이러한 문제점의 개선방안에 대한 전문가들의 의견을 정리한 결과는 그림 2와 같다. 전문가들이 제시한 개선방안 중 가장 많은 부분을 차지하는 것은 다문화 관련 법률 및 제도의 기본 방안에 대한 통일 부분이다. 이

그림 1 다문화 법률 및 정책 관련 문제점

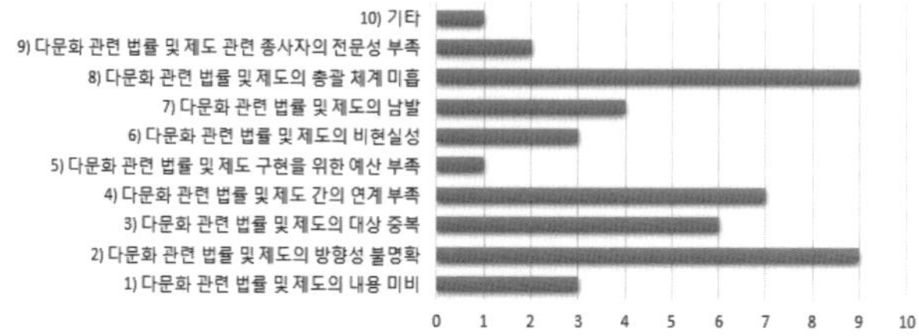

그림 2 다문화 법률 및 정책 관련 개선방안

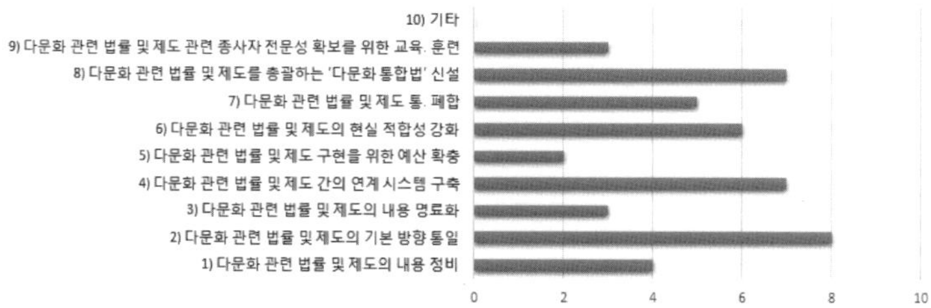

는 앞서 제시된 문제점과도 연계되는 사안으로, 현행 우리나라의 다문화 관련 법률 및 제도의 여러 문제점을 해결하기 위해서는 우선적으로 그 기본 방향이나 체계를 정비하는 것이 선행되어야 한다. 다음으로 제시된 의견도 이러한 기본 틀을 벗어나지 않으며, '다문화 통합법 제정', '연계 시스템 구축' 등 법률 및 제도에 대한 체계화가 필요하다는 것이 대다수 전문가들의 의견이었다.

다음으로는 현행 다문화 법률 및 정책에 관한 문제점과 개선 방안에 대하여 각 분야별 의견을 조사하였다. 크게 경제, 노동, 문화, 교육, 의료, 복지 분야로 구분하였으며, 각 분야별로 관련된 법률 및 정책, 개선 방향 및 방안과 그 이유에 대하여 응답하도록 하였다.

■ 경제 분야

고용허가제의 경우 가장 많은 전문가들이 개선할 필요가 있다고 지적한 제도이다. 특히 고용허가제로 인한 내국인들에 대한 역차별 문제를 지적하고 있는데, 이는 현재의 청년 실업 등의 문제와 얽혀서 다문화구성원들에 대한 배타적 태도로 이어지고 있는 만큼 내국인들에 대한 고려와 함께 다문화정책을 추진할 것을 제안하고 있다. 또한 많은 제도적 보완에도 불구하고 아직까지 외국인 근로자들에 대한 차별이 지속되고 있는 만큼 인권 침해를 예방할 수 있는 보다 근본적인 대책 마련이 시급하다고 지적하고 있다. 이와 더불어 현재의 외국인 근로자 고용에 관한 법률에 대하여 고용 계약시 한국어 검증 및 사업주의 인권 교육을 강화함으로써 외국인 근로자들이 보다 한국 사업장에서 보다 잘 적응할 수 있도록 해야 할 것이다.

■ 문화 분야

문화 다양성 관련 정책이 초기에 기대한 것에 비하여 큰 효과가 없음을 지적하는 의견이 많았다. 전문가들은 문화 다양성 관련 법률 제정으로 인한 큰 효과가 없다고 보았으며, 한국 내에서 이주민들의 문화 다양성 보장 및 문화 향유 기회를 제공할 수 있도록 개선하고, 대상에 대한 확대도 필요하다는 견해를 밝혔다.

■ 교육 분야

교육 분야의 경우 중도입국 자녀에 대한 교육 문제, 미등록 외국인자녀에 대한 문제 등 현재의 교육 관련법과 정책상에 사각지대에 있는 사람들에 대한 교육권 확보 문제에 대해 지적하는 의견이 많았다. 특히 현재의 우리나라 교육 관련 상황은 'UN 아동 권리 협약' 기준에 비추어볼 때 미흡한 점이 많으므로, 이 부분에 대한 집중적인 보완이 필요하다는 의견이었다.

■ 의료 분야

의료 분야의 경우 미등록 외국인, 불법체류자와 같은 의료복지의 사각지대에 놓여있는 사람들에 대한 제도적 대책 마련이 필요하다는 의견이 많았다. 불법체류자의 경우에도 관련 법률에 따라 조치하고, 강제 출국을 하더라도 국내 체류기간 동안에는 최소한의 의료 서비스를 실시하도록 하는 것이 적절하다는 견해가 있었다. 특히 의료 서비스를 확대한 경우에 홍보가 부족하거나, 접근하기 어려워 이용하지 못하는 경우가 없도록 다문화구성원들도 쉽게 접근할 수 있는 제도적 장치를 마련해야 한다고 보았다.

■ 복지 분야

복지 분야의 경우 결혼이민자에 대한 과도한 지원으로 다문화정책 전반이 왜곡되지 않도록 할 필요가 있다는 의견이 있었다. 특히 이러한 결혼이주여성들에 대해서 현실에 적합하도록 지원하여야 하며, 1회성 지원보다는 이들의 생애 주기를 고려한 현실성 있는 지원 대책이 마련되어야 한다고 보았다. 또한 보다 근본적으로는 다문화가정을 저소득층이나 한부모 가족 등과 같이 일괄적으로 취약계층으로 취급하여 복지혜택을 부여하는 것이 바람직한 것인가에 대한 의문을 제기하기도 하였다. 이는 오히려 다문화가족에 대한 부정적 인식을 고착화할 우려가 있으므로, 다문화 구성원에 대한 복지를 전반적으로 점검하고 개선할 필요가 있을 것이다.

(2) 개별 다문화 관련 법률 및 정책에 대한 평가

이 부분은 개별 다문화 관련 법률 및 제도 중에서 현재 쟁점이 되고 있는 사안을 중심으로 전문가들에게 그 의견을 묻는 방식으로 진행하였다.

■ 국적법

가. 국적 취득 방식에 대한 견해

현재 방식을 유지하자는 견해와 일부 개선이 필요하다는 견해 등 다양한 의견이 제시되었다. 현재 방식을 유지하자는 입장에서는 현재 우리나라의 경우 혈통주의를 따르는 것이 가장 적합하다는 의견과 이를 보완하는 간이 귀화 요건도 현재 매우 완화되어 있는 상황이라는 의견을 보였다. 이에 비하여 일부 개선이 필요하다는 견해에서는 인도적 사유(후천적으로 국내에서 무국적자가 된 경우, 국내에서 출생하였으나 시설에 맡겨져 부모의 국적을 알 수 없거나 부모를 알 수 없는 경우, 부모 모두의 불법체류 등이 원인이 되어 등록을 할 수 없는 경우 등 인도적 사유가 있다고 인정되는 경우 등)가 있는 경우에 한하여 부분적으로 속지주의를 인정하는 것도 검토해 볼 필요가 있다고 보았다. 그러나 이에 비하여 간이 귀화의 요건을 보다 완화하여 부모 중 한쪽이 한국인인 경우 자동으로 국적을 주어지도록 하자는 의견도 있었다. 그러나 이렇게 하는 경우 중국인이 대거 입국하여 출산을 하려고 할 것이며 한국에서 보육지원과 교육에 대한 해택을 누리는 문제가 우려되므로, 적절하지 않다는 견해도 있었다.

나. 결혼이민자의 귀화 요건

델파이 조사 결과, 결혼이민자의 귀화 요건을 강화하자는 의견과 완화하자는 의견이 대립하였다. 결혼이민자의 귀화 요건을 현행대로 유지하거나 오히려 강화하자는 의견을 보다 자세히 살펴보면 다음과 같다.

표 38 결혼이민자의 귀화 요건 강화에 대한 전문가 세부 의견

-부부 당사자간의 언어적 소통과 문화이해가 되지 않은 상황에서 국제결혼이 성사되고 있기 때문에 성혼 후에 즉 외국인 배우자의 국내 입국 후에 많은 사회문제를 야기하고 있다. 따라서 가족의 가치를 강조하기 이전에 혼인귀화 심사는 엄격한 기준에 의해 진행하여야 한다. 한국인으로서의 기본 소양에 대한 검증없이 가족이라는 가치를 우선시하여 국적을 부여하고 있는 현재 제도는 문제가 있다. 따라서 국적취득은 엄격하게 하더라도 영주자격 부여는 쉽게 부여하여 안정적인 체류를 하도록 개선할 필요가 있다.

-결혼이민자에게는 국적 부여 이전에 영주권 등 안정적인 체류자격을 부여하되, 국내 사회 · 가정 생활에 필요한 기본적인 교육을 의무적으로 받고, 배우자는 건전한 가정을 유지할 의무를 포함시키는 등 귀화요건을 강화하여 결혼이민자의 부적응으로 인한 문제를 사전에 해결할 수 있도록 하여야 한다.

-결혼이민자에 대해서도 최소한의 소양을 갖출 것을 요구할 필요가 있다.

이와 달리 현행 제도를 완화하여 결혼이민자들의 귀화를 보다 쉽게 도

와줄 필요가 있다는 견해가 있었다.

표 39 결혼이민자의 귀화 요건 완화에 대한 전문가 세부 의견

- 위장결혼 등 혼인생활의 실체가 존재하는지 여부에 대한 검증을 더욱 철저히 하고, 존재가 확실한 경우 외국인배우자에 대한 영주권, 귀화 등의 요건은 더욱 완화하는 것이 옳다고 본다.
- 결혼이민자의 귀화요건은 적절하다고 생각되지만, 그들이 귀화를 위하여 국내에 체류하는 기간을 연장하기 위해서는 배우자의 도움을 받아야 하는 등으로 인하여 문제가 발생하고 있으므로, 간이귀화의 대상이 되는 결혼이민자의 체류요건을 완화할 필요가 있다.

다. 기타

국적법에 있어 기타 쟁점이 되는 사안에 대하여 전문가들의 의견을 조사한 결과, 우선 영주권 전치주의 도입을 통해서 국적 부여 이전에 영주자격을 거치도록 함으로써 국적을 쉽게 부여함으로 인해 발생하는 문제를 극복하고, 한국에서의 체류 생활에 나타나는 각종 어려움을 해결하자는 의견이 있었다. 그 외에도 '국어능력'에 대한 제한 완화 및 고령자에 대한 귀화시험 등 면제 또는 완화 필요, 수반취득인 장애인 가족에 대한 기준마련(언어능력, 귀화시험 면제기준) 필요 등을 제안하였다.

■ 출입국관리법

가. 비숙련 외국인근로자에 대한 귀화 및 영주권 취득

E-9 비자로 입국한 비숙련 외국인이 영주권이나 국적을 바로 취득할 수 있도록 하는 것은 적합하지 않다는 견해가 많았으며, 다만 이들이 체류

자격을 변경할 수 있도록 요건을 완화하거나, 일정 요건이 충족되면 영주권을 부여하는 등의 방식을 검토하는 것이 바람직하다는 의견이 있었다.

나. 비숙련 외국인근로자의 가족 이주 문제

대다수의 전문가들은 비숙련 외국인근로자들을 전문 외국 인력과 기계적으로 비교하는 것은 바람직하지 않으며, 비숙련 외국인이 가족과 함께 동반 체류하는 경우 모국에 비해 국내 환경이 낫기 때문에 불법체류의 가능성이 높아질 가능성이 있다고 보았다. 특히 이 부분은 단순히 다문화 관련 정책 차원만의 문제가 아니며, 근본적으로는 노동정책과도 관련 있기 때문에 이 부분까지 종합적으로 고려하여 판단할 문제라는 제정이 있었다. 다만 일부 전문가의 경우 가족결합은 인간의 기본적 권리이므로 체류자격의 종류와 무관하게 인정할 필요가 있으며, 오랜 기간 동안 가족분리를 강요하는 것은 비인권적이라고 지적하였다.

다. 기타

출입국관리법 중 기타 쟁점이 되는 문제에 대해서는 다수의 전문가들이 미등록 이주민에 대한 단속 과정에서의 폭력적인 문제, 불법체류자 보호 조치에 있어서 적법 절차 준수 등에 대한 문제가 지적하였으며, 외국인 보호소에서의 적극적인 인권 및 권리 보장, 시설 개선 등이 필요하다고 보았다.

■ 외국인근로자고용등에관한법률

가. 외국인근로자에 대한 노동권 문제

다수의 전문가들이 법적이나 제도적으로는 외국인근로자에 대한 충분한 노동권 보장이 이루어지고 있으나, 현실적으로 그렇지 못한 경우가 있음을 지적하고 있다. 이를 해결하기 위해서는 사용자에 대한 감독 관리 강화, 노동자의 직장선택권의 보장 등이 이루어져야 한다. 특히 불법체류자들의 경우 노동권 침해가 더욱 심각한 문제로 나타나기 때문에, 이들에 대해서는 충분한 실태 조사 및 처벌이 필요할 것이다. 하지만 근본적으로는 이러한 문제가 산업 구조적인 문제이기도 하기 때문에 전반적인 인식 개선도 함께 이루어져야 한다는 것이 전문가들의 지적이었다.

나. 비숙련 외국인근로자에 대한 비자 전환 문제

사실 E-9 비자로 입국한 비숙련 외국인근로자 중 자신의 업무에 숙련된 자에 한해 전문직종으로 전환하는 제도는 이미 도입되어 운영되고 있다. 하지만 그 요건이 매우 까다롭기 때문에 극소수에 불과하므로 이를 보다 확대하는 것이 바람직하다는 견해가 다수였다. 이러한 제도는 외국인근로자들을 보다 숙련된 노동자로 만들며, 스스로 발전을 도모할 수 있도록 하는 동기가 될 수 있고, 장기적으로는 국가 경제에 도움이 될 것이라는 점에서 긍정적인 평가를 얻기도 하였다. 하지만 일부 전문가들의 경우 단순인력에 종사하는 다수의 국민들을 고려하고, 국내 노동시장의 질서를 해치지 않는 범위에서 이러한 제도 보완이 이루어져야 할 것이라고 보았다.

다. 외국인근로자 사업장 변경 관련 제도

현재 외국인근로자 고용등에관한법률에 따르면 비전문 외국인근로자들은 원칙적으로 최초 고용허가를 받은 사업장에서 계속 취업해야 하지만, 입국한 날로부터 3년 이내의 취업가능기간 중에는 원칙적으로 3회, 재고용절차에 따라 체류기간이 연장된 기간 중에는 2회까지 사업장을 변경할 수 있다. 이에 대하여 사업장 변경 횟수 등을 보다 확대하는 것에 대한 전문가들의 견해는 어떠한지 살펴보았는데, 찬성하는 의견과 반대하는 의견이 고르게 나타났다. 찬성하는 입장에서는 당사자의 의사를 충분히 반영한다는 점, 업체의 의견을 수용하는 점, 인권 침해 소지 방지 등을 그 근거로 제시하였다. 반대하는 입장에서는 주로 사업장 변경 횟수 문제보다 근본적인 문제를 지적하였다. 전문가들은 외국인근로자들이 사전에 충분히 정보를 파악한 상태에서 입국하도록 하고, 사업주의 귀책 사유 등에 대해서는 관계 당국이 사전에 충분히 파악하여 단속하는 것이 필요하다고 보았다.

라. 기타

고용허가제로 입국한 외국인의 난민신청이나 불법체류가 증가하고 있고, 이들을 초기에 선발하는 과정에서 한국어 수준 등에 대해서도 면밀하게 조사하지 않는 등 문제가 발생하고 있다. 따라서 이민자 유입단계에서부터 우리 사회에 정착하더라도 문제가 없도록 최소한의 요건을 충족하는 사람을 들여오고, 이들이 안정적으로 우리 사회에 정착할 경우 장기체류를 허용하는 방안으로 갈 필요가 있으며, 고용허가제도에 관한 전반적 개선이 필요하다는 의견이 있었다.

■ 다문화가족지원법

가. 다문화가족에 대한 정의

많은 전문가들이 일방의 배우자가 대한민국 국민이어야 한다는 현재의 다문화가족지원법상 '다문화가족'의 정의에 대하여 문제가 있다고 지적하고 있다. 특히 다문화가족은 한번 다문화가족으로 분류된 다음에는 계속적으로 다문화가족으로 분류되어 지원을 받게 되기 때문에 오히려 사회적으로 분리되고, 다수의 구성원들부터 이질감을 느끼게 할 우려가 있다. 또한 외국인부부나 외국인가정의 자녀 등은 이 법에서 소외되어 있기 때문에 문제가 있다고 보았다. 그리고 이 법의 경우 결혼 이민자로 입국하여 후세대를 재생산하는 외국인과 이주노동자 등 타 범주의 외국인의 차별을 전제로 하고 있으므로, 보다 포괄적인 법률이 필요할 것이라는 의견도 있었다.

나. 기타

우선 다문화지원에 대한 부분이 총괄 체계 없이 지나치게 너무 많은 부서에서 담당하고 있기 때문에 예산이 과도하게 집행되고, 중복된 사업이 많이 이루어지는 문제점이 있다. 따라서 예산이나 집행 책임의 주체를 보다 명확하게 하고, 이에 대한 관리 감독을 강화하여야 할 것이다. 또한 다문화가족지원으로 오히려 내국인 역차별 문제가 발생하지 않는지를 특히 내국인의 소외 계층과 비교하여 살펴볼 필요가 있다는 의견이 있었다. 또한 다문화가족지원법은 다문화가족을 다른 일반가족과 분리하여 지원하는 것을 목적으로 삼고 있는데, 다문화가족을 분리한다는 것 자체가 다문화가족을 달리 보고 있음을 의미하는 것이므로 다문화가족에 대한 지원을 너무 강조하는 것은 바람직하지 않다는 의견이 있었다. 즉, 다문화정책의 초점을 다문화가족으로만 한정 짓는 다문화가족지원법은 문제가 있다는 의견이 많았다.

■ 교육 관련 법

가. 한국 국적이 없는 다문화가정 자녀에 대한 교육권 문제

현재 우리나라의 경우 한국 국적을 보유하지 않은 다문화가정의 자녀도 의무 교육을 받을 수 있도록 하고 있다. 특히 유엔아동권리협약 및 기타 국제인권 규약에서 당연히 보장하도록 하고 있으며 한국도 이에 비준하였으므로 그에 따라야 하는 것이 당연하다. 하지만 현행 정책은 학교장의 재량에 의존하고 있으므로 문제가 있으며, 단순한 교육권 보장 수준을 넘어서 실질적인 교육적 평등을 실현하기에는 현실적인 문제가 있다는 것이 전문가들의 견해였다. 일부 전문가의 경우 출입국관리법상 체류 자격이 없는 불법체류자는 강제퇴거 대상이 되므로, 유엔아동권리협약과 출입국관리법상 국가 주권 행위가 상반되는 문제가 있다고 밝히면서, 일정 기간 동안 출국하도록 하되 그 기간 동안만 교육권을 보장하도록 해야 한다는 의견을 주장하기도 하였다.

나. 교육 관련 법에서 다문화 관련 내용 포함 문제

우선 다문화교육의 정의를 명확하게 설정할 필요가 있다는 지적이 있었다. 이를 다문화구성원에 대한 통합교육을 의미하는 것인지 시민교육적 차원에서의 문화다양성교육을 의미하는 것인지 등에 대한 논의가 우선적으로 이루어지고 그에 대한 국민적 합의가 있어야 교육 관련법에 추

가할 수 있을 것이라는 의견이었다. 한편으로는 현행 다문화가족지원법에 대한 대폭적인 수정이 있어야 교육 관련법에 다문화교육에 관한 부분을 포함시킬 수 있으므로 현실성이 떨어진다는 지적과 함께, 다문화교육으로 특별히 범주화하여야 할 필요가 있느냐는 의문을 제기하는 전문가도 있었다.

다. 유엔아동권리협약 시행을 위한 이주아동 교육권 관련 법령 제정

교육법상 새로운 법령을 마련하여 이주아동의 교육권을 보장하자는 의견에 대해서는 대다수의 전문가들이 반대 의견을 표현하였다. 전문가들은 현행법으로도 충분하여, 이를 제대로 실현하도록 시행령이나 시행규칙 등을 구체화하는 것이 현실적이라고 보았다. 또한 새로운 법령을 제정함으로써 다른 쟁점이 포함되어 논의가 어려워질 우려가 있으므로, 현재의 법을 일부 수정하는 방향으로 나아가는 것이 현실적이라는 의견을 제시하였다. 일부 전문가들은 유엔아동권리협약이 제대로 시행되고 있지 못한 현실을 고려할 때 이를 강제할 수 있는 국내입법이 필요하다는 의견을 제시하였다.

라. 미등록 아동에 대한 공교육 서비스의 현실적 제한

이 부분에 대해서는 대부분의 전문가들이 미등록 아동에 대해서도 공교육 서비스를 받을 수 있도록 각종 행정 절차를 보강하여야 할 필요가 있다고 의견을 같이하였다. 우리나라의 각종 제도가 현재 등록 외국인조차도 접근하기 어려운 경우가 많다는 점을 고려할 때, 이는 사회 전반적인 개선이 필요한 문제라는 의견이 있었으며, 유엔아동권리협약을 시행

하고 이주아동의 교육권을 제대로 보장할 수 있도록 하기 위해서 공교육에 진입한 이상 서비스에 있어 차별을 받지 않도록 시스템을 개선할 필요가 있다는 의견이 대다수였다. 다만 일부 전문가의 경우 불법체류 아동에 대해서는 보다 신중한 지원이 필요하다고 생각하고 있었으며, 재원의 소요가 크지 않은 범위 안에서 아동이라는 특수성을 고려하여 지원하는 것이 적절하다는 의견을 표현하였다.

마. 기타

교육 관련 법에서 기타 쟁점이 되는 사안에 대한 전문가의 견해는 다음과 같이 나타났다.

표 40 교육 관련 법에 대한 전문가 세부 의견

- 일반 학생, 교사, 학부모 등을 대상으로 한 다문화 이해 교육의 의무화가 필요하다.
- 한국사회에 적응을 특히 힘들어하고 있는 중도입국자녀에 대한 교육 제도를 마련할 필요가 있다.
- 교육과정에서 중도 이탈할 수밖에 없는 사회 경제적 현실에 대한 고민이 필요하다.

■ 재한외국인처우기본법

가. 재한외국인처우기본법의 목적에 대한 논란

재한외국인처우기본법의 목적이 재한외국인의 기본적 인권 보호 혹은 다문화주의의 존중보다는 동화주의의 입장에서 재한외국인을 잘 적응시켜야 한다는 점이 주로 부각되어 있다는 지적에 대해서 전문가들의 입장은 양분되어 나타났다. 동화주의적 입장에 치우쳤다는 견해를 밝힌 전문

가들의 경우, 외국인을 그 자체로 보편적 '인간'으로서 존중할 필요가 있다고 보았으며, 이는 특히 정부와 시민들의 의식 개선이 선행되어야 한다고 보았다. 동화주의적인 입장에 치우치지 않았다는 의견을 밝힌 전문가들도 많았는데, 동법에 '다문화에 대한 이해 증진'을 규정하고 있으며, 특별히 동화주의를 강조하는 문구는 없다는 견해를 밝혔다.

나. 불법체류자에 대한 제외 문제

불법체류자가 법률상 정책 대상으로 포함되는 것은 적절하지 않다는 것이 대다수의 견해였다. 이는 불법체류자와 관련하여 규정하고 있는 출입국관리법 등 다른 법률과의 충돌 문제도 고려하여야 하며, 불법체류자의 합법적인 체류를 유도한다는 측면에서도 바람직하다고 보았다. 중앙정부의 법률에서 미등록 이주민까지 포함시키는 경우는 거의 없으며, 이 자체가 문제가 될 수는 없다는 것이 대부분의 견해였다. 다만 일부 전문가들은 의료 등 기본적 인권보장을 위한 최소한의 지원은 합법적 지위와 관계없이 받을 수 있도록 해주어야 한다는 의견을 밝혔다.

다. 업무의 중복 등 문제

재한외국인처우기본법을 소관하는 부서는 법무부이나, 다문화 관련 업무는 보건복지부, 여성가족부 등에 분산되어 있는 문제에 대하여 많은 전문가들이 업무의 통합이 필요하다는 견해를 밝혔다. 정책 수립부터 실현까지 정책의 전 과정을 관장하는 컨트롤타워가 필요하며, 일부 전문가는 이민청 신설을 통하여 이러한 통합이 가능할 것이라고 주장하였다.

라. 재한외국인처우기본법과 다문화가족지원법의 업무 중복 문제

이에 대해서는 크게 중복되지 않는다는 의견이 다소 앞서는 것으로 나타났다. 중복 문제가 심각하지 않다는 의견을 내세운 전문가는 외형상 문제에 비하여 실제 업무 중복은 크지 않다는 점을 근거로 들었으며, 재한외국인처우기본법은 기본적 사항을 규율하고, 구체적인 내용은 다문화가족지원법에서 규정하므로 업무상 중복이 발생하지 않는다고 보았다. 일부 전문가들의 경우 두 법률을 통합하고 폐지하거나, 기타 법과 위원회 등을 전반적으로 통합하여야 한다고 주장하기도 하였다.

마. 재한외국인처우기본법의 임의규정 성격 문제

기본법이라는 동법의 성격상 임의 규정의 문제 자체는 발생할 수밖에 없는 사안이라는 의견이 많았다. 다만 이를 어떠한 방식으로 개선할 것인가에 대하여 다양한 의견이 나타났다. 일부 전문가의 경우 출입국관리법 보강을 통해 구속력 문제를 해결하자는 견해를 밝히기도 하였으며, 다문화가족지원법과의 연계를 통해 보다 적극적이 지원책을 마련할 수 있을 것이라고 보기도 하였다. 일부 전문가의 경우 재한외국인기본법상의 임의 규정을 필수 규정으로 바꾸고 시행령과 시행규칙을 세부적으로 정비하여 외국인 관련 주요 정책을 재한외국인처우법에 따라 수립할 필요가 있다고 의견을 제시하기도 하였다.

바. 기타

재한외국인처우기본법에서 쟁점이 되는 부분에 대한 기타 의견은 표 41과 같다.

표 41 재한외국인처우기본법에 대한 전문가 세부 의견

–재한외국인처우기본법은 정부입법으로 07년 제정되었으나, 08년도 다문화가족지원법이 의원입법으로 청부입법 형식으로 제정되었다. 동법의 제정으로 08년 이후부터 정책 갈등이 나타나고 있는 만큼 다문화가족지원법에 대한 개선이 필요하다.
–재한외국인처우기본법은 재한외국인의 사회통합, 국민안전, 경제 활성화 등 국가의 모든 정책을 종합하여 정책을 수립하여야 하고, 국가나 지자체 등의 기관 · 단체 등에 이에 따라 정책을 시행하여야 하나, 재원 마련이나 강제적인 규정이 없기에 일관적이고 통일적인 집행이 어려운 실정이다.
–법무부와 여성가족부의 입장이 서로 상이할 수 있는데 결혼이주민이든 이주노동자이든 기본적인 한국사회에 대한 적응서비스(예, 한국어교육)는 적극적으로 확대하고 홍보하는 것이 장기적으로 사회적 비용을 줄이는 것이라고 판단된다. 기본적인 보편적인 인류로서의 인권을 보장해 나아가는 것이 중요할 것이다.

3) 2차 조사 결과

2차 조사는 1차 델파이 조사 결과를 바탕으로 문항을 구성하여 진행되었다. 2차 조사 내용은 다문화 관련 법률 및 제도 전반에 대한 평가 부분과 (가칭)'다문화 통합법' 제정에 대한 의견 및 (가칭)'이민청' 신설에 대한 의견을 조사하는 부분으로 구성되었다.

(1) 다문화 관련 법률 및 제도 전반에 대한 평가

1차 조사를 통하여 현재 우리나라에서 시행되고 있는 다문화 관련 법률 및 정책 중에서 효과적인 것으로 파악된 것들을 정리한 후, 2차 조사에서는 이 중 가장 효과적인 것을 우선순위에 따라 3가지 이내로 기입하도록 하였다. 그 결과는 표 42와 같이 나타났으며, 순위에 따라 가중치를 부여하여 종합한 결과 가장 효과적인 것으로 파악된 정책은 '협의 이혼

표 42 다문화 관련 법률 및 제도 중 효과적인 것에 대한 응답 결과(2차)

	1순위	2순위	3순위	종합
1) 국적법	2	1	0	8
2) 재한외국인처우기본법	1	1	1	6
3) 출입국관리법상의 조기 적응 지원을 위한 프로그램	0	3	0	6
4) 다문화가족지원법	1	0	2	5
5) 협의 이혼 시 자녀가 있을 경우 3개월의 조정기간 후 판결	3	0	0	9
6) 사회통합프로그램을 통한 사회적응교육 실시	1	1	2	7
7) 불법 신분이지만 혼인신고가 가능하게 하는 법률	0	1	0	2
8) 결혼이민자에 대한 결혼전 교육	0	1	0	2
9) 다누리콜센터 운영: 한국어 의사소통이 원활하지 못한 결혼 이민자의 상담, 민원처리	1	1	3	8
10) 다문화가정 자녀 교육지원	0	0	1	1

시 자녀가 있을 경우 3개월의 조정 기간 후 판결'하도록 하는 정책인 것으로 나타났다. 그 다음으로는 국적법과 다누리콜센터 운영 정책이 효과적인 법률 및 정책인 것으로 나타났다.

다음으로는 현재 우리나라의 다문화 관련 법률 및 정책 중에서 가장 개선이 필요한 부분을 조사하였는데, 이 부분도 우선순위에 따라 3가지 이내로 고르도록 하는 방식으로 조사하였다. 그 결과는 표 43과 같다. 조사 결과, 가장 개선이 필요한 법률 및 정책으로 외국인근로자고용에관한 법률이 선정되었으며, 그 다음으로는 국적법, 결혼이민자 자녀가 있을 경우 이혼 후 비자 연장가능 문제, 중앙정부와 지방자치단체의 역할 혼선 문제를 개선할 필요가 있다는 의견이 비슷하게 나타났다.

표 43 다문화 관련 법률 및 정책 중 개선이 필요한 것에 대한 응답 결과(2차)

	1순위	2순위	3순위	종합
1) 국적법	2	0	0	6
2) 출입국관리법: 단속 과정에서의 인권 침해	0	0	0	0
3) 외국인근로자 고용에 관한 법률	3	1	2	13
4) 고용허가제의 성실근로자 제도	0	2	0	4
5) 결혼중개업이 관리에 관한 법률	0	1	2	4
6) 특별한국어 시험 제도	0	0	0	0
7) 출입국관리법상의 사회통합프로그램	0	1	0	2
8) 결혼이민자의 부모 초청의 기간 (자녀의 양육으로 초청을 한 경우 연장이 4년10개월까지 가능한 법률)	1	0	0	3
9) 결혼이민자 자녀가 있을 경우 이혼 후 비자 연장 가능문제	1	1	1	6
10) 결혼비자 (F6)의 취업의 자유	1	0	1	4
11) 중앙정부와 지방자치단체의 역할 혼선	1	1	1	6
12) 중도입국자녀에 대한 지원	0	2	1	5
13) 다문화가족에 대한 이해 증진	0	0	1	1

다음으로 1차 조사에서 분야별로 개선이 필요한 다문화 관련 법률 및 제도를 정리한 후, 이 중 중요하다고 생각한 부분을 2가지만 고르는 방식으로 2차 조사를 진행하였다. 조사 결과, 각 항목별로 개선이 시급한 사항은 표 44와 같이 나타났다.

표 44 다문화 관련 법률 및 제도 중 개선이 필요한 것에 대한 분야별 응답 결과

분야	1차 조사 결과 – 개선사항	2차 조사 결과
경제 분야	1) 이민자 · 외국인을 위한 독립적인 예산 부족	6
	2) 도시거주 다문화가족과 농촌거주 다문화가족에 대한 맞춤형 지원정책 미흡	4
	3) 이주민 경제력 향상을 위한 취업 알선 부족	3
	4) 국적/민족/인종에 의한 차별금지의 규정 미흡	5
노동 분야	1) 고용허가제 성실근로자 제도	3
	2) 사업주의 인권교육 및 삼진 아웃제	4
	3) 고용허가제에서 노동허가제로 전환	4
	4) 결혼이민자들에 대한 취업과 관련한 정보의 제공	4
	5) 고용 계약시 한국어 능력 검증 강화	1
	6) 현지에서 직업과 한국에서 고용계약 연계 부족	2
문화 분야	1) 법률상 무분별한 다문화주의의 강요	5
	2) 다문화가족에 대한 수용성 향상을 위한 홍보 부족	2
	3) 이주민들의 문화다양성 보장 및 문화향유 기회 제공 부족	4
	4) 다문화인식개선프로그램 등의 시행 부족	4
	5) 다문화인식개선프로그램의 대상 확대 및 다양한 콘텐츠 개발 미흡	3
교육 분야	1) 다문화자녀를 위한 별도의 학교 설립, 지원보다는 학교교육의 틀과 제도 개선	5
	2) 교육 관련 여러 법률상 외국인에게 교육 의무를 부여하고, 내국인에 대한 교육 확대 필요	3
	3) 다문화 자녀의 교육지원의 문제 및 대학 입학시 특별전형	1
	4) 미성년 이주자의 교육기회 전면 제공	0
	5) 중도입국자녀에 대한 집중적 한국어 교육실시	3
	6) 학업중도탈락률 감소할 수 있는 지원 방안 마련	2
	7) 미등록외국인 자녀 체류자격 보장	0
	8) 노동이주아동과 결혼이주아동에게 동등한 교육기회 보장	3
	9) 이민자녀와 일반학생의 분리교육	1
의료 분야	1) 의료 관련 법률상의 서비스 대상 확대 필요	2
	2) 사각지대에 있는 불법 체류자 아이들의 의료진료 및 예방접종지원 문제	9
	3) 외국인(불법체류자 포함)의 건강권 보장	1
	4) 외국인근로자 산재 예방 및 치료	3
	5) 불법체류자인 경우에도 범인권적 차원에서 의료 등 기본적 서비스 제공	3
복지 분야	1) 결혼이민자에 대한 과도한 지원보다는 국민과의 형평성을 고려한 예산투입	5
	2) 다문화가족지원법상의 지원제도의 통일적 기준 및 주 집행기관 관리	6
	3) 한부모지원에 대한 문제	2
	4) 다문화가족지원법을 피지원자 지원 중심으로 강화	0
	5) 다문화가족지원센터나 건강가정지원센터를 통한 복지제도 적극 홍보	1
	6) 결혼이주여성 생애주기별 지원	3
	7) 기본권의 주체를 '국민'이 아닌 '인간'으로 봐야 함.	1
기타	1) 외국인 총괄부서 부재	7
	2) 국적 취득 요건의 완화	4
	3) 결혼중개업의관리에관한 법률의 인신매매적 성격	7

(2) (가칭)'다문화 통합법' 제정 의견

1차 조사 결과 다문화 관련 법률 및 제도가 중복되어 나타나고, 이를 총괄할 법률 체계가 마련되어 있지 않다는 의견이 많았다. 이에 2차 조사에서는 (가칭)'다문화 통합법'에 대한 전문가들의 의견을 조사하였다. 조사 결과, 상당수의 전문가들은 다문화 통합법이 필요하다는 견해를 밝히고 있었다. 이들은 다음과 같은 이유로 다문화 통합법이 필요하다고 보았다.

표 45 (가칭)다문화 통합법에 대한 전문가 세부 의견

–언어소통의 어려움으로 인한 원스톱 서비스의 필요. 부처별 중복사업으로 경쟁화되어 피지원자 중심의 사업이 아닌 지원자 중심 실적쌓기 사업으로 사업의 존재의미 목적 효과를 찾을 수 없음. 컨트롤타워의 부재
–현재 다문화관련 업무가 각 부처마다 분담되어 있고 다문화관련 행정업무와 지원 사업을 통합법에서는 보다 효율적으로 진행할 수 있음
–다문화사회가 점차 일반화되어 감에 따라 다문화와 관련된 정책을 일관성 있게 추진할 수 있는 기관이 필요함. 따라서 현재 입국에서부터 한국 내에서의 생활에 관하여 규정하고 있는 법령을 통합하여 하나의 법령으로 구성할 필요가 있음
–재한외국인처우기본법이 다문화사회 방향성 설정에 대해 미흡함. 다문화사회 관련 법령이 다수 있어 부처 간 업무 중복이 있음. 다문화사회 지향의 성격에 대한 법령 간의 차이 해소 필요 등

다만 다문화 통합법을 제정함에 있어 그 명칭에 대해서는 이견이 있는 전문가도 있었다. 일부 전문가의 경우 다문화라는 현상보다는 이민이라는 '실체'적 성격을 고려하여, '이민 통합법', '이민 기본법'의 명칭이 바람직할 것이라는 의견을 제시하기도 하였다.

(가칭)'다문화 통합법' 제정 시 이에 포함되어야 하는 법률에 대해서는 전문가들마다 다양한 의견을 나타내었다. 국적법, 출입국관리법, 재한외국인처우기본법, 다문화가족지원법, 외국인근로자고용에관한법률 등 대부분의 다문화 관련 법률이 언급되었으며, 일부 전문가들은 교육, 복지 등에 관한 부분까지 '다문화 통합법'에 포함시킬 필요가 있다고 보았다.

일부 전문가의 경우 '다문화 통합법' 제정이 필요하지 않다는 견해를 밝히기도 하였는데, 이들은 '다문화'만을 위한 독립된 법률의 필요성 자체에 대해 의문을 제기하였으며, 이주유형별, 이주상황별, 생활정도 등 이주민과 국민 간의 본질적 차이가 없는 부분을 기존의 법률 속에 통합하여 담아내는 것이 바람직하다는 의견을 밝히기도 하였다. 특히 현행 다문화가족지원법상의 대상과 권한의 확대를 위한 다문화통합법을 제정하는 경우 정책 대상으로 외국인이 포함된 각 부처(법무, 교육, 노동, 국방, 보건 등)의 법률과 중복 및 충돌이 발생되어 국가 차원의 정책 집행에 혼선이 야기될 것으로 예상되므로 문제가 발생할 것이라는 의견을 제시하기도 하였다.

(3) (가칭)'이민청' 신설 의견

(가칭)'이민청' 신설에 대한 전문가들의 의견을 조사한 결과, 한 명을 제외하고 대부분의 전문가들이 찬성 의견을 밝혔다. 이민청 신설이 필요하다는 의견을 밝힌 전문가들은 표 46과 같은 내용을 그 근거로 제시하였다.

표 46 (가칭)이민청 신설에 대한 전문가 세부 의견

–현재의 이민정책은 부처별로 분산되어 있어 통일된 방향성을 가지고 추진되기 어려운 상황임. 저출산 · 고령화 대비 및 국가경쟁력 강화를 위해 통일된 정책추진체계가 필요함.
–이주자의 체류관리, 체류지원, 이주행정의 효율화를 위해 필요함.
–여러 부처의 외국인 대상 정책을 국가의 이민정책적 차원에서 통합하고 효율적으로 집행하기 위해서는 독립적인 이민청의 신설이 필요할 것으로 생각됨
–이민청 신설이 필요함. 기존 법률의 수범대상 범위가 중복되기도 하고 부처 간 업무가 중첩되는데, 점차 이주민들의 유형도 다양해지고 있고 이주노동자들의 가족들도 있다는 점을 고려할 때 이를 총괄할 정책 기구가 필요함.

‘이민청’을 신설하는 경우, 포함되어야 하는 업무에 대해서는 전문가들마다 다양한 의견을 나타내었다. 일부 전문가의 경우 주로 이민자 유입관리, 체류관리, 사회통합, 국적부여, 국경관리 등의 업무에 한정하여야 한다고 보기도 하였으나, 대부분의 전문가들은 출입국관리에서부터 다양한 사회 생활지원(의료, 복지, 언어 지원 등)에까지 이민청이 관할할 필요가 있다고 밝혔다.

‘이민청’ 신설이 필요하지 않다는 의견을 밝힌 전문가의 경우, 현재 한국의 상황이 이민을 적극적으로 받아들이지 않고 있으므로, ‘이민청’까지 고려할 필요는 없다는 견해를 가지고 있었다. 다만 현대 대부분의 이민을 차지하는 ‘결혼 이민자’ 및 국내에서 결혼하는 외국인 근로자들 사이의 혼인을 보호할 필요가 있다는 점에서 이 부분을 관할하는 담당 기관이 필요하다고 보았다.

(4) 기존 법률 및 정책 통합에 대한 의견

마지막으로 기존 법률 및 정책 중에서 통합이 필요한 부분이 있으면, 자유롭게 기술하도록 하는 방식으로 전문가들의 의견을 조사하였다. 그 결과, 1명의 전문가를 제외하고 기존 법률 및 정책 중에서 통합할 부분이 있다고 보았다. 우선 기존의 법률 중에서는 재한외국인처우기본법과 다문화가족지원법이 특히 중복되어 통합할 필요가 있다는 의견이 많았다. 다문화 관련 정책 중에서 통합이 필요하다는 의견은 다양한 분야에 걸쳐서 나타났으며, 그 내용은 표 47과 같다.

표 47 기존의 다문화 관련 법률 및 정책 통합에 대한 전문가 세부 의견

- 고용노동부의 외국인 인력 지원 사업과 각 지자체에서 운영하는 외국인 근로자 지원 업무 중복
- 다문화가정지원센터와 여성발전센터, 주민센터의 다문화 지원 사업 중복
- 여성가족부의 현지 사전교육은 조기적응프로그램에 통합시킬 필요가 있음
- 다문화가정지원센터의 한국어 교육을 사회통합프로그램에 통합

2. 시민의식 조사 결과

1) 조사 개요

본 연구에서는 다문화 관련 법률 및 제도에 대한 시민들의 인식과 이해 수준을 확인하기 위하여 만 20세 이상의 일반 시민들을 대상으로 설문조사를 실시하였다. 설문조사는 편의표집 방식으로 연구 대상자를 선정

하였으며, 연구의 시간적 · 공간적 제약상 서울대학교 부설학교 2개교(여자중학교, 고등학교)의 학부모와 경상도 지역에 거주하는 성인을 대상으로 하였다. 총 1,000부의 설문지를 학생을 통해 배포하였고, 그중 514명의 응답이 회수되었다(회수율 51.4%). 설문 문항은 현행 다문화 관련 법률 및 정책에 대한 인식, 다문화구성원별 지원정책에 대한 인식, 다문화구성원 지원 여부 숙지 정도 등을 묻는 문항으로 구성되었다.

2) 응답자 특성

일반시민대상 조사에 참여한 응답자는 남성 85명(16.5%), 여성 378명(73.5%)으로 총 514명이다. 응답자의 64.6%(332명)가 40대에 속하였고, 15.0%(77명)가 50대에 속하였으며, 459명이 자녀가 있다고 응답하였다. 응답자의 최종학력은 대학졸업이 208명(40.5%)로 가장 많았고, 다음으로 고졸 159명(30.9%), 대학재학중 41명(8.0%), 대학원 이상 41명(8.0%) 순으로 나타났다. 자신의 경제적 계층에 대해서는 47.5%가 중류층으로 인식하고 있었으며, 82.8%가 서울특별시에 거주하고 있었다. 다문화 관련 직종에 종사한 경험에 대해서는 종사한 경험이 없는 응답자가 447명(87.0%)으로 가장 많았고, 과거에 종사하였거나(15명, 2.9%), 현재 종사하고 있는(12명, 2.3%) 응답자 순으로 나타났다. 종사하였던 다문화 관련 직종으로는 '다문화센터 봉사, 사회복지사, 다문화강사, (외국인근로자가 있는) 공장근무, 다문화센터 근무, 공무원, 다문화 어린이집 교사, 다문화전공' 등이 있는 것으로 나타났다.

표 48 응답자의 특성

일반시민		사례수	%
	전체	514	100.0
성별	남성	85	16.5
	여성	378	73.5
	결측값	51	9.9
연령	20대	6	1.2
	30대	30	5.6
	40대	332	64.6
	50대	77	15.0
	결측값	69	13.6
최종학력	고졸	159	30.9
	대학 재학 중	41	8.0
	대학 졸업	208	40.5
	대학원 이상	41	8.0
	기타	1	0.2
	결측값	64	12.5
경제적 계층에 대한 인식	하층	52	10.1
	중하층	117	22.8
	중류층	244	47.5
	중상층	51	9.9
	상층	4	0.8
	결측값	46	8.9
거주지역	서울특별시	425	82.8
	대구광역시	1	0.2
	부산광역시	35	6.8
	경기도	1	0.2
	경상남도	16	3.2
	결측값	35	6.8
다문화관련 직종 종사경험	현재 종사 하고 있음	12	2.3
	과거에 종사함 (현재 종사하지 않음)	15	2.9
	종사한 경험 없음	447	87.0
	결측값	40	7.8

표 49 일상에서 이주노동자, 국제결혼이주자, 북한이탈주민, 다문화가정 아동 등을 만날 기회

일반시민	사례수(명)	비율(%)
전체	514	100.0
거의 만날 기회가 없다	311	60.5
1달에 1~2회 정도 만난다	88	17.1
1주일에 1~2회 정도 만난다	33	6.4
1주일에 3~4회 정도 만난다	20	3.9
거의 매일 만난다	27	5.3
결측값	35	6.8

일상에서 이주노동자, 국제결혼이주자, 북한이탈주민, 다문화가정 아동 등 다문화구성원을 만날 기회에 대한 문항에 대해서는 '거의 만날 기회가 없다' 60.5%, '1달에 1~2회 정도 만난다' 17.1%, '1주일에 1~2회 정도 만난다' 6.4%, '거의 매일 만난다' 5.3%, '1주일에 3~4회 정도 만난다' 3.9% 순으로 나타났다. 일상에서 다문화구성원을 만난다고 응답한 경우 교류하는 다문화구성원의 유형으로는 국제결혼가정자녀, 국제결혼이주자, 이주노동자(사무직, 어학원강사, 공장노동자, 가사도우미 등), 유학생, 성인북한이탈주민, 북한이탈 아동 및 청소년 등이 있는 것으로 나타났다.

3) 다문화 관련 법률 및 정책에 대한 인식

(1) 현행 다문화정책(사업) 만족도

우리나라에서 현재 진행되고 있는 다문화정책(사업)의 내용 및 운영 등에 대해 만족하는 정도는 '보통이다'가 59.5%, '그렇지 않다'가 15.4%, '그렇다'가 13.2%로 나타났다. '전혀 그렇지 않다'를 1점으로, '매우 그렇다'를 5점으로 두었을 때, 평균 2.93점으로 나타나, 현행 다문화정책(사업)에 대해 전반적으로는 만족하고 있지만, 부정적인 응답이 긍정적인 응답보다 조금 많음을 알 수 있다.

표 50 현행 다문화정책(사업)의 내용 및 운영 등에 대한 만족도

	빈도(명)	비율(%)
① 전혀 그렇지 않다	17	3.3
② 그렇지 않다	79	15.4
③ 보통이다	306	59.5
④ 그렇다	68	13.2
⑤ 매우 그렇다	5	1.0
유효응답	475	92.4
결측값	39	7.6
전체	514	100.0
평균 2.93		

(2) 현행 다문화정책(사업)의 내용 이해(숙지) 정도

현행 다문화정책(사업)의 내용을 잘 알고 있는지에 대해서는 '그렇지 않다'가 43.8%, '보통이다'가 31.1%, '전혀 그렇지 않다'가 14.8%로 나타났다. 반면 잘 알고 있다고 생각하는 '그렇다'(5.1%)와 '매우 그렇다'(0.6%)가 매우 저조하게 나타났다. '전혀 그렇지 않다'를 1점으로, '매우 그렇다'를 5점으로 두었을 때 평균은 2.29점으로, 일반 시민들은 자신이 현행 다문화정책(사업)의 내용을 대체적으로 잘 알고 있지 못하다고 인식하고 있음을 알 수 있다.

표 51 현행 다문화정책(사업) 내용의 이해(숙지) 정도

	빈도(명)	비율(%)
① 전혀 그렇지 않다	76	14.8
② 그렇지 않다	225	43.8
③ 보통이다	160	31.1
④ 그렇다	26	5.1
⑤ 매우 그렇다	3	0.6
유효응답	490	95.3
결측값	24	4.7
전체	514	100.0
평균 2.29		

(3) 알고 있는 다문화 관련 법률 및 정책(사업)

응답자가 자신이 알고 있는 다문화 관련 법률 및 정책(사업)을 모두 기록하는 문항에서, '한국어교육' 20.5%, '아동 보육 · 양육 · 교육' 14.6%, '다문화가족지원법' 13.0%, '교육지원' 9.2% 등이 높게 나타났다. 이외에도 생활지원, 일자리제공, 통역지원, 상담센터, 의료지원, 장학사업 등이 알고 있는 다문화 법 및 정책(사업)으로 제시되었다.

표 52 알고 있는 다문화 관련 법률 및 정책(사업)

	빈도(명)	비율(%)		빈도(명)	비율(%)
한국어교육	38	20.5	사회정착지원	5	2.7
아동 보육 · 양육 · 교육	27	14.6	의료지원	5	2.7
다문화가족지원법	24	13.0	방과후학습제공	5	2.7
교육지원	17	9.2	다문화중점학교	4	2.2
다문화가족 지원센터	15	8.1	다문화이해교육	3	1.6
생활지원	9	4.8	장학사업	2	1.1
일자리제공	9	4.8	결혼이주여성쉼터	2	1.1
통역	6	3.3	재한외국인처우기본법	2	1.1
다문화청소년 복지 지원	5	2.7	나눔봉사	2	1.1
상담 센터	5	2.7	기타(결혼이민자정책, 생활보장정책, 이중언어교육, 법률지원, 다문화가정 할인 혜택, 국적취득시험)		

(4) 다문화 인식 개선을 위한 일반시민 대상 교육 필요성

일반시민의 다문화에 대한 인식 개선을 위한 교육의 필요성에 대해 묻는 문항에 대해, '그렇다'가 58.9%, '보통이다'가 21.6%, '매우 그렇다'가 11.3%로 나타났다. 즉 일반시민들은 다문화에 대한 인식 개선을 위한 교육의 필요성을 매우 강하게 느끼고 있으므로 일반시민 대상 다문화교육이 보강되어야 함을 알 수 있다.

표 53 다문화 인식 개선을 위한 일반시민 대상 교육 필요성

	빈도(명)	비율(%)
① 전혀 그렇지 않다	4	0.8
② 그렇지 않다	18	3.5
③ 보통이다	111	21.6
④ 그렇다	303	58.9
⑤ 매우 그렇다	58	11.3
유효응답	494	96.1
결측값	20	3.9
전체	514	100.0
평균 3.78		

(5) 다문화 인식 개선을 위한 학생 대상 학교교육 필요성

다문화 인식 개선을 위해 학교 내에서 학생을 대상으로 한 교육이 이루어져야 하는가에 대하여 '그렇다'가 60.9%, '보통이다' 17.3%, '매우 그렇다'가 14.2%로 '전혀 그렇지 않다'(1.6%), '그렇지 않다'(2.5%)의 응답보다 압도적으로 높게 나타났다. 이는 '전혀 그렇지 않다'를 1점으로, '매우 그렇다'를 5점으로 두었을 때 평균이 3.87점으로 나타난 것을 통해서도 알 수 있다. 이를 통해 응답자들은 학생들의 다문화 인식 개선을 위한 교육이 학교에서 공식적으로 제공되어야 한다고 생각하고 있음을 추측할 수 있다.

표 54 다문화 인식 개선을 위한 학생 대상 학교교육 필요성

	빈도(명)	비율(%)
① 전혀 그렇지 않다	8	1.6
② 그렇지 않다	13	2.5
③ 보통이다	89	17.3
④ 그렇다	313	60.9
⑤ 매우 그렇다	73	14.2
유효응답	496	96.5
결측값	18	3.5
전체	514	100.0
평균 3.87		

(6) 다문화 인식 개선을 위한 정책 강화 필요성

사회 구성원의 다문화에 대한 인식 개선을 위해 전국적 캠페인을 벌이는 등의 다문화정책의 강화 필요성에 대해 '그렇다'가 48.4%, '보통이다'가 30.5%, 평균 3.61점으로 나타났다. 즉 우리 사회의 구성원들은 다문화에 대한 인식 개선의 필요성을 느끼고 있으며, 이를 위해 생활 속에서 다문화를 접하고 이해할 수 있는 다양한 정책이 강화되어야 함을 알 수 있다.

표 55 다문화 인식 개선을 위한 정책 강화 필요성

	빈도(명)	비율(%)
① 전혀 그렇지 않다	5	1.0
② 그렇지 않다	34	6.6
③ 보통이다	157	30.5
④ 그렇다	249	48.4
⑤ 매우 그렇다	49	9.5
유효응답	494	96.1
결측값	20	3.9
전체	514	100.0
평균 3.61		

(7) 다문화 통합법(정책)의 우선 지원 대상

이 문항에서는 다문화 통합법 또는 정책이 다문화구성원을 지원한다고 할 때, 가장 우선적으로 지원해야 한다고 생각하는 대상을 2개 선택하도록 하였다. 그 결과 '국제결혼가정자녀'가 36.2%로 가장 높게 나타났고, '합법적 외국인근로자'가 23.8%, '결혼이주자'가 19.3%순으로 나타났다. 한편 '불법체류외국인'이 6.3%, '난민'이 5.7%, '외국 국적 동포'가 4.4%, '재외국민' 1.9%, '없음'이 2.0%로 나타났다. 즉 미성년자인 국제결혼가정의 자녀에 대한 지원이 가장 우선적으로 제공되어야 하며, 불법체류외국인보다는 합법적으로 체류하는 외국인근로자에 대한 지원이 우선되어야 한다고 인식하고 있음을 알 수 있다.

표 56 다문화 통합법(정책)의 우선 지원 대상(복수응답)

	빈도(명)	비율(%)
① 외국 국적 동포	42	4.4
② 재외국민	18	1.9
③ 결혼이주자	183	19.3
④ 국제결혼가정 자녀	344	36.2
⑤ 난민	54	5.7
⑥ 합법적 외국인근로자	226	23.8
⑦ 불법체류외국인	60	6.3
⑧ 기타	3	0.3
⑨ 없음	19	2.0
유효응답	487	
결측값	16	
전체	503	

(8) 다문화구성원의 자국문화 유지 지원

우리나라에 체류하는 모든 다문화구성원이 가능한 한 자국의 고유문화를 유지할 수 있도록 다문화 관련 법률 및 제도를 통해 보장 및 지원을 제공해야 하는가에 대해 '보통이다'가 40.1%, 긍정적인 응답으로 '그렇다'가 37.7, '매우 그렇다'가 3.7%로 나타났고, 부정적인 응답으로 '그렇지 않다'가 13.6%, '전혀 그렇지 않다'가 1.4%로 나타났다. 즉, 우리나라의 다문화 관련 법률 및 제도에 다문화구성원이 자신의 출신국의 고유문화를 유지할 수 있도록 보장하고 지원해야 하는 내용이 포함되어야 한다는 인식이 포함되지 않아야 한다는 인식보다 조금 더 큰 비율로 나타남을 알 수 있다.

표 57 다문화구성원의 자국문화 유지 지원

	빈도(명)	비율(%)
① 전혀 그렇지 않다	7	1.4
② 그렇지 않다	70	13.6
③ 보통이다	206	40.1
④ 그렇다	194	37.7
⑤ 매우 그렇다	19	3.7
유효응답	496	96.5
결측값	18	3.5
전체	514	100.0
평균 3.298		

(9) 다문화정책 통합법 제정 필요성

현재 다문화가족지원법, 재한외국인처우기본법, 국적법 등에 분산되어 있는 우리나라의 다문화 관련 법률 및 정책을 통합하는 법을 새롭게 제정할 필요성에 대하여 '그렇다'가 41.2%, '매우 그렇다'가 5.3%로 '전혀 그렇지 않다'(1.0%)와 '그렇지 않다'(9.9%)보다 높게 나타났다. 이를 통해 응답자의 대부분이 현행 다문화 관련 정책을 통합할 수 있는 새로운 법의 제정이 필요하다고 인식하고 있음을 알 수 있다.

표 58 다문화정책 통합법 제정 필요성

	빈도(명)	비율(%)
① 전혀 그렇지 않다	5	1.0
② 그렇지 않다	51	9.9
③ 보통이다	191	37.2
④ 그렇다	212	41.2
⑤ 매우 그렇다	27	5.3
유효응답	486	94.6
결측값	28	5.4
전체	514	100.0
평균 3.42		

(10) 국적취득 시 한국에 대한 교육의 법적 (정책적) 지원 강화 필요성

외국인이 우리나라의 국적을 취득하고자 할 때 한국어와 한국문화 이해 교육을 이수하도록 법적 (정책적) 지원이 강화되어야 하는가에 대한 질문에 '그렇다'는 응답이 57.6%, '매우 그렇다'가 16.5%로 나타났다. 즉 응답자들은 외국인이 우리나라의 국적을 취득할 때 한국어 능력의 향상, 한국문화에 대한 이해 향상을 위한 교육에 대한 법적 (정책적) 지원 강화의 필요성을 매우 강하게 인식하고 있음을 알 수 있다.

표 59 국적취득 시 한국에 대한 교육의 법적 (정책적) 지원 강화 필요성

	빈도(명)	비율(%)
① 전혀 그렇지 않다	3	0.6
② 그렇지 않다	13	2.5
③ 보통이다	97	18.9
④ 그렇다	296	57.6
⑤ 매우 그렇다	85	16.5
유효응답	495	96.3
결측값	20	3.7
전체	515	100.0
평균 4.1		

(11) 이중국적 허용 여부

이중국적이 허용되어야 하는가에 대하여 '그렇지 않다'가 34.4%, '보통이다'가 25.5%, '전혀 그렇지 않다'가 14.8%로 나타났다. 이를 통해 이중국적 허용에 대한 긍정적인 인식보다 부정적인 인식이 매우 강한 것을 알 수 있다. 일반시민들의 이중국적의 허용 여부에 대한 이러한 인식은 이중국적에 대한 정책 결정시 심도 있게 고려되어야 할 것이다.

표 60 이중국적 허용 여부

	빈도(명)	비율(%)
① 전혀 그렇지 않다	76	14.8
② 그렇지 않다	177	34.4
③ 보통이다	131	25.5
④ 그렇다	90	17.5
⑤ 매우 그렇다	17	3.3
유효응답	491	95.5
결측값	23	4.5
전체	514	100.0
평균 2.58		

(12) 현행 다문화 관련 법률 및 제도 중 개선되어야 할 부분

현재 진행되고 있는 다문화 관련 법률 및 제도 중 개선되어야 할 부분이 무엇인지에 대한 자유로운 의견을 물었다. 그 결과, 다문화 관련 법률 및 정책을 거의 알지 못한다는 응답자가 많았으며, 다문화 관련 법률 및 정책의 홍보가 강화되어야 할 필요성이 제기되었다. 또한 다문화에 대한 인식 개선을 위한 정책이 강화되고, 일반 시민의 다문화에 대한 이해 향상이 우선되어야 한다는 응답 역시 많이 제기되었다. 이외에 '문화적, 경제적 차별 금지, 차별, 편견 해소, 제도보다도 인식개선이 우선, 한국문화로의 통합, 동화에만 치중된 점 개선 필요'와 같이 사회 전반의 다문화에 대한 인식개선과 차별 · 편견해소가 필요하다는 의견이 있었고, '다문화 구성원들의 사회적응을 위한 재교육 필요, 이주자녀의 교육지원 필요, 언어소통지원, 다문화 미성년자에 관한 지속지원 필요, 다문화가족의 건강관리 및 의료정책, 결혼이주여성들의 한국문화 적응지원, 심리 상담 필요, 결혼이주자의 자립을 위한 일자리 창출' 등과 같이 다문화구성원의 사회적응과, 특히 다문화 미성년자에 대한 구체적인 지원이 필요하다는 의견이 다수 있었다. 한편, '불법체류자 지나친 지원 축소, 불법체류자 강력 처벌 및 퇴출, 무조건 베푸는 식의 복지, 지원 축소, 한국국적 발급 제도의 기준 엄격화, 내국인과 동일한 법적 의무 부과, 무조건 지원은 역차별' 등과 같이 다문화구성원에 대한 무조건적인 지원과 혜택보다는 엄격한 제한과 기준에 따른 정책 집행을 강조하는 의견도 제기되었다.

이를 통해 다문화구성원에 대한 지원 정도, 다문화구성원의 유형별 지원 정도 등에 대한 인식이 안정적인 지원을 제공해야 한다는 인식과 엄격한 기준에 의한 차등적 지원을 제공해야 한다는 인식 등으로 다양함을 알 수 있다.

(13) 다문화구성원과 만날 기회

응답자가 일상생활 속에서 다문화구성원과 만날 기회가 어느 정도인지를 알아보기 위하여 다문화구성원 유형별 접촉 빈도를 질문하였다. 외국국적동포의 경우 '거의 만날 기회가 없다'가 58.8%, '1년에 1~2회 정도 만난다'가 19.8%로 나타났다. 재외국민의 경우에도 '거의 만날 기회가 없다'가 59.1%, '1년에 1~2회 정도 만난다'가 16.1%였으며, 결혼이주자의 경우 '거의 만날 기회가 없다' 51.8%, '1년에 1~2회 정도 만난다' 18.5%로 나타났다. 즉 대부분의 응답자가 외국국적동포, 재외국민, 결혼이주자와는 일상생활에서 거의 만날 기회가 없음을 알 수 있다.

국제결혼가정의 자녀와 만날 기회는 '거의 만날 기회가 없다'가 49.2%로 가장 많았지만, '1년에 1~2회 정도 만난다' 19.6%, '1달에 1~2회 정도 만난다' 10.9%로 나타나 다른 다문화구성원보다는 일상생활에서의 접촉 빈도가 조금 더 높은 것을 알 수 있다. 한편 난민의 경우 '거의 만날 기회가 없다'가 80.9%로 아직 일반시민들은 일상생활에서 난민을 거의 접해보지 못한 것을 알 수 있다.

외국인근로자의 경우, 불법적 외국인근로자보다 합법적 외국인근로자를 만나는 빈도가 더높게 나타났다. 합법적 외국인근로자와 만날 기회는 '거의 만날 기회가 없다'가 52.7%, '1년에 1~2회 정도 만난다'가 16.5%, '1달에 1~2회 정도 만난다'가 10.5%로 나타났으나, 불법적 외국인근로자와 만날 기회는 '거의 만날 기회가 없다'가 74.1%, '1년에 1~2회 정도 만난다'가 6.2%, '1달에 1~2회 정도 만난다'가 2.9%로 나타났다. 하지만 기타 의견 중 '외국인근로자가 합법인지 불법인지 표면적으로는 알 수 없다'는 의견 등이 제기되어서 불법적 외국인근로자도 합법적 외국인근로자 못지않게 일상생활에서 많이 접촉하고 있을 것으로 추측된다.

표 61 외국국적동포와 만날 기회

	빈도(명)	비율(%)
거의 만날 기회가 없다	302	58.8
1년에 1~2회 정도 만난다	102	19.8
1달에 1~2회 정도 만난다	28	5.4
1주일에 1~2회 정도 만난다	15	2.9
1주일에 3~4회 이상 만난다	14	2.7
유효응답	461	89.7
결측값	53	10.3
전체	514	100.0

표 62 재외국민과 만날 기회

	빈도(명)	비율(%)
거의 만날 기회가 없다	304	59.1
1년에 1~2회 정도 만난다	83	16.1
1달에 1~2회 정도 만난다	25	4.9
1주일에 1~2회 정도 만난다	12	2.3
1주일에 3~4회 이상 만난다	11	2.1
유효응답	435	84.6
결측값	79	15.4
전체	514	100.0

표 63 결혼이주자와 만날 기회

	빈도(명)	비율(%)
거의 만날 기회가 없다	266	51.8
1년에 1~2회 정도 만난다	95	18.5
1달에 1~2회정도 만난다	53	10.3
1주일에 1~2회 정도 만난다	30	5.8
1주일에 3~4회 이상 만난다	12	2.3
유효응답	456	88.7
결측값	58	11.3
전체	514	100.0

표 64 국제결혼가정 자녀와 만날 기회

	빈도(명)	비율(%)
거의 만날 기회가 없다	253	49.2
1년에 1~2회 정도 만난다	101	19.6
1달에 1~2회 정도 만난다	56	10.9
1주일에 1~2회 정도 만난다	23	4.5
1주일에 3~4회 이상 만난다	28	5.4
유효응답	461	89.6
결측값	53	10.3
전체	514	100

표 65 난민과 만날 기회

	빈도(명)	비율(%)
거의 만날 기회가 없다	416	80.9
1년에 1~2회 정도 만난다	10	1.9
1달에 1~2회 정도 만난다	4	0.8
1주일에 1~2회 정도 만난다	1	0.2
1주일에 3~4회 이상 만난다	1	0.2
유효응답	432	84
결측값	82	16
전체	514	100

표 66 합법적 외국인근로자와 만날 기회

	빈도(명)	비율(%)
거의 만날 기회가 없다	271	52.7
1년에 1~2회 정도 만난다	85	16.5
1달에 1~2회 정도 만난다	54	10.5
1주일에 1~2회 정도 만난다	23	4.5
1주일에 3~4회 이상 만난다	16	3.1
유효응답	449	87.3
결측값	65	12.6
전체	514	100

표 67 불법체류외국인과 만날 기회

	빈도(명)	비율(%)
거의 만날 기회가 없다	381	74.1
1년에 1~2회 정도 만난다	32	6.2
1달에 1~2회 정도 만난다	15	2.9
1주일에 1~2회 정도 만난다	3	0.6
1주일에 3~4회 이상 만난다	7	1.4
유효응답	438	85.2
결측값	76	14.8
전체	514	100

4) 다문화구성원별 지원정책에 대한 인식

(1) 외국국적동포

외국국적동포 지원정책에 대한 인식을 지원 분야별로 질문하여 확인하였다. 그 결과 이중언어교육을 지원해야 한다는 문항에 대해 '그렇다'가 50.2%로 가장 높게 나타나(평균 3.52점) 외국국적동포에 대한 이중언어교육지원에 대해 가장 긍정적으로 인식하고 있음을 알 수 있다. 또한 내국인과 동등한 노동 권리 보장에 대해서도 '그렇다'가 39.5%, '매우 그

표 68 외국국적동포 지원정책에 대한 인식

		전혀 그렇지 않다	그렇지 않다	보통이다	그렇다	매우 그렇다	유효응답	평균
내국인과 동등한 정치적 권리(정치참여기회)를 보장해야 한다.	빈도(명)	44	116	176	129	26	491	2.95
	비율(%)	8.6	22.6	34.2	25.1	5.1	95.5	
내국인과 동등한 노동 권리를 보장해야 한다.	빈도(명)	20	81	159	203	28	491	3.28
	비율(%)	3.9	15.8	30.9	39.5	5.4	95.5	
내국인과 동등한 문화 및 교육 지원을 해야 한다.	빈도(명)	22	68	165	207	31	493	3.31
	비율(%)	4.3	13.2	32.1	40.3	6.0	95.9	
이중언어교육을 지원해야 한다.	빈도(명)	15	47	135	258	39	494	3.52
	비율(%)	2.9	9.1	26.3	50.2	7.6	96.1	
내국인과 동등한 의료 및 복지지원을 해야 한다.	빈도(명)	26	79	158	198	32	493	3.26
	비율(%)	5.1	15.4	30.7	38.5	6.2	95.9	

렇다'가 5.4%로 나타났고, 내국인과 동등한 문화 및 교육지원에 대해서도 '그렇다'가 40.3%, '매우 그렇다'가 6.0%로 나타났다. 내국인과 동등한 의료 및 복지지원에 대해서도 '그렇다'가 38.5%, '매우 그렇다'가 6.2%로 나타났다. 이를 통해 외국 국적 동포에 대한 내국인과 동등한 수준의 노동권리 보장, 문화 및 교육지원, 의료 및 복지지원에 대해서는 부정적인 인식보다 긍정적인 인식이 더 강함을 알 수 있다. 하지만 외국국적동포에 대한 내국인과 동등한 정치적 권리(정치참여기회) 보장에 대해서는 '보통이다'가 34.2%, '그렇다'가 25.1%, '그렇지 않다'가 22.6%로 나타나 긍정적인 인식과 부정적인 인식이 거의 비슷한 수준임을 알 수 있다. 외국국적동포에 대한 정치참여기회 보장에 대해서는 이러한 일반시민의 인식을 고려한 신중한 논의가 필요할 것이다.

(2) 국적취득 전 결혼이주자

국적취득 전 결혼이주자의 지원정책에 대한 인식에서는 내국인과 동등한 정치적 권리(정치참여기회) 보장에 대한 인식은 '그렇다'가 39.9%로 가장 높게 나타났으며, 내국인과 동등한 문화 및 교육 지원에 대한 인식도 '그렇다'가 52.7%로 나타났다. 또한 이중언어교육지원에 대해서도 '그렇다'가 52.1%로 나타났고, 내국인과 동등한 의료 및 복지지원에 대해서도 '그렇다'가 52.7%로 나타났다. 이를 통해 국적취득 전 결혼이주자를 위한 지원정책에 대해서는 전반적으로 긍정적으로, 그들에게 지원이 필요하다고 인식하고 있음을 알 수 있다.

표 69 국적취득 전 결혼이주자 지원정책에 대한 인식

		전혀 그렇지 않다	그렇지 않다	보통이다	그렇다	매우 그렇다	유효응답	평균
내국인과 동등한 정치적 권리(정치참여기회)를 보장해야 한다.	빈도(명)	23	77	158	205	30	493	3.28
	비율(%)	4.5	15.0	30.7	39.9	5.8	95.9	
내국인과 동등한 노동 권리를 보장해야 한다.	빈도(명)	14	37	137	264	40	492	3.56
	비율(%)	2.7	7.2	26.7	51.4	7.8	95.7	
내국인과 동등한 문화 및 교육 지원을 해야 한다.	빈도(명)	12	28	132	271	50	493	3.64
	비율(%)	2.3	5.4	25.7	52.7	9.7	95.9	
이중언어교육을 지원해야 한다.	빈도(명)	13	30	124	268	59	494	3.66
	비율(%)	2.5	5.8	24.1	52.1	11.5	96.1	
내국인과 동등한 의료 및 복지 지원을 해야 한다.	빈도(명)	14	26	132	271	51	494	3.64
	비율(%)	2.7	5.1	25.7	52.7	9.9	96.1	

(3) 난민

응답자 중 난민과 일상생활에서 접촉 경험이 있는 경우는 많지 않았지만, 국제적으로 난민의 이동과 유입, 지원이 이슈로 주목받고 있는 만큼 우리나라의 난민 지원정책에 대한 인식 검토 역시 중요하다. 난민을 위한 지원정책에 대한 질문에서, 내국인과 동등한 정치적 권리(정치참여기회) 보장에 대해 '그렇지 않다'가 34.0%로 나타나 아직은 난민에 대한 정치적 권리 보장에 대해 부정적으로 인식하는 비율이 높음을 알 수 있다.

한편 내국인과 동등한 노동 권리 보장, 내국인과 동등한 문화 및 교육 지원, 이중언어교육지원, 내국인과 동등한 의료 및 복지지원에 대해서는 '그렇다'는 응답이 가장 높게 나타났다. 이를 통해 난민에 대한 인도적인

차원에서 그들의 사회 적응과 복지를 위한 정책에 대해서는 아주 긍정적으로 인식하고 있음을 알 수 있다.

표 70 난민 지원정책에 대한 인식

		전혀 그렇지 않다	그렇지 않다	보통이다	그렇다	매우 그렇다	유효 응답	평균
내국인과 동등한 정치적 권리(정치참여기회)를 보장해야 한다.	빈도(명)	54	175	180	72	13	494	2.62
	비율(%)	10.5	34.0	35.0	14.0	2.5	96.1	
내국인과 동등한 노동 권리를 보장해야 한다.	빈도(명)	32	100	193	149	22	494	3.06
	비율(%)	6.2	19.5	37.5	29.0	4.3	96.5	
내국인과 동등한 문화 및 교육 지원을 해야 한다.	빈도(명)	22	93	196	159	28	498	3.15
	비율(%)	4.3	18.1	38.1	30.9	5.4	96.9	
이중언어교육을 지원해야 한다.	빈도(명)	22	85	169	189	33	498	3.25
	비율(%)	4.3	16.5	32.9	36.8	6.4	96.9	
내국인과 동등한 의료 및 복지 지원을 해야 한다.	빈도(명)	26	89	177	173	31	496	3.19
	비율(%)	5.1	17.3	34.4	33.7	6.0	96.5	

(4) 합법체류외국인근로자

외국인근로자 중 합법체류외국인근로자에게 내국인과 동등한 정치적 권리(정치참여기회)를 보장해야 하는가에 대해 '그렇지 않다'가 29.2%, 평균 2.86점으로 나타났다. 반면에 내국인과 동등한 노동 권리 보장에 대해서는 '그렇다'가 50.6%로 매우 높게 나타났으며, 내국인과 동등한 문화 및 교육지원도 '그렇다'가 46.5%, 이중언어교육지원도 '그렇다'가 48.6%, 내국인과 동등한 의료 및 복지지원도 '그렇다'가 48.2%로 나타났다. 합법체류외국인에 대한 지원정책에 대해서는 정치적 권리 보장을 제외한 대부분의 권리 보장 및 지원에 대해 긍정적으로 인식하고 있는 것으로 나타났다.

표 71 합법체류외국인근로자 지원정책에 대한 인식

		전혀 그렇지 않다	그렇지 않다	보통이다	그렇다	매우 그렇다	유효응답	평균
내국인과 동등한 정치적 권리(정치참여기회)를 보장해야 한다.	빈도(명)	40	150	153	129	25	497	2.86
	비율(%)	7.8	29.2	29.8	25.1	4.9	96.7	
내국인과 동등한 노동 권리를 보장해야 한다.	빈도(명)	8	34	147	260	47	496	3.61
	비율(%)	1.6	6.6	28.6	50.6	9.1	96.5	
내국인과 동등한 문화 및 교육지원을 해야 한다.	빈도(명)	11	40	161	239	44	495	3.53
	비율(%)	2.1	7.8	31.3	46.5	8.6	96.3	
이중언어교육을 지원해야 한다.	빈도(명)	12	36	152	250	45	495	3.56
	비율(%)	2.3	7.0	29.6	48.6	8.8	96.3	
내국인과 동등한 의료 및 복지지원을 해야 한다.	빈도(명)	12	37	152	248	47	496	3.57
	비율(%)	2.3	7.2	29.6	48.2	9.1	96.5	

(5) 불법체류외국인

불법체류외국인을 위한 지원정책에 대한 인식은 다른 다문화구성원을 위한 지원정책에 대한 인식과 확실한 대비를 보인다. 본 설문의 문항에 포함된 불법체류외국인에 대한 모든 지원정책에 대해 '그렇지 않다'의 비율이 가장 높게 나타나 불법체류외국인에 대한 부정적인 인식이 매우 지배적임을 알 수 있다. 특히 내국인과 동등한 정치적 권리(정치참여기회) 보장이 '전혀 그렇지 않다'가 38.9%, '그렇지 않다'가 36.6%, 평균 1.89점으로

나타나 이들에 대한 정치적 권리 보장에 매우 부정적인 것으로 나타났다.

불법체류외국인에 대한 내국인과 동등한 노동 권리 보장(평균 2.27점), 내국인과 동등한 문화 및 교육지원(평균 2.26점), 이중언어교육지원(평균 2.38점), 내국인과 동등한 의료 및 복지지원(평균 2.37점)에 대해 모두 부정적으로 인식하고 있는 것은 우리나라 국민의 다문화 인식과 우리나라의 다문화정책의 방향을 다시 한 번 되돌아보게 한다.

표 72 불법체류외국인 지원정책에 대한 인식

		전혀 그렇지 않다	그렇지 않다	보통 이다	그렇다	매우 그렇다	유효 응답	평균
내국인과 동등한 정치적 권리(정치참여기회)를 보장해야 한다.	빈도(명)	200	188	76	26	6	496	1.89
	비율(%)	38.9	36.6	14.8	5.1	1.2	96.5	
내국인과 동등한 노동 권리를 보장해야 한다.	빈도(명)	135	177	114	56	14	496	2.27
	비율(%)	26.3	34.4	22.2	10.9	2.7	96.5	
내국인과 동등한 문화 및 교육 지원을 해야 한다.	빈도(명)	136	175	114	57	12	494	2.26
	비율(%)	26.5	34.0	22.2	11.1	2.3	96.1	
이중언어교육을 지원해야 한다.	빈도(명)	128	157	123	72	17	497	2.38
	비율(%)	24.9	30.5	23.9	14.0	3.3	96.7	
내국인과 동등한 의료 및 복지 지원을 해야 한다.	빈도(명)	121	163	134	62	16	496	2.37
	비율(%)	23.5	31.7	26.1	12.1	3.1	96.5	

(6) 지원정책별 인식

그렇다면 지원정책에 대한 대상별 인식에는 어떤 차이가 있는지 살펴보도록 하자. 먼저, 다문화구성원에 대해 내국인과 동등한 정치참여 기회를 제공하여 정치적 권리를 보장하는 정책은 국적취득 전 결혼이주자(평균 3.28점)에게 보장되어야 한다는 인식이 가장 높은 것으로 나타났다.

이어서 외국국적동포(평균 2.95점), 합법체류외국인근로자(평균 2.86점), 난민(평균 2.62점) 순으로 나타났다. 그런데 특히 불법체류외국인에게 정치적 권리를 보장해야 한다는 인식은 평균 1.89점으로 나타났다. 이 수치는 불법체류외국인의 정치적 권리 보장의 필요성에 대해 외국국적동포나 난민보다도 부정적으로 인식하고 있는 것을 알 수 있다.

내국인과 동등한 노동 권리 보장은 합법체류외국인근로자(평균 3.61점)에게 가장 필요하다고 인식하는 것으로 나타났다. 이러한 응답을 통해 합법적으로 국내에 체류하고 있는 근로자에게 내국인과 동등한 노동 권리를 보장하는 것은 정당하다고 인식하고 있다고 볼 수 있다. 이어서 국적취득 전 결혼이주자(평균 3.56점), 외국국적동포(평균 3.28점), 난민(3.06점)으로 나타났다. 노동 권리 보장의 필요성에 대한 인식에서도 불법체류외국인(평균2.27)에 대한 인식이 가장 낮게 나타난 것을 확인할 수 있다.

표 73 정치적 권리(정치참여기회) 보장

	평균
외국국적동포	2.95
국적취득 전 결혼이주자	3.28
난민	2.62
합법체류외국인근로자	2.86
불법체류외국인	1.89

내국인과 동등한 문화 및 교육 지원의 필요성에 대해서 합법체류외국인근로자(평균 3.53점)에 대해 가장 높게 인식하고 있음을 확인할 수 있

다. 이어서 합법체류외국인근로자(평균 3.53점), 외국국적동포(평균 3.31점), 난민(평균 3.15점)으로 나타났다. 이러한 다문화구성원들이 앞으로 한국사회에 정착하여 경제활동을 하고 많은 시민들과 상호작용할 것을 고려하여 이들에 대한 문화 및 교육지원이 필요하다고 인식하고 있음을 알 수 있다. 한편 문화 및 교육지원정책에 대한 인식에서도 불법 체류 외국인(평균 2.26점)에 대한 지원 필요성을 가장 낮게 인식하고 있음이 나타났다.

표 74 노동 권리 보장

	평균
외국국적동포	3.28
국적취득 전 결혼이주자	3.56
난민	3.06
합법체류외국인근로자	3.61
불법체류외국인	2.27

표 75 문화 및 교육지원

	평균
외국국적동포	3.31
국적취득 전 결혼이주자	3.64
난민	3.15
합법체류외국인근로자	3.53
불법체류외국인	2.26

이중언어교육지원의 필요성에 대한 인식은 국적취득 전 결혼이주자(평균 3.66점)가 가장 높게 나타났고, 이어서 합법체류외국인근로자(평균 3.56점)순으로 나타났다. 국적취득 전 결혼이주자와 합법체류외국인근로자 모두 몇 년 이상 한국에 거주하면서 안정적인 생활을 유지하기 위해서는 한국어 의사소통능력이 기본적으로 필요하다. 이를 위해 자국언어와 함께 한국어를 학습하는 이중언어교육이 지원되어야 한다고 인식하고 있음을 알 수 있다. 이어서 외국국적동포(평균 3.52점), 난민(평균 3.25점), 불법체류외국인(평균 2.38점)으로 나타났다.

표 76 이중언어교육지원

	평균
외국국적동포	3.52
국적취득 전 결혼이주자	3.66
난민	3.25
합법체류외국인근로자	3.56
불법체류외국인	2.38

내국인과 동등한 의료 및 복지지원의 필요성에 대해서는 국적취득 전 결혼이주자(평균 3.64점)와 합법체류외국인근로자(평균 3.57점)에 대한 인식이 가장 높은 것으로 나타났다. 국적취득 전 결혼이주자와 합법체류외국인근로자는 한국사회에서 장기적인 결혼, 양육 등의 가정생활 과 취업, 근로 등의 경제생활 등을 한다. 국적취득 전 결혼이주자는 아직 국적취득 이전이지만, 결혼을 통해 한국에서 가정을 꾸리고 장기적으로 생활

표 77 의료 및 복지지원

	평균
외국국적동포	3.26
국적취득 전 결혼이주자	3.64
난민	3.19
합법체류외국인근로자	3.57
불법체류외국인	2.37

할 것이며, 합법체류외국인근로자는 합법적인 절차와 승인과정을 통해 정당한 근로자로서 생활하고 있으므로 이들에 대한 내국인과 동등한 의료 및 복지지원이 정당하고, 필요하다고 인식하고 있음을 알 수 있다. 이어서 외국국적동포(평균 3.26점), 난민(평균 3.19점)에 대한 의료 및 복지지원의 필요성에 대한 인식이 높게 나타났다. 한편 의료 및 복지지원에 대해서도 불법체류외국인(평균 2.37점)에 대한 인식이 가장 낮게 나타났다.

5) 다문화구성원 지원 여부 숙지 정도

우리나라의 다문화구성원 지원 법령 및 정책에 대해 일반 시민이 얼마나 알고 있는지를 측정하기 위해 다문화구성원별 지원 및 보장의 구체적인 내용이 맞다고 생각하면 '그렇다'를, 틀리다고 생각하면 '그렇지 않다'를, 모를 경우 '모르겠다'를 선택하도록 문항을 구성하였다. 이 문항에 대한 응답은 다음과 같다.

지원 분야별로 살펴보면, 의료보험 가입 및 혜택에 대하여 합법체류외국인은 '그렇다'가 51.0%로 나타난 반면, 불법체류외국인은 '그렇지 않다'가 60.1%로, 외국국적동포도 '그렇지 않다'가 41.8%로, 국적취득 전 결혼이주자도 '그렇지 않다'가 31.3%로 높게 나타났다. 이를 통해 응답자들은 우리나라 국적의 유무에 따라 의료보험 가입 및 혜택의 여부를 판단하고 있다고 추측해 볼 수 있다.

한편 다문화가정을 위한 초등학교 교육지원에 대해서, 외국국적동포의 자녀와 국적취득 전 결혼이주자의 자녀, 난민의 자녀에 대한 초등학교 교육지원에 대해서는 '그렇지 않다'보다 '그렇다'는 응답이 더 많았으나, 불법체류외국인의 자녀에 대해서는 '그렇다'보다 '그렇지 않다'가 더 높게 나타났다. 이는 응답자들이 현재 불법체류외국인의 자녀에게 초등교육이 동등하게 제공되고 있음을 모르고 있으며, 한편으로는 불법체류외국인에 대한 지원에 부정적인 인식을 갖고 있는 것으로 해석될 수 있다.

표 78 다문화구성원 지원 여부 숙지 정도

		전체 514명					
		그렇다	그렇지 않다	모르겠다	유효응답	결측값	총합계
1. 합법체류외국인근로자도 의료보험 가입 및 혜택을 받을 수 있다.	빈도(명)	262	83	148	493	21	
	비율(%)	51.0	16.1	28.8	95.9	4.1	100
2. 합법체류외국인근로자에게 지방선거 투표권이 있다.	빈도(명)	53	262	177	492	22	
	비율(%)	10.3	51.0	34.4	95.7	4.3	100
3. 합법체류외국인근로자도 최저임금을 적용 받을 수 있다.	빈도(명)	300	62	128	490	24	
	비율(%)	58.4	12.1	24.9	95.3	4.7	100
4. 합법체류외국인근로자에게 이중언어교육이 제공되고 있다.	빈도(명)	183	109	194	486	28	
	비율(%)	35.6	21.2	37.7	94.6	5.4	100
5. 불법체류외국인을 고용하면 고용주가 처벌받는다.	빈도(명)	320	51	115	486	28	
	비율(%)	62.3	9.9	22.4	94.6	5.4	100
6. 불법체류외국인도 일정기간 이상 근로했을 경우 퇴직금을 받을 수 있다.	빈도(명)	101	210	181	492	22	
	비율(%)	19.6	40.9	35.2	95.7	4.3	100
7. 불법체류외국인의 자녀도 초등학교 교육을 받을 수 있다.	빈도(명)	136	167	189	492	22	
	비율(%)	26.5	32.5	36.8	95.7	4.3	100
8. 불법체류외국인도 운전면허를 딸 수 있다.	빈도(명)	24	297	172	493	21	
	비율(%)	4.7	57.8	33.5	95.9	4.1	100
9. 불법체류외국인도 건강보험의 혜택을 받을 수 있다.	빈도(명)	28	309	156	493	21	
	비율(%)	5.4	60.1	30.4	95.9	4.1	100
10. 불법체류외국인이 장기간 거주하면 체류자격을 받을 수 있다.	빈도(명)	30	296	167	493	21	
	비율(%)	5.8	57.6	32.5	95.9	4.1	100

		전체 514명					
		그렇다	그렇지 않다	모르겠다	유효응답	결측값	총합계
11. 외국국적동포도 지방선거 투표권이 있다.	빈도(명)	48	259	184	491	23	
	비율(%)	9.3	50.4	35.8	95.5	4.5	100
12. 외국국적동포도 건강보험의 혜택을 받을 수 있다.	빈도(명)	91	215	178	484	30	
	비율(%)	17.7	41.8	34.6	94.2	5.8	100
13. 외국국적동포가 국내거소신고를 한 후 이전한 때에는 일정 기간 이내에 그 사실을 신고해야한다.	빈도(명)	254	39	198	491	23	
	비율(%)	49.4	7.6	38.5	95.5	4.5	100
14. 외국국적동포가 예금 · 적금의 가입, 입출금 등 국내 금융기관을 이용할 때 대한민국 국민과 동등한 권리를 갖는다.	빈도(명)	161	109	223	493	21	
	비율(%)	31.3	21.2	43.4	95.9	4.1	100
15. 외국국적동포의 자녀도 초등학교 교육을 받을 수 있다.	빈도(명)	291	52	147	490	24	
	비율(%)	56.6	10.1	28.6	95.3	4.7	100
16. 국적취득 전 결혼이주자에게 이중언어교육이 제공되고 있다.	빈도(명)	189	83	220	492	22	
	비율(%)	36.8	16.1	42.8	95.7	4.3	100
17. 국적취득 전 결혼이주자도 지방선거 투표권이 있다.	빈도(명)	64	218	212	494	20	
	비율(%)	12.5	42.4	41.2	96.1	3.9	100
18. 국적취득 전 결혼이주자도 의료보험 가입 및 혜택을 받을 수 있다.	빈도(명)	134	161	199	494	20	
	비율(%)	26.1	31.3	38.7	96.1	3.9	100
19. 국적취득 전 결혼이주자도 학력 취득, 취업 등을 위한 교육지원을 받을 수 있다.	빈도(명)	171	120	204	495	19	
	비율(%)	33.3	23.3	39.7	96.3	3.7	100
20. 국적취득 전 결혼이주자의 자녀도 초등학교 교육을 받을 수 있다.	빈도(명)	228	83	183	494	20	
	비율(%)	44.4	16.1	35.6	96.1	3.9	100

		전체 514명					
		그렇다	그렇지 않다	모르겠다	유효응답	결측값	총합계
21. 난민에게 이중언어교육이 제공되고 있다.	빈도(명)	82	116	294	492	22	
	비율(%)	16.0	22.6	57.2	95.7	4.3	100
22. 난민의 자녀도 초등학교 교육을 받을 수 있다.	빈도(명)	136	106	251	493	21	
	비율(%)	26.5	20.6	48.8	95.9	4.1	100
23. 난민도 운전면허를 딸 수 있다.	빈도(명)	61	145	286	492	22	
	비율(%)	11.9	28.2	55.6	95.7	4.3	100
24. 난민도 의료보험 가입 및 혜택을 받을 수 있다.	빈도(명)	63	148	282	493	21	
	비율(%)	12.3	28.8	54.9	95.9	4.1	100
25. 난민이 장기간 거주하면 체류자격을 받을 수 있다.	빈도(명)	60	128	303	491	23	
	비율(%)	11.7	24.9	58.9	95.5	4.5	100

합법체류외국인과 외국국적동포, 국적취득 전 결혼이주자의 지방 선거 투표권에 대한 문항에 대해 '그렇지 않다'가 '그렇다'는 응답보다 모두 높게 나타났다. 일정기간 이상 우리나라에 체류할 경우 외국인에게도 지방선거 투표권을 부여하고 있는 제도를 응답자들이 전반적으로 잘 알고 있지 못하는 것으로 보인다.

응답자들 중 합법체류외국인근로자, 불법체류외국인, 외국국적동포, 국적취득 전 결혼이주자, 난민에 대한 정책들을 올바르게 인지하고 있는 비율은 표 79와 같다.

표 79 다문화구성원별 지원 여부 숙지 정도

	평균 정답률(%)
합법체류외국인근로자	38.8
불법체류외국인	34.1
외국국적동포	38.2
국적취득 전 결혼이주자	36.7
난민	15.7

다문화구성원의 유형별로 지원 여부에 대해 정확하게 알고 있는 정도를 100%로 보았을 때의 숙지 정도를 살펴보면, 합법체류외국인에 대한 지원 여부의 숙지 정도(38.8%)가 가장 높게 나타났고, 이어서 외국국적동포(38.2%), 국적취득 전 결혼이주자(36.7%), 불법체류외국인(34.1%)으로 나타났다. 이와 같은 결과는 각 다문화구성원에 대한 지원 필요성에 대한 인식과 대체적으로 일치하는 것을 알 수 있다. 주목해야 할 것은 난민에 대한 응답이 다른 구성원의 응답과 뚜렷한 차이점을 보이는 것이다. 다른 다문화구성원의 지원에 대한 숙지 정도보다 난민의 지원 여부에 대한 정답 비율이 15.7%로 가장 낮게 나타났으며, 이 수치는 다른 구성원에 대한 정답 비율과 2배 이상 큰 차이를 보인다. 또한 난민에 대한 이중언어교육 제공, 난민 자녀에 대한 초등교육 제공, 운전면허 취득, 의료보험 가입 및 혜택 제공, 장기간 거주시 체류자격 부여 등 모든 문항에 대해 '모르겠다'는 응답이 가장 높게 나타났다.

아직 우리나라 일반시민들은 난민을 일상생활에서 많이 접촉한 경험도 없고, 난민이 아직 일반시민들의 사회 · 경제생활에 영향을 미치거나 이해관계가 직접적으로 얽히지 않아 난민에 대한 전반적인 인식 정도가 낮은 것으로 보인다.

3. 조사 결과 논의

1) 전문가 델파이 조사

1차 델파이 조사에서는 출입국관리법, 다문화가족지원법, 재한외국인처우기본법이 긍정적인 법률 및 정책으로 평가되었으나, 1차 조사 결과 내용을 바탕으로 2차 조사를 실시한 결과, 이들 법률의 중복 문제가 심각한 것으로 평가하는 의견이 많았다. 이는 개별 정책에 대해서는 긍정적이나, 전반적인 다문화 관련 법률 및 정책을 살펴보았을 때는 법률간, 부처간 중복이 발생하여 효율성이 떨어진다고 판단하였기 때문인 것으로 분석된다. 특히 재한외국인처우기본법의 경우 포괄적이면서, 기본적인 성격으로 인하여 긍정적인 평가를 받기도 하였으나, 동시에 실효성이 떨어지는 이유로 부정적으로 인식되기도 하였다.

1, 2차 델파이 조사 결과 각 분야별로 가장 개선이 시급한 법률은 외국인근로자고용에관한법률이었다. 전문가들은 저출산 · 고령화로 인하여 외국인근로자 유입이 지속적으로 증가할 것으로 예상되는 현실을 고려할 때, 고용허가제를 비롯한 관련 법률의 전반적인 개선이 필요하다고 지

적하였다. 현재 고용허가제로 입국한 외국인의 난민 신청이나 불법체류가 증가하고 있고, 이들을 초기에 선발하는 과정에서 한국어 수준 등에 대해서도 면밀하게 조사하지 않는 등의 문제가 있다는 점을 고려할 때, 이민자 유입단계에서부터 요건을 면밀히 파악하여 외국인근로자를 받아들여야 한다고 보았다. 이렇게 외국인근로자를 제대로 선발한 다음에 일정한 요건을 충족하여 발전되는 경우 장기체류가 가능하도록 관련 제도를 정비하는 것이 우리 사회에도 도움이 될 것이라는 의견이 많았다. 이와 더불어 전문가들은 현재 사업장 등에서 발생하는 외국인근로자에 대한 인권침해 문제 등은 관계 당국에서 보다 적극적으로 나서서 개선해야 할 문제라고 보았다.

1, 2차 델파이 조사를 통하여 분야별로 개선이 필요한 사항을 분석한 결과, 많은 전문가들은 경제분야에서는 이민자 · 외국인을 위한 독립적인 예산 부족 문제를, 노동분야에서는 사업주의 인권교육 및 삼진 아웃제, 고용허가제에서 노동허가제로의 전환, 결혼 이민자들에 대한 취업과 관련 정보 제공의 필요 등을 주요 개선 사항으로 지적하였다. 또한 문화분야에서는 오히려 법률상 무분별한 다문화주의의 강요가 심각한 문제라고 보았으며, 교육분야에서는 다문화자녀를 위한 별도의 학교 설립, 지원보다는 학교교육의 틀과 제도 개선이 필요하다는 의견이 많았다. 의료분야에서는 사각지대에 있는 불법체류 아이들의 의료진료 및 예방접종지원 문제 개선이 필요하며, 복지분야에서는 다문화가족지원법상의 지원제도의 통일적 기준 마련 및 주 집행기관 주도의 관리가 필요함을 지적하는 전문가들이 많았다.

1, 2차에 걸친 델파이 조사의 결과를 종합적으로 살펴볼 때, 현재 우리나라 다문화 관련 법률 및 정책의 가장 큰 문제점은 여러 관련 기관에서 중복되어 다루고 있으며, 이를 총괄하는 법률 및 기관이 없어 비효율적으로 시행되고 있는 점인 것으로 나타났다. 따라서 이를 해결하기 위해서 (가칭)'다문화 통합법'의 제정, (가칭)'이민청'의 신설이 필요하다는 것이 대다수 전문가들의 공통된 의견이었다.

2) 시민의식 조사

일반시민 514명을 대상으로 우리나라의 다문화 관련 법률 및 제도에 대한 인식을 조사한 결과, 응답자의 87.0%가 다문화 관련 직종에 종사한 경험이 없고, 60.5%가 일상생활에서 다문화구성원을 만날 기회가 거의 없다고 응답하였다. 이를 통해 응답자의 대부분은 아직 다문화사회를 직접적으로 접한 경험이 많지 않음을 알 수 있다. 이는 현행 다문화정책(사업) 내용의 이해(숙지) 정도에 대해 '그렇지 않다'가 가장 높은 비율로 나타난 것과도 관련될 수 있다. 또한 이해(숙지)하고 있는 다문화 법률 및 정책(사업)도 교육분야에 치우쳐 있는 것으로 나타나 일반시민을 대상으로 한 다문화인식 개선과 이해 향상을 위한 교육이 보다 강화되어야 함을 알 수 있다. 설문 결과를 통해 응답자들도 다문화인식 개선을 위한 일반시민 대상 교육, 학생 대상 학교교육과 관련 정책강화의 필요성을 강하게 느끼고 있음을 확인할 수 있었다.

다문화 관련 법률 및 정책에 대한 낮은 이해도에는 법률 및 정책의 다양성과 담당 부처의 다양성으로 인한 복잡함과 중복성이 영향을 미칠 것이다. 설문 결과에서도 다문화정책통합법 제정의 필요성에 대한 인식이 평균 3.42점으로 매우 높게 나타났다. 일반시민의 다문화 관련 법률 및 정책의 이해도를 높이고 정책의 효율성과 효과성을 높일 수 있도록 다문화정책통합법의 제정에 대한 검토가 필요하다.

응답자들은 다문화 관련 통합법(정책)의 지원 분야 중 교육지원, 의료지원, 복지지원 등이 다문화구성원에게 공통적으로 필요하다고 인식하고 있었다. 반면 지방선거 투표권, 이중국적 등 정치적 권리와 국적부여에 대한 인식은 부정적인 것으로 나타났다. 특히 일정기간 이상 우리나라에 체류하고 있는 외국인에게도 지방선거 투표권이 부여되고 있는 제도가 현재 존재하고 적용되고 있음에도 대부분의 응답자가 아직 이를 알고 있지 못하며, 이에 대해 부정적으로 인식하고 있음을 확인할 수 있었다. 이는 일반시민을 대상으로 한 다문화 관련 법률 및 정책의 홍보와 교육이 강화되어야 함을 시사한다.

한편 다문화구성원이 자국의 고유문화를 유지할 수 있도록 지원하는 정책에 대해서는 긍정적으로 인식하고 있는 것으로 나타나 일반시민들이 다문화사회를 무조건적인 동화와 통합으로는 인식하고 있지 않으며, 다문화구성원의 고유문화를 존중하고 있음을 확인할 수 있었다. 그러나 동시에 우리나라 국적취득 시 한국에 대한 교육 강화, 한국어교육 강화 필요성을 매우 강하게 인식하고 있는 것으로 나타났다.

다문화 관련 통합법(정책)의 우선 지원 대상으로 국제결혼가정의 자녀와 합법적 외국인근로자가 가장 선호된 반면, 불법체류외국인과 난민, 재외국민에 대한 지원의 필요성은 가장 낮게 인식하고 있는 것으로 나타났다. 특히 다문화구성원별 지원정책에 대한 인식을 묻는 문항에서 불법체류외국인 지원정책에 대한 인식이 모두 평균 2.5점 이하로 나타나 일반시민들이 불법체류외국인에 대해 부정적인 인식을 매우 강하게 갖고 있는 것으로 드러났다. 다문화구성원 지원 여부 숙지 정도를 묻는 문항에서도 다른 다문화구성원에 대한 응답과는 다르게 불법체류외국인의 자녀에 대한 초등학교 교육지원이 이루어지지 않고 있다는 응답이 가장 높게 나타나 불법체류외국인에 대한 부정적인 인식이 반영되어 있음을 추측할 수 있다. '불법체류외국인에 대한 지원이 지나치다, 지원을 줄여야 한다, 지원 자체가 적절하지 않다'는 일반시민들의 인식을 검토하고, 불법체류외국인의 기본적 인권보장에 대한 부정적인 인식을 개선하기 위한 대안이 마련되어야 할 것이다.

한편 난민에 대한 인식도 전반적으로 매우 저조한 것으로 나타났는데, 난민이 국제적인 이슈로 주목받고 있는 현대사회에서 난민에 대한 지원 법령 및 정책의 미흡과 일반시민들의 인식 부족은 심도 있게 고려되고 개선되어야 할 부분이다. 우리나라도 북한이탈주민, 전 세계적인 난민의 유입에 직면하였다. 하지만 응답자들은 난민을 다문화 관련 통합 법(정책)의 우선 지원 대상으로 생각하고 있지 않았으며, 난민에 대한 지원 법령 및 정책에 대해 거의 모르고 있었다. 난민의 유입과 우리 사회에서의 공존에 대비할 수 있는 적절한 법령 및 정책, 교육, 홍보 방안이 필요할 것이다.

Ⅳ. 다문화 관련 법제의 개선 방안

Ⅳ. 다문화 관련 법제의 개선 방안

1. 현행 다문화 관련 법제의 문제점

앞서 살펴본 다문화 관련 법제의 현황에 대한 검토, 다문화 관련 전문가를 대상으로 한 델파이 조사 결과, 시민대상 설문조사 결과 등을 종합하여 다문화 관련 법제에 대한 인식과 문제점, 개선방안 등을 검토하였다. 이러한 작업들을 토대로 다문화 관련 법제의 문제점을 간단하게 정리하면 다음과 같다.

첫째, 다문화 관련 법제의 방향이 불명확하다. 다문화 관련 법제들은 각각 추구하는 방향과 목적뿐 아니라 대상이 다르다. 종합적 관점에서의 접근이 부족할뿐더러 여러 법제를 총괄하는 체계도 미흡하다. 각 대상별로 어떤 지향점을 가지고 어떻게 접근할 것인지에 대한 고찰이 필요하다.

둘째, 다문화 관련 법제 간의 연계가 부족하다. 다문화 관련 법제들이 제각기 존재함에 따라 내용이 중복되거나 특정한 영역에서는 공백이 생기는 문제가 발생하였다. 또한 법제별로 업무를 담당하는 정부부처나 기관이 다르다보니 유사한 업무가 중복되어 인력이나 예산에 있어 효율성이 저해되는 문제가 발생하기도 하였고, 중앙정부와 지방자치단체의 역할에 혼선이 발생하기도 하였다.

셋째, 다문화 관련 법제의 지원 대상이 결혼이민자와 그 자녀 위주로 한정되어 있다. 다문화구성원 중 결혼이민자와 그 자녀가 차지하는 비중을 고려할 때 법제에서 이들에 대한 지원이 많은 것은 당연하지만, 이들 이외의 다문화구성원이 소외되어서는 안 될 것이다. 외국인근로자나 미등록아동의 경우 관련 법제가 체계적으로 접근하지 못하거나 실질적으로 권리를 보장하지 못하는 부분들이 있는데, 이에 대한 검토가 필요할 것이다.

넷째, 다문화 관련 법제에 대한 부정적 인식이 존재한다. 많은 국민들이 다문화 관련 법제가 다문화구성원에 대해 과잉지원을 하하고 있으며, 이는 일반 국민들에 대한 역차별이라며 문제를 제기한다. 이러한 부정적 인식은 다문화 관련 법제에 대한 불신을 초래하므로 법제의 인식을 개선하기 위한 노력이 시급하다.

2. 외국 다문화 관련 법제의 특징

1) 캐나다

캐나다는 이민자로 국가가 형성된 소위 전통적 이민국가로서 다양한 문화를 가진 사람들이 국가 구성원이고 이들의 평화로운 공존을 위해 1971년 세계에서 최초로 다문화주의를 국가 공식정책으로 채택하였으며, 이는 1982년에 제정된 캐나다기본권헌법에도 반영되었다.

캐나다의 다문화 관련 법령으로는 국적법, 캐나다 다문화주의법, 이민 및 난민보호법 등이 있다. 캐나다 다문화주의법은 이민사회통합과 관련된 법률로, 다문화주의를 국가 운영의 기본 방향으로 하고 있음을 잘 보여준다. 또한 이민 및 난민보호법은 출입국관리 및 난민에 관한 기본적인 사항을 제시하는 기본법(framework legislation)의 성격을 띠고 있으며 상세 체류자격 등 이민법의 주요 세부사항은 이민 및 난민보호법 규정에서 정하고 있다.

캐나다는 1988년 제정된 캐나다 다문화주의법을 통해 “캐나다 연방정부는 인종, 국적, 피부색, 종교의 다양성이 캐나다 사회가 지니는 특성임을 자각한다. 다문화주의정책은 이러한 다양성을 보존, 계승하기 위하여 시행하는 것이며 모든 캐나다인은 경제, 사회, 문화, 그리고 정치적 분야에 걸쳐 동등한 위치에 있어야 한다”고 선포하고 있다. 또한 이민 및 난민보호법에 이민제도 전반의 기본사항을 정하고 이민 및 난민보호법 규정에서 영주자격과 비영주자격에 대하여 구체적인 사항을 체계적으로 기술하고 있다. 캐나다의 사례는 체계적인 이민정책을 수립하고 실행하는데 시사점을 줄 수 있다.

2) 독일

독일은 1970년 전후에 펼쳤던 소극적인 이민정책의 부정적인 결과를 개선하기 위해 2000년대 이후에는 이민자의 독일사회로의 적응과 공존을 위한 장기적인 사회적 통합에 중점을 두었다. 독일의 이민통합정책을 비롯한 다문화정책은 연방내무부가 총괄 · 조정한다. 특히 재외동포, 유럽시민, 망명 및 난민을 주요 정책 대상으로 하며, 이들의 사회 적응을 위한 언어교육과 직업교육 등을 제공한다. 연방내무부의 총괄하에 세부적인 다문화정책은 연방내무부 산하의 연방이민난민청이 주관한다. 연방이민난민청은 이민자와 난민 등의 거주, 독일어학습, 직업활동, 사회복지, 경제활동 등에 대한 전반적인 이민업무를 담당한다. 한편 외국인의 고용과 노동시장 통합정책은 연방노동사회부가 주관하고 있다. 각 주정부는 부처별 이민자 통합정책을 조정하고, 연방의 통합지원정책과 각 주의 상황을 함께 고려한 사회통합정책을 시행하고 있다. 지방자치단체는 각 지방의 외국인 거주율, 거주 형태 등을 고려한 통합정책을 시행하고 있다.

독일의 다문화 관련 법령은 이민법과 국적법으로 대표된다. 특히 이민법에는 제3국 출신 외국인의 체류에 관한 사항, 자유이전법, 난민법과 재외동포에 관한 사항 등이 종합되어 있다.

독일의 다문화정책 집행과 법령은 총괄 기관과 총괄 법령을 중심으로 개별 기관과 법령들이 하위에 포함되어 있는 형태이다. 다문화정책은 연방내무부를 중심으로, 연방내무부 산하의 연방이민난민청과 각 주정부, 지방자치단체를 통해 구체적인 업무가 집행된다. 다문화 법령은 이민법과 국적법을 중심으로 하위 법률들이 구체적인 사항을 규정하고 있다. 이러한 독일의 체계는 다문화 관련 법률 및 제도의 대상, 집행기관, 구체적인 정책 등이 중복되어 있는 우리나라가 법률 및 정책을 개선해 나가는데 큰 시사점을 준다.

3) 호주

호주는 이민에 의하여 건국된 만큼 출발부터 다문화국가로서의 성격을 가지고 있다. 1973년 이후 호주는 오랜 기간 동안 유지한 '백호주의' 기반의 이민정책을 폐기함으로써, 다양한 국가의 구성원들을 이민자로 받아들이고 있다. 다만 호주는 국가적 차원에서 '다문화주의'를 내세우고 있지만, 실상은 고급 기술이민자를 선별적으로 받아들이는 방향을 고수하고 있는 실정인 만큼, 우리나라는 호주의 이러한 정책에 대하여 신중하게 평가할 필요가 있을 것이다.

내각제를 기본으로 하고 있는 호주는 집권 정당 및 총리가 '다문화 관련 정책' 방향에 미치는 영향이 상당하다. 비교적 보수적인 편인 자유당은 기본적으로 이민에 반대하고, '하나의 호주'를 내세우는 한편, 비교적 진보적인 입장의 노동당은 '다문화주의'적 입장을 옹호한다. 이러한 과정에서 '다문화정책'은 정치인들이 선거 과정에서 중요한 논쟁점이 되기도 한다. 점차 다문화사회로 변모해가는 우리나라의 미래 모습도 이와 유사할 수 있으므로, '다문화'에 대한 국가 · 시민적 차원의 궁극적 방향에 대한 합의가 우선되어야 할 것이다.

호주는 중앙정부와 지방자치단체 간의 다문화 관련 협조 체계가 잘 마련되어 있다. 이민과 시민권 관련 업무는 연방에서, 이민자에 대한 지원에 관한 업무는 주정부에서 주로 다루고 있다. 우리나라의 경우 중앙정부와 지방자치단체 간의 업무가 중복되고, 이로 인한 예산 낭비가 심각한 상황이므로, 이러한 호주의 사례를 통해 개선방안을 모색할 필요가 있을 것이다.

3. 다문화 관련 법제의 개선방안 제안

우리나라의 이민법제는 재한외국인처우기본법을 제외하고는 출입국관리법을 중심으로 정책대상에 따라 재외동포의출입국과법적지위에 관한 법률, 외국인근로자의고용등에관한법률, 다문화가족지원법, 난민법 등 일종의 특별법 성격의 법률이 다수 제정되어 복잡한 특성을 가지고 있다. 우리나라가 재외동포, 단순기능외국인근로자, 다문화가족, 난민을 특별한 이민정책대상으로 삼는 나름의 합당한 정책적 이유가 있다. 하지만 이처럼 복잡한 법제는 체계적인 이민정책을 수립하고 실행하는 데 걸림돌이 된다. 이와 관련하여 (가칭)'다문화통합법(또는 이민법/이민사회통합법)'에 대한 논의를 검토해볼 필요가 있다. 다문화 법제의 핵심 영역인 출입국관리와 이민사회통합을 포괄하는 별도의 법률을 제정하여 다문화 사회의 사회통합이라는 목표를 체계적으로 추진하려는 것이다.

우리나라의 다문화 관련 법제를 개선하는 것은 크게 3단계로 나누어 추진할 수 있다. 먼저, 1단계에서는 다문화 관련 법제 전문가 집단을 구성

그림 3 다문화 관련 법제 개선방안

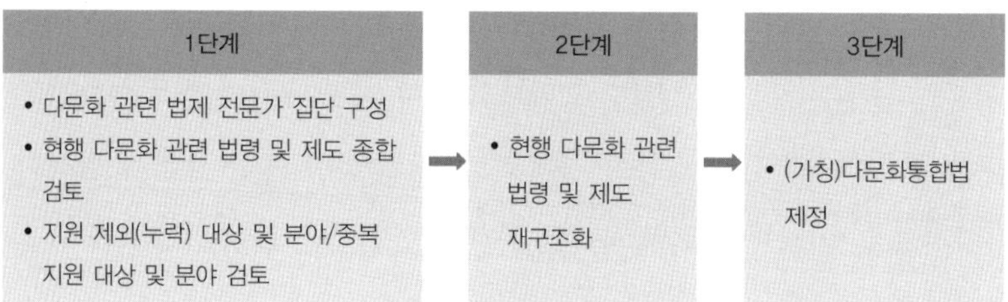

하여 '다문화통합법'제정의 방향을 제시하고, 세부적 단계에 대해 논의하도록 한다. 이 과정에서 다문화통합법의 도입 필요성에 대한 논의, 다문화통합법 도입에 대한 합의 도출, 현행 다문화 관련 법률 및 제도에 대한 종합적 검토가 필요할 것이다. 다문화 관련 법률 및 제도의 목적, 대상, 내용, 방향, 효과 등에 대해 다각적으로 분석하고, 이러한 법률 및 제도가 중복하여 지원하는 대상이나 분야가 있는 것은 아닌지, 지원에서 누락되거나 소외되는 대상이나 분야가 있는 것은 아닌지 면밀하게 확인하는 과정을 거쳐야 한다.

다음으로, 2단계에서는 현행 다문화 관련 법률 및 제도를 재구조화할 필요가 있다. 현재 존재하는 다문화 관련 법률 및 제도 간 위계를 정립하고, 1단계에서의 논의를 토대로 중복되는 부분을 통폐합하고, 누락된 부분을 보완하는 방안을 모색하는 것이 필요하다. 이 과정에서 다양한 목소리를 수용하고, 반영하려는 노력이 함께 수반되어야 한다. 특히 소수 전문가만의 논의가 아닌, 관련 업무 담당자들, 시민들의 의견을 수렴하는 노력이 필요하다.

마지막 3단계에서는 앞의 단계를 통해 도출된 사회적 합의를 토대로 (가칭)'다문화통합법'의 제정을 검토할 필요가 있다. 이와 관련하여, 캐나다나 독일의 사례는 우리에게 시사점을 제공한다. 캐나다의 경우 이민 및 난민보호법을 통해 이민제도 전반을 제시하고 있으며, 독일의 경우에도 외국인 체류, 난민 등에 관한 법률들을 종합한 총괄 법령으로 이민법을 두고 있다. '다문화통합법'은 다문화 관련 법령 및 제도의 중복이나 누락의 문제를 해소하고, 관련 부처 간의 업무 중복 등의 문제를 해결하여 보다 효율적으로 다문화사회에 대응하기 위한 방안이 될 수 있다.

한편, 다문화사회로 진입한 세계 각국이 '이민' 관련 정책을 전담하는 기구를 두고 있는 것에 비하면, 아직까지 우리나라는 공식적인 차원의 '이민정책'을 추진하는 기구를 마련하지 못하고 있다. 우리나라의 '이민 관련 정책'은 다문화가족 관련 정책(여성가족부), 외국인정책(법무부), 다문화교육 관련 정책(교육부), 외국인 인력 정책(고용노동부) 등 다양한 이름으로 시행되고 있으며, 이를 담당하는 행정부처도 제각각이다. 이는 다문화 관련 정책의 대상이나 범위의 중복, 예산 집행의 과도한 낭비, 정책적 소외 집단 출현 등 다양한 문제로 나타나고 있다. 또한 법무부의 '출입국 · 외국인정책 본부'에서 우리나라로 유입되는 외국인들을 관리하고 있는데, 점차 그 숫자가 늘어나고 있는 만큼, 이러한 문제들을 해결하기 위한 컨트롤타워의 마련이 시급한 상황이다.

우리나라의 '이민 관련 정책 기구' 마련을 위해서는 이미 '이민청'을 신설하여 운영하고 있는 다른 나라들의 현황을 참고할 필요가 있다. 특히 독일, 대만 등은 우리나라와 마찬가지로 사실상의 단일 민족 국가에서 다문화국가로 변화한 사례에 해당하므로, 우리나라에 시사하는 바가 크다. 독일의 경우를 보다 자세히 살펴보면 그림 4와 같다. 독일은 연방내무부 산하에 '연방이민난민청'을 두고 있으며, 이 연방이민난민청에서 북부, 중앙, 남부의 각 주별 이민정책 및 사회 통합 정책 등 다양한 업무를 총괄하고 있다.

우리나라에서 다문화 관련 정책을 총괄할 기구를 마련하기 위해서는 크게 3가지 단계의 노력이 필요하다. 1단계에서는 우선 다문화 관련 정책

그림 4 독일 연방이민난민청의 구성 및 역할

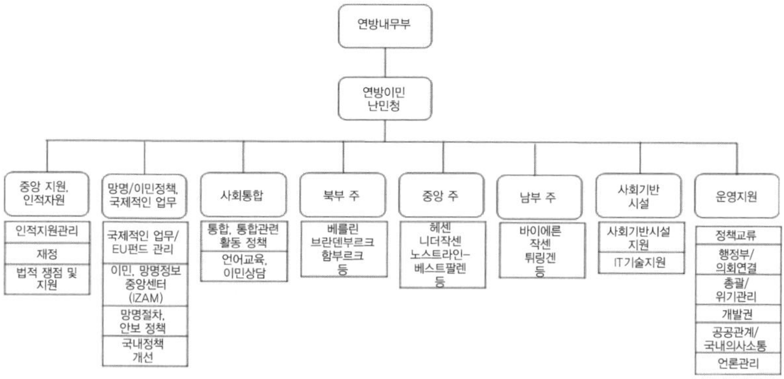

출처: 독일 연방이민난민청 홈페이지 http://www.bamf.de/DE/Startseite/startseite-node.html.

그림 5 다문화 관련 행정/정책집행 개선방안

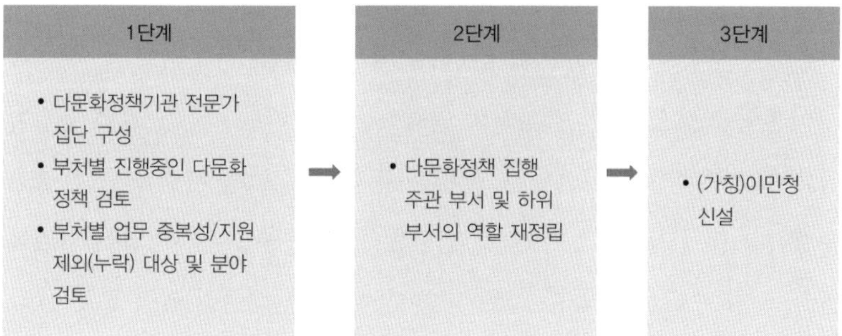

기관에 대한 전문가 집단을 구성함으로써 '이민청' 신설의 방향과 그 방법 등에 대한 큰 그림을 그려낼 수 있도록 한다. 사실 우리나라는 최근 급속하게 다문화에 대한 관심이 높아지기 시작했으며, 그와 관련한 정책도 기하급수적으로 증가하게 되었다. 이제는 다문화정책에 대한 양적 확대보다 질적인 측면을 고민할 시점이며, 이를 위해 전문가 집단의 협력을 통한 방향성 마련이 필요하다. 다음으로는 현재 각 부처에서 진행 중인 다문화 관련 정책을 검토할 필요가 있다. 앞서 여러 번 밝혔듯이, 우리나라의 각 행정부처는 각기 나름의 다문화 관련 정책을 추진하고 있다. 이러한 부처별 업무 중 중복되고 있는 부분을 파악하고, 지원에서 누락된 부분은 어떠한 것이 있는지 살핌으로써 다문화 관련 정책의 대상과 그 분야에 대하여 체계화할 필요가 있다.

2단계에서는 다문화 관련 정책을 집행하는 주관 부서 및 그 하위 부서의 역할을 재정립할 필요가 있다. 중앙정부 부처 간의 업무 체계화도 중요하지만, 특히 각 지방정부가 벌이고 있는 다양한 다문화 관련 정책 사업을 총괄하고, 이를 체계적으로 관리하는 시스템을 구축할 필요가 있다. 또한 이 과정에서 시민사회와의 협력이 필요한 경우도 많기 때문에 시민사회까지 포괄한 네트워크 체계를 구축하여야 한다.

이상의 과정을 거친 후 마지막 단계로 (가칭)'이민청'의 신설을 검토할 필요가 있다. (가칭)'이민청'은 현재의 다문화 및 이민 관련 모든 정책을 수립하고 이를 집행하는 역할을 담당한다. 구체적으로 이민청은 출입국관리, 체류 관리, 사회통합 업무, 국적 관련 정책, 외국인 인력 관련 정책, 재외동포에 관한 업무 등을 포괄적으로 다루며, 복지, 교육, 가족 정책 등에 대해서는 관련 부처와의 협력을 통해 다문화구성원들이 현재 우리나라의 국민들과 차별받지 않도록 하는 시스템 마련을 위해 노력을 기울일 필요가 있다.

V. 결 론

V. 결 론

1. 요약

세계화라는 문명사적 전환기를 맞이하여 대한민국은 급속도로 다인종 · 다문화사회로 변해가고 있다. 이로 인해 기존 한국인과 다문화구성원 전체가 함께 공존할 수 있는 새로운 가치관과 태도가 요구되고 있다. 소위 '다문화사회'로의 진입은 기존의 관습, 의식, 법규범, 제도 등의 포괄적인 변화를 야기한다.

다문화사회에 대한 대응은 크게 의식적 측면과 제도적 측면의 두 측면에서 진행된다. 의식적 측면에서는 기존 주류 집단과 이주민 집단의 가치관, 태도 개선을 위해 다양한 교육 프로그램을 활용하는 '다문화교육'이 중심이 된다. 하지만 의식적 개선만으로는 불충분하다. 의식 개선과 병행하여 이를 뒷받침할 수 있는 적절한 정책, 법령, 제도적 틀이 갖추어져야 한다. 이런 점에서 제도적 측면에서의 접근 또한 다문화 시대의 사회통합을 위해 커다란 중요성을 가진다.

입헌주의 법치국가인 대한민국에서 법은 확언적 성격을 가져야만 한다. 다문화로 인해 촉발된 복잡한 사회 변동의 양상을 법이라는 틀로 담아내어 적절하고도 공평하게 규정지을 수 있어야 한다. 더불어 다문화사회로의 원활한 변모를 위해서 제도적 뒷받침도 뒤따라야 한다. 이런 점에서 현행 다문화 관련 법률과 제도를 면밀히 분석하여 그 특징과 문제점을 살펴볼 필요성이 있다. 나아가 이들의 개선방안이 무엇인지 다각도로 모색하여, 일정한 대안을 제시하는 과정 또한 필요하다. 이에 본 연구에서는 먼저 다문화 관련 법제의 현황을 살펴보고, 분석틀에 따른 분석 및 전문가 델파이를 토대로 문제점을 도출한 후, 이에 대한 개선방안을 제시하고자 하였다.

■ 다문화 관련 헌법 및 국제법적 기초

우리나라 헌법 전문과 제9조에서는 '민족의 단결'과 '민족문화의 창달'을 국가적 의무로 강조하는 등 민족주의적 가치를 강조하고 있다. 또한 기본권의 주체를 원칙적으로 '국민'으로 한정하고 있는데, 이는 주권국가, 국민국가를 기초로 하는 헌법의 특성상 당연한 결과라고 볼 수 있다(권오현 외, 2013, p.76).

그럼에도 불구하고 우리나라 헌법에서는 국민의 권리와 보편적인 인간의 권리를 뚜렷하게 구분하여 기술하고 있지 않아, 외국인의 기본권 주체성을 인정할 여지도 개방하고 있다. 또한 헌법 제6조에서는 조약과 국제 사회의 보편적인 국제 법규에 대하여 우리나라 국내법과 동일한 효력을 인정하고 있으며, 외국인의 지위를 상호주의에 입각해 보장할 수 있는 근거를 규정하고 있다.

이외에도 다문화 관련 국제 법규가 존재한다. 먼저 '이주노동자와 그 가족의 권리 보호에 관한 국제협약'은 이주노동자와 그 가족을 보호하는 것을 목적으로 이들의 자유권, 사회권, 참정권을 광범위하게 보장하는 내용을 담고 있다. 심지어 불법체류노동자 2세들의 교육권까지 보장하고 있다. 또 '아동의 권리에 관한 협약'은 주로 다문화가정 및 이주민, 불법체류자 등의 2세들을 대상으로 하는 차별을 철폐하고, 교육 기회를 제한하지 않을 것 등의 내용을 담고 있다. 그러나 이러한 국제 법규에 따른 보호가 실질적으로 이루어지고 있는지에 대해 의문이 제기될 뿐 아니라, 이를 바라보는 국민들의 인식 역시 상당히 냉담한 것이 현실이다.

이처럼 헌법과 국제법상의 다양한 내용들은 다문화 개념을 중심에 두고서 긴장 관계에 놓여 있다. 하지만 각각의 조항과 법규들은 나름대로의 목적과 필요성하에서 제정되거나 체결된 것이다. 이들의 상호 조화 가능성을 검토하고 개선방안을 도출하는 것이 시급한 과제라고 할 수 있다.

■ 국적법 및 출입국관리법 이해 및 분석

국적법은 헌법 제2조 제1항("대한민국의 국민이 되는 요건은 법률로 정한다")에서 규정하고 있는 대한민국의 '국민'이 되기 위한 요건을 규정하고 있는 법률이다. 영국, 미국, 캐나다, 오스트레일리아, 뉴질랜드 등이 속지주의를 기본 원칙으로 삼는 것과 달리, 우리나라 국적법은 부모의 혈통을 중심으로 하는 속인주의를 국적 부여의 기본 원칙으로 삼고 있다. 현행 법률에 따라 외국인이 대한민국 국민이 되기 위해서는 귀화 절차를 거쳐야 한다.[1] 국적과 관련한 다양한 경우들이 생기고 이로 인한 문제가 발생함에 따라 국적 회복 제도나 복수국적 제도 등 현실과의 간극을 좁혀 나가기 위한 법률 개정이 계속해서 진행되고 있다.

1) 한국인 부모를 둔 미성년의 외국인에게 인정하는 '인지'의 경우는 예외.

또한, 출입국관리법은 국민과 외국인의 출입국 관리, 외국인의 체류 관리 및 난민 인정 절차에 관한 일반적인 내용을 다루고 있는 법률로, 외국인에 관한 준거 개념이 제시되고 있고 영주 체류 자격에 대한 내용도 제시되고 있기 때문에 외국인의 지위와 권한과 관련하여 중요한 역할을 담당한다. 일정한 요건을 갖춘 외국인 거주자에 대하여 주민투표, 주민소환, 주민발안 제도의 참여를 허용하는 등 다원화, 다문화 흐름에 맞춰 상당 부분 개정되어 왔으나, 외국인의 체류, 난민 등과 관련하여 여러 가지 쟁점들이 발생하고 있다.

■ 교육 관련법

교육 영역은 다문화구성원의 삶의 질을 결정짓는 중요한 요소이다. 왜냐하면 일반적으로 이주민 2세에게 가장 문제가 되는 두 가지 요소가 '국적' 문제와 '교육' 문제이기 때문이다. 실제 이주민 2세의 교육을 위한 국내법적 기반은 취약한 실정이다.

다문화와 관련된 교육 관련법으로는 교육기본법, 초 · 중등교육법, 초 · 중등교육법시행령 등이 있다.

우리나라 교육기본법 제4조에서는 인종 등에 따른 차별을 금지하고 있지만, 실상 외국인에 관한 규정은 없다. 또한 다른 다문화 관련 법에서 교육에 관련된 부분을 다루고 있는 것과 달리, 정작 초 · 중등교육법에서는 다문화교육과 관련된 내용이 거의 다루어지고 있지 않다. 또한 초 · 중등교육법시행령 제19조에서는 외국인노동자 자녀의 초등학교 입학을 보장하고 있으나, 법률이 아닌 시행령이고 입학 여부가 학교장의 재량사항으로 규정되어 있어 미등록아동의 경우 실효성이 떨어진다는 지적이 있다. 미등록아동에 대한 최소한의 교육권을 보장하기 위한 현실적인 정책이 필요할 것이다.

■ 노동 및 사회보장 관련법

먼저 다문화가족지원법은 다문화가족구성원이 안정적인 가족생활을 영위할 수 있도록 함으로써 이들의 삶의 질 향상과 사회통합에 이바지함을 목적으로 하는 법률로 2008년부터 시행되고 있다. 다문화가족지원을 위한 기본계획을 수립하고, 이와 관련하여 국가와 지방자치단체의 책무를 규정함으로써 다문화구성원에 대한 실질적인 도움과 조력을 제공하는 내용을 담고 있다.

다음으로 '외국인근로자의 고용 등에 관한 법률'은 외국인노동자와 직접적으로 관련된 법률로, 외국인 인력 제도를 총괄하고 있다. 이 법의 취지는 외국인노동자를 합법적으로 고용할 수 있게 하면서 다른 한편으로는 불법체류자를 엄격하게 관리하는 것이다. 하지만 이 과정에서 외국인노동자의 노동권 침해, 외국인노동자의 가족구성권 침해의 문제가 발생한다는 비판이 제기되고 있으며, 본 법률과 그 시행령의 반복적인 개정에도 불구하고 여전히 불법체류자의 문제는 해결되지 않고 있다.

한편, 재한외국인처우기본법은 외국인정책의 체계적 수립 및 추진체계를 마련하고 재한외국인이 처우에 관한 기본적인 사항을 정하기 위한 목적으로 제정된 것이며, 다문화정책 및 사회통합의 기본방향을 제시하고 있다. 이 법은 국가와 지방자치단체에게 재한외국인의 처우에 대한 증진 노력을 할 책무를 선언하고 있는 기본법적인 성격, 프로그램적 성격을 지니고 있을 뿐 구체적인 권리와 의무를 규정하고 있지는 않다. 따라서 재한외국인을 동화를 위한 지원 대상으로서만 바라본다는 비판과 그 적용대상 및 지원범위가 제한적이라는 비판, 주무부서가 분산되어 있고 규정문언의 실효성이 떨어진다는 비판을 받는다.

또한 사회보장기본법, 국민건강보험법, 국민연금법, 산업재해보상보험법, 고용보험법 등 사회보장과 관련하여 시행되고 있는 법률 또한 다문화 구성원에 대해 어떻게 적용할 것인가의 문제를 고민할 필요가 있다.

2. 제언

앞서 살펴본 다문화 관련 법제의 현황에 대한 검토를 토대로 다문화 관련 법제를 분석하는 분석틀을 구성하여 분석하였다.[2] 또한 다문화 관련 전문가를 대상으로 델파이 조사를 실시하여 다문화 관련 법제에 대한 인식과 문제점, 개선방안 등을 조사하였다.[3] 이러한 연구를 토대로 다문화 관련 법제에 관련하여 몇 가지를 문제점을 살펴보고자 한다.

첫째, 여러 다문화 관련 법제의 목적이나 방향이 서로 상이하다는 문

2) 분석틀은 각 법의 내용을 정부 차원과 개인(대상자) 차원으로 나누고, 정부차원은 운영주체, 계획 수립, 생활 지원, 연구, 예산, 강제규정 등에 대한 내용으로, 개인차원은 가정생활, 학교 생활(교육 등), 직장 생활(근로 등), 사회 생활 등에 대한 내용으로 구분하였다. 정부 차원과 개인 차원으로 별도로 분류하기 어려운 것은 기타로 분류하였다.

3) 델파이 조사는 학계, 정부, 관련 기관의 전문가를 대상으로 이메일로 실시하였다.

제가 있다. 이는 결국 다문화정책상 지원이 중복되거나, 혹은 지원에서 소외되는 등의 문제로 귀결된다. 따라서 다문화 관련 법률 및 제도상에서 포함되는 다문화 대상은 누구인지, 그리고 관련 법제 마련을 통해 궁극적으로 추구하는 바는 무엇인지 등에 대한 합의가 필요하다.

둘째, 다문화 관련 법제의 연계 부족으로 인한 정책상 문제가 나타난다. 이는 앞서 살펴본 다문화 관련 법제의 목적 및 방향의 문제와도 관련된다. 현재 우리나라의 다문화 관련 법제를 살펴보면, 구체적으로 이를 담당하는 정부 부처나 기관이 각기 다른 것을 알 수 있다. 또한 정부 부처나 기관이 서로 연계되어 있지 않기 때문에 과도하게 다문화정책을 쏟아내는 문제점이 발생하고 있다. 구체적으로는 서로 유사한 업무가 중복되어 인력이나 예산에 있어 효율성이 떨어지기도 하고, 중앙정부와 지방자치단체의 역할에 있어 혼선이 발생하기도 하였다. 이는 전문가 델파이 조사 결과에서도 지적된 문제점이며, 일반 시민들이 과도한 다문화 관련 정책으로 오히려 반감을 갖게 하는 요인이 되기도 한다.

셋째, 다문화 관련 법제의 지원 대상이 결혼이민자와 그 자녀 위주로 한정되어 있다. 다문화구성원 중 결혼이민자와 그 자녀가 차지하는 비중을 고려할 때 법제에서 이들에 대한 지원이 많은 것은 당연하지만, 이들 이외의 다문화구성원이 소외되어서는 안 될 것이다. 외국인근로자나 미등록아동의 경우 관련 법제가 체계적으로 접근하지 못하거나 실질적으로 권리를 보장하지 못하는 부분들이 있는데, 이에 대한 검토가 필요하다고 할 것이다.

넷째, 다문화 관련 법제에 대한 부정적 인식이 존재한다. 많은 국민들이 다문화 관련 법제가 다문화구성원에 대해 과잉지원을 하여 일반 국민들에 대한 역차별이라는 문제를 제기한다. 이러한 부정적 인식은 다문화 관련 법제에 대한 불신을 초래할 뿐 아니라 법제의 인식을 개선하기 위한 노력이 시급하다.

다문화 관련 법제가 다문화사회로의 변화에 부응하고, 보다 실효성을 갖추기 위해서는 다음과 같은 내용에 대한 고찰이 필요해 보인다.

첫째, 다문화 관련 법제를 총괄하는 (가칭)'다문화통합법' 또는 (가칭) '이민통합법'의 제정에 대해 검토할 필요가 있다. 물론 현실적으로 여러 법제를 포괄하는 차원의 다문화통합법 혹은 이민통합법을 만드는 것은 쉽지 않은 일이다. 하지만 우리나라 다문화 관련 법제의 가장 큰 문제점으로 나타난 체계 부족, 목적이나 방향의 상이함 등을 해결하기 위해서는 이를 포괄할 수 있는 차원의 법률 마련이 가장 시급하다. 이러한 노력을 통하여 1차적으로는 다문화 관련 부처 간 업무 중복 문제를 해결하고, 정책적 효율성을 높일 수 있으며, 궁극적으로는 우리 사회가 보다 진정한 의미의 다문화사회로 나아가도록 할 것이다.

둘째, 다문화 관련 정책 및 사업을 총괄하는 (가칭)'이민청'의 신설에 대해 검토할 필요가 있다. 여러 해외 사례를 분석한 결과, 우리나라보다 먼저 다문화구성원을 맞이하였던 국가들은 대부분 이민청에 해당하는 총괄 기구를 마련하고 있었다. 우리나라도 이제는 보다 중장기적 관점에서 다문화 관련 정책을 수립, 집행하고 사업을 추진할 컨트롤타워로서 역할을 담당할 이민청의 도입에 대해 신중하게 논의하여야 할 것이다.

참고문헌

경기도다문화교육센터 편(2009). 『다문화교육의 이론과 실제』. 양서원.

고상두 · 하명신(2010). "개정국적법 및 이민법을 중심으로". 『국제정치논총』 제50권 제1호, pp. 421-443.

공수진 · 박민영 · 이동호(2011). "보편적 인권과 주권국가: 이주노동자권리협약 비준을 위한 국내법제의 검토". 『공익과 인권』 9(단일호), pp.3-38.

권오현 외(2013). 『다문화교육의 이해』. 서울대학교출판문화원.

김경제(2014). "대한민국 출입국관리법에 대한 비판적 고찰". 『일감법학』 제29호, pp.3-28.

김남국(2010). "다문화의 도전과 사회통합: 영국, 프랑스, 미국 비교 연구". 『유럽연구』 제28권 제3호, pp.165-169.

김미나(2009). 『다문화 교육정책의 추진 체계 및 정책 기제 연구: 행위주체별 정책목표와 수단을 중심으로』. 숙명여자대학교 다문화통합연구소.

김영란(2012). "독일과 한국의 다문화가족 정책에 대한 고찰-다문화가족 관련 법제와 현황을 중심으로". 『다문화콘텐츠연구』 제13권, pp.31-67.

김영란(2015). "독일과 한국의 다문화가족 정책에 대한 고찰-다문화가족 관련 법제와 현황을 중심으로".

김용찬(2006). "영국과 독일의 상이한 이주유형 비교연구". 『현상과 인식』 제30권 제3호, pp.151-174.

김이선 · 황정미 · 이진영(2007). 『다민족 · 다문화사회로의 이행을 위한 정책 패러다임 구축(Ⅰ)』. 한국여성정책연구원.

김정규(2010). "미국, 캐나다, 호주의 다문화주의 비교연구". 『사회 이론』 제37권, pp.159-203.

김진중(2015). "캐나다와 호주의 다문화와 이민정책 비교 연구". 목원대학교 산업

정보언론대학원 석사학위논문.

김환학 · 오정은 · 최서리 · 한태희 · 이승복 · 박가영 · 신혜진(2012). 『주요국가의 이민정책 — 추진체계 및 이민법』. IOM이민정책연구원 이민정책 연구총서 2. IOM이민정책연구원.

나달숙(2013). “국내이주민의 현황과 법제도적 보장에 관한 연구”. 『법학논총』 제37호 제4호, pp.3-36.

노승용(2006). “델파이 기법 (Delphi Technique): 전문적 통찰로 미래예측하기”. 『국토』(구 국토정보)(구 국토정보다이제스트), pp.53-62.

박성혁 · 곽한영(2008). “다문화교육 관련 법령의 문제점과 개선방향”. 『교과교육학연구』 제12권 제3호, pp.687-707.

박진근(2013). “다문화구성원에 있어 국적취득의 법적 개선방향”. 『한양법학』 제43집, pp.495-517.

박진완(2010). “이주노동자권리협약에 규정된 권리들의 헌법적합성에 대한 검토”. 『세계헌법연구』 제16권 제2호, pp.139-170.

박채복(2007). “독일의 이주자정책: 사회적 통합과 배제의 딜레마”. 『한독사회과학논총』 제17권 제1호, pp.293-319.

박혜진(2011). “국제법상 이주노동자의 보호에 관한 연구”. 성균관대학교 대학원 석사학위논문.

법무부(2006). 『각국의 국적관계법(Ⅲ)』. 법무부.

서원상(2011). “다문화사회의 법적 기반에 관한 소고 — 국제인권법을 중심으로”. 『법학연구』 제21권 제1호, pp.161-190.

송오식(2013). “사회통합 내지 공존을 위한 다문화가족법제모색”. 『법학논총』 제33권 제1호, pp.31-68.

신재주(2010). “일본, 독일, 호주의 다문화정책에 관한 비교연구”. 『사회과학연구』 제17권 제3호, pp.5-37.

심성보(2014). “호주 다문화주의의 역사적 변화와 다문화교육 정책”. 『초등도덕교육』 제45권, pp.183-208.

우기봉(2011). “이민행정 법제에 관한 국제적 비교연구”. 동아대학교 대학원 박사 학위논문.

이경희(2010). “다문화가족지원법의 문제점과 개선방향”. 『법학논고』 제32권, pp.509-536.

이금로(2010). “복수국적 허용의 국적법 개정과 의의”. 『홍익법학』 제11권 제2호, pp.97-126.

이병렬 · 김희자(2011). “캐나다, 호주, 독일, 프랑스 난민정책의 특성에 대한 연구”. 『한국사회정책』 제18권 제2호, pp.33-68.

이종성(2001). 『델파이 방법』. 서울: 교육과학사.

장덕호(2015). “현행 다문화교육 관련 법제의 문제점 고찰 및 개선 방향 탐색에 관한 연구”. 『교육법학연구』 제27권 제1호, pp.163-189.

장선희(2014). “독일의 이민정책의 변화와 사회통합 관련법제에 관한 연구 — 독일이민법을 중심으로”. 『법학연구』 제55권 제4호, pp.31-58.

전경근(2015). “다문화가족지원법제의 현황과 개선방안”. 『저스티스』 제146권 제2호, pp.293-314.

전영기 · 최은수(2014). “사회 통합을 위한 호주의 이민정책과 이민자 정착지원 프로그램 — 성인이민자영어교육프로그램(AMEP)을 중심으로”. 『평생교육 · HRD연구』 제10권 제2호, pp.51-75.

정상우(2008). “호주의 다문화주의 정책과 법”. 『외국법제정보』 제10권, pp.85-99.

정상우 · 박지인(2015). “다문화교육을 위한 법체계 분석과 입법 대안 모색”. 『교육법학연구』 제27권 제2호, pp.25-55.

정종섭(2008). 『헌법학원론』 박영사.

조규범(2010). “다문화사회를 위한 입법론적 소고”. 『미국헌법연구』 제21권 제1호, pp.345-390.

조규범(2011). “다문화사회를 위한 입법적 대응방향”. 『현대사회와다문화』 제1권, pp.34-64.

조상균 · 이승우 · 전진희(2006). “다문화가정지원법제의 현황과 과제”. 『민주주의와 인권』 제8권 제1호, pp.147-174.

조항록(2011). “다문화가족 관련 법령 · 제도의 검토와 개선 방안”. 『나라사랑』 제120집, pp.32-58.

채형복(2008). “국제이주노동자권리협약에 대한 고찰”. 『법학논고』 제29권, pp.339-365.

최경옥(2010). “한국의 다문화가족지원법상 이주근로자와 그 가족의 기본권”. 『공법학연구』 제12권 제1호, pp.21-62.

최경옥(2012). “한국에서의 다문화가정 아동의 교육권”. 『공법학연구』 제13권 제1호, pp.307-339.

최윤철(2013). “다문화사회로의 변화에 따른 입법적 대응 — 입법원칙을 바탕으로 —”, 『저스티스』 통권 제134-2호, pp.273-297.

최윤철(2016). “한국 이주법제의 변천과 전망”. 『일감법학』 제33호, pp.505-532.

한경구 · 설동훈 · 이철우 · 이충훈 · 이혜경 · 정기선 · 한건수(2012). 『해외 각 국의 이민정책 추진체계 연구』. 법무부 출입국 · 외국인 정책 본부.

한태의(2015). “출입국관리법상 외국인 체규자격법제 개선방안 연구 — 캐나다 사계와 비교를 중심으로”. 동국대학교대학원 박사학위논문.

황정미(2010). “다문화시민 없는 다문화교육 — 한국의 다문화교육 아젠다에 대한 고찰”. 『담론 201』 제13권 제2호, pp.93-123.

Lopez, M.(2000). *The origins of multiculturalism in Australian politics 1945-1975*. Melbourne University.

부 록

1. 전문가 델파이 조사지(1차)

『다문화 관련 법률 및 제도』 개선방안 도출을 위한 전문가 의견 조사서

안녕하십니까? 다문화 관련 연구 및 업무에 헌신하시는 선생님께 감사의 인사를 먼저 올립니다. 저희 연구진은 아산사회복지재단의 학술연구 지원사업의 일환으로 '다문화 관련 법률 및 제도 개선'을 주제로 하는 연구를 수행 중에 있으며, 본 설문 조사는 다문화 관련 법률 및 제도에 관한 현장 전문가들의 목소리를 담아내기 위한 목적을 지닙니다. 기존 다문화 관련 법률 및 제도의 문제점을 보완하고, 보다 내실 있고 실현가능한 법률 및 제도를 제안할 수 있도록 도와주시기를 간곡히 부탁드립니다.

설문 소요 시간은 20분~30분 내외이며, 완성된 설문지 파일은 아래 '설문지 제출처'의 메일 주소로 보내주시면 감사하겠습니다. 또한 소정의 사례비를 지급하여 드릴 예정이오니, 설문지 마지막 부분의 개인 인적 사항을 묻는 항목에 반드시 기입해 주시기 바랍니다. 본 설문에 참여해 주셔서 다시 한 번 감사의 말씀을 전하며, 2016년 한 해에도 선생님의 가정에 건강과 사랑이 가득하시길 기원합니다.

2016년 3월

책임연구원: 박성혁(서울대학교 교수)

▣ 문의전화 : ▣ 팩스 :

▣ 연구본부 :

▣ 설문지 제출처 :

1. 다문화 관련 법률 및 제도 전반에 대한 평가

(1) 현행 법률 및 제도 관련

1. 선생님께서 생각하시기에 현재 우리나라에서 시행되고 있는 다문화 관련 법률 및 정책 중에서 가장 효과적이라고 생각하는 것은 무엇이고, 그 이유는 무엇인지 우선순위에 따라 3가지 이내로 적어주시기 바랍니다.

1순위	법률 및 정책 : 이유 :
2순위	법률 및 정책 : 이유 :
3순위	법률 및 정책 : 이유 :

2. 선생님께서 생각하시기에 현재 우리나라에서 시행되고 있는 다문화 관련 법률 및 정책 중에서 가장 개선이 필요하다고 생각하는 것은 무엇이고, 그 이유는 무엇인지 우선순위에 따라 3가지 이내로 적어주시기 바랍니다.

1순위	법률 및 정책 : 이유 :
2순위	법률 및 정책 : 이유 :
3순위	법률 및 정책 : 이유 :

(2) 문제점 및 개선 방안 관련

1. 아래의 항목은 일반적으로 많이 거론되는 다문화 관련 법률 및 제도 관련 문제점입니다. 선생님께서 생각하시기에 아래의 항목 중 가장 중요하다고 판단되는 문제점 5가지의 항목 번호를 순위 구별 없이 적어 주시기 바랍니다.
   (기타를 선택하신 경우 그 내용에 대해서도 함께 적어 주시기 바랍니다.)

1) 다문화 관련 법률 및 제도의 내용 미비 2) 다문화 관련 법률 및 제도의 방향성 불명확 3) 다문화 관련 법률 및 제도의 대상 중복 4) 다문화 관련 법률 및 제도 간의 연계 부족 5) 다문화 관련 법률 및 제도 구현을 위한 예산 부족 6) 다문화 관련 법률 및 제도의 비현실성 7) 다문화 관련 법률 및 제도의 남발 8) 다문화 관련 법률 및 제도의 총괄 체계 미흡 9) 다문화 관련 법률 및 제도 관련 종사자의 전문성 부족 10) 기타

항목 번호	

2. 아래의 항목은 일반적으로 많이 거론되는 다문화 관련 법률 및 제도의 개선 방안들입니다. 선생님께서 생각하시기에 아래의 항목 중 가장 중요하다고 판단되는 개선 방안 5가지의 항목 번호를 순위 구별 없이 적어 주시기 바랍니다.
(기타를 선택하신 경우 그 내용에 대해서도 함께 적어 주시기 바랍니다.)

1) 다문화 관련 법률 및 제도의 내용 정비
2) 다문화 관련 법률 및 제도의 기본 방향 통일
3) 다문화 관련 법률 및 제도의 내용 명료화
4) 다문화 관련 법률 및 제도 간의 연계 시스템 구축
5) 다문화 관련 법률 및 제도 구현을 위한 예산 확충
6) 다문화 관련 법률 및 제도의 현실 적합성 강화
7) 다문화 관련 법률 및 제도 통 · 폐합
8) 다문화 관련 법률 및 제도를 총괄하는 '다문화 통합법' 신설
9) 다문화 관련 법률 및 제도 관련 종사자 전문성 확보를 위한 교육 · 훈련
10) 기타

항목 번호	

3. 선생님께서 생각하시기에 현재의 다문화 관련 법률 및 제도 중 개선되어야 할 부분은 무엇인지, 왜 그러한지에 대해 분야별로 자유롭게 적어 주시기 바랍니다.
(한 분야의 의견이 여럿일 경우, 번호를 매겨 각각을 적어 주시기 바랍니다.)

분야	내용
경제 분야	관련 법률 및 정책 : 개선 방향 및 방안 : 이유 :
노동 분야	관련 법률 및 정책 : 개선 방향 및 방안 : 이유 :
문화 분야	관련 법률 및 정책 : 개선 방향 및 방안 : 이유 :
교육 분야	관련 법률 및 정책 : 개선 방향 및 방안 : 이유 :
의료 분야	관련 법률 및 정책 : 개선 방향 및 방안 : 이유 :
복지 분야	관련 법률 및 정책 : 개선 방향 및 방안 : 이유 :
기타	관련 법률 및 정책 : 개선 방향 및 방안 : 이유 :

2. 개별 다문화 관련 법률 및 제도에 대한 평가

(1) 국적법

1. 우리나라의 국적법은 국적 취득에 대해 기본적으로 혈통주의의 입장을 취하고 있습니다. 이에 대해 다문화가정의 문제에 적극적으로 대응하기 위해서는 거주지주의(더 나아가 출생지주의)를 수용하는 방안과 간이귀화의 요건을 완화하는 방안 등이 제시되고 있습니다. 이에 대한 선생님의 의견은 어떠하십니까?

2. 현재 우리나라는 결혼이민자의 경우 귀화적격심사 중 일부를 면제하는 등 귀화요건을 완화해주고 있습니다. 이에 대해 결혼이민자의 신속하고 안정적인 한국사회 정착을 위해 꼭 필요한 조치라는 입장과 한국사회에 대한 이해가 낮은 상태에서 지나치게 요건을 완화하는 것이 부적절하다는 입장이 있습니다. 결혼이민자의 귀화요건에 대한 선생님의 의견은 어떠하십니까?

3. 기타 국적법과 관련하여 쟁점이 된다고 판단하는 사안이 있다면 어떤 것입니까? 쟁점과 그에 대한 선생님의 견해를 간단하게 적어주십시오.

(2) 출입국관리법

1. 우리나라는 비전문 외국인 근로자에 대해 E9 비자를 발급하고 있습니다. E9 비자를 발급받고 입국한 경우 단기 체류를 원칙으로 하고 있고, 귀화나 영주권 취득이 불가능한 상황입니다. 비숙련 외국인 근로자의 영주권 취득이나 국적 취득에 대한 법제 및 정책에 대한 선생님의 의견은 어떠하십니까?

2. 우리나라는 비전문 외국인 근로자의 경우 가족의 이주에 관한 규정이 포함되어 있지 않기 때문에 가족 해체를 초래하고 있다는 지적이 있습니다. 특히 이 부분은 전문 외국 인력의 경우 가족의 초청, 동반입국이 어느 정도 보장되는 것과 비교가 되기도 합니다. 이에 대한 선생님의 의견은 어떠하십니까?

3. 기타 출입국관리법과 관련하여 쟁점이 된다고 판단하는 사안이 있다면 어떤 것입니까? 쟁점과 그에 대한 선생님의 견해를 간단하게 적어주십시오.

(3) 외국인 근로자 고용 등에 관한 법률

1. 외국인 근로자의 경우 법적으로 국내 노동자와 동일한 임금, 노동조건 등 노동권을 보장받고 있습니다. 하지만 현실적으로는 이러한 권리들이 충분히 보장받지 못하고 있는 경우도 발생합니다. 이에 대한 선생님의 의견은 어떠하십니까?

2. 외국인 근로자 고용 등에 관한 법률에는 비전문 외국인 근로자의 경우 입국한 날로부터 3년의 범위에서 취업활동을 할 수 있으며, 1회에 한정하여 2년 미만의 범위에서 취업활동 기간을 연장받을 수 있다고 규정하고 있습니다. E9 비자로 입국한 비전문 외국인 근로자 중 자신의 업무에 숙련된 노동자를 선발하여 다른 비자로 전환하여 주는 제도의 도입에 대해 선생님의 의견은 어떠하십니까?

3. 외국인 근로자 고용 등에 관한 법률에 따르면 비전문 외국인 근로자들은 원칙적으로 최초 고용허가를 받은 사업장에서 계속 취업해야 하지만, 입국한 날로부터 3년 이내의 취업가능기간 중에는 원칙적으로 3회, 재고용절차에 따라 체류기간이 연장된 기간 중에는 2회까지 사업장을 변경할 수 있습니다.(사업장의 휴·폐업, 기타 근로자의 책임이 아닌 사유로 사업장을 변경한 경우는 횟수 산정에서 제외) 선생님께서는 이러한 사업장 변경 횟수 제한과 관련하여 이를 더 확대하는 방안에 대해 어떻게 생각하십니까?

4. 기타 외국인 근로자 고용 등에 관한 법률과 관련하여 쟁점이 된다고 판단하는 사안이 있다면 어떤 것입니까? 쟁점과 그에 대한 선생님의 견해를 간단하게 적어주십시오.

(4) 다문화가족 지원법

1. 다문화가족 지원법 제2조의 다문화가족에 대한 정의를 살펴보면, 일방의 배우자가 대한민국 국민이어야 한다고 규정하고 있습니다. 이 조항으로 인하여 예상되는 문제점은 없는지 선생님의 의견을 제시해 주시고, 개선방안에 대하여 자유롭게 기술하여 주시기 바랍니다.

> 제2조(정의) 이 법에서 사용하는 용어의 뜻은 다음과 같다. 〈개정 2011.4.4.〉
>
> 1. "다문화가족"이란 다음 각 목의 어느 하나에 해당하는 가족을 말한다.
>
> 가. 재한외국인 처우 기본법 제2조제3호의 결혼이민자와 국적법 제2조부터 제4조까지의 규정에 따라 대한민국 국적을 취득한 자로 이루어진 가족
>
> 나. 국적법 제3조 및 제4조에 따라 대한민국 국적을 취득한 자와 같은 법 제2조부터 제4조까지의 규정에 따라 대한민국 국적을 취득한 자로 이루어진 가족
>
> 2. "결혼이민자등"이란 다문화가족의 구성원으로서 다음 각 목의 어느 하나에 해당하는 자를 말한다.
>
> 가. 재한외국인 처우 기본법 제2조제3호의 결혼이민자
>
> 나. 국적법 제4조에 따라 귀화허가를 받은 자

2. 기타 다문화가족 지원법과 관련하여 쟁점이 된다고 판단하는 사안이 있다면 어떤 것입니까? 쟁점과 그에 대한 선생님의 견해를 간단하게 적어주십시오.

(5) 교육관련 법(유아교육법, 교육기본법, 초 · 중등 교육법)

1. 우리나라는 1991년 유엔아동권리협약의 비준으로 부모의 체류 자격 등과 관계없이 그 자녀의 교육권을 보장할 의무가 있습니다. 이에 따라 한국 국적을 보유하지 않은 다문화가정 자녀의 경우에도 의무 교육을 받을 수 있도록 법적으로 보장하고 있습니다. 이에 대하여 한국 국적이 없는 다문화가정의 자녀에 대해서도 일반 국민과 같은 정도의 동등한 교육권을 보장하자는 의견이 있는데, 선생님의 의견은 어떠하십니까?

2. 교육기본법 및 초 · 중등 교육법에서 다문화 교육에 대한 부분이 거의 다루어지지 않고 있으며, 다문화 교육에 관련한 부분은 주로 기타 다문화 관련 법률에서 다루고 있습니다. 따라서 교육 관련법에서 다문화 교육의 정의와 목표, 대상에 대한 명확화와 교육적 기회 부여, 교육과정 운영 등 관련 규정을 신설하자는 의견이 제시되고 있는데, 이에

대한 선생님의 의견은 어떠하십니까?

3. 유엔아동권리협약에 따라 우리나라에서는 모든 이주 아동이 의무 교육을 받도록 하고 있으며, 구체적으로는 초 · 중등교육법 시행령 제19조와 제75조에서는 외국인인 아동의 입학 · 전학 및 편입학 절차 등을 규정하고 있습니다. 하지만 이 규정이 이주 아동의 교육권에 대한 법적 근거가 되지 못하므로, 새로운 법령을 마련해야 한다는 의견이 있습니다. 이에 대한 선생님의 의견은 어떠하십니까?

4. 미등록 아동의 경우 공교육에 진입한 경우에도, 체류 자격 미비 또는 주민등록번호 부재 등의 이유로 교육행정시스템(NEIS) 등록, 장학금 지급, 급식비 지원, 스쿨뱅킹 계좌 개설, 학교 홈페이지 및 교육 사이트 가입, 체험학습 보험 가입, 각종 대회 참가 등 학교에 다니는 학생으로서 기본적으로 제공받고 이용할 수 있는 서비스에서 소외되는 경우가 많습니다. 이에 대한 선생님의 견해는 어떠하십니까?

5. 기타 교육관련 법과 관련하여 쟁점이 된다고 판단하는 사안이 있다면 어떤 것입니까? 쟁점과 그에 대한 선생님의 견해를 간단하게 적어주십시오.

(6) 재한외국인처우기본법

1. 재한외국인처우기본법의 목적을 살펴보면, "재한외국인이 대한민국 사회에 적응하여 개인의 능력을 충분히 발휘할 수 있도록 하고, 대한민국의 국적과 재한외국인이 서로를 이해하고 존중하는 사회 환경을 만들어 대한민국의 발전과 사회통합에 이바지함"입니다. 이에 대하여 재한외국인의 기본적 인권 보호 혹은 다문화주의의 존중보다는 동화주의의 입장에서 재한 외국인을 잘 적응시켜야 한다는 점이 주로 부각되어 있다는 지적이 있습니다. 이에 대한 선생님의 의견은 어떠하십니까?

2. 재한외국인처우기본법에서는 '재한외국인'을 "대한민국의 국적을 가지지 아니한 자로서 대한민국에 거주할 목적을 가지고 합법적으로 체류하고 있는 자"(동법 제2조 제1호)라고 정의하고 있습니다. 따라서 이 법에서는 재한 외국인의 범위를 합법적으로 체류하고 있는 자만으로 한정하고 있어 거주 목적이 아닌 단순한 체류를 의도하는 외국

인과 이주노동자 가운데 합법적 지위를 갖지 못하는 불법체류노동자 등은 지원 대상에서 배제됩니다. 이에 대한 선생님의 의견은 어떠하십니까?

3. 재한외국인처우기본법을 소관하는 부서는 법무부이지만, 다문화 관련 업무를 주로 담당하는 부서는 보건복지부, 여성가족부 등 분산되어 있어 이에 대한 업무 조율이 필요하다는 의견이 있습니다. 이에 대한 선생님의 의견은 어떠하십니까?

4. 재한외국인처우기본법 상의 업무와 다문화가족지원법 상의 업무가 중복되는 경우가 있습니다. 이에 대한 선생님의 의견은 어떠십니까?

5. 재한외국인처우기본법의 경우 재한 외국인 관련 주요 정책을 국가 및 지방자치단체의 차원에서 수립 · 시행하기 위하여 노력해야 함을 규정하고 있지만, 대부분 임의 규정이며 재량에 속하도록 하고 있습니다. 이에 외국인을 지원하거나 보호할 제도적 장치를 마련하지 못하여 실질적으로 권리를 보호하지 못하다는 문제가 제기되고 있습니다. 이에 대한 선생님의 의견은 어떠하십니까?

6. 기타 재한외국인처우기본법과 관련하여 쟁점이 된다고 판단하는 사안이 있다면 어떤 것입니까? 쟁점과 그에 대한 선생님의 견해를 간단하게 적어주십시오.

2. 전문가 델파이 조사지(2차)

『다문화 관련 법률 및 제도』 개선방안 도출을 위한 전문가 의견 조사서

안녕하십니까? '다문화 관련 법률 및 제도' 개선방안 도출을 위한 전문가 의견 조사에 참여해 주셔서 감사드립니다.

1차 조사에 참여해 주신 전문가 선생님들의 의견을 종합하여 2차 조사지를 구성하였습니다. 설문 소요 시간은 20분 내외이며, 완성된 설문지 파일은 아래 '설문지 제출처'의 메일 주소로 보내주시기 바랍니다.

다시 한 번 설문에 참여해 주셔서 감사드립니다.

2016년 4월

책임연구원: 박성혁(서울대학교 사회교육과 교수)

▣ 문의전화 : ▣ 팩스 :

▣ 연구본부 :

▣ 설문지 제출처 :

1. 다문화 관련 법률 및 제도 전반에 대한 평가

1) 현재 우리나라에서 시행되고 있는 다문화 관련 법률 및 정책 중에서 가장 효과적이라고 생각하는 것을 우선순위에 따라 3가지 이내로 적어주시기 바랍니다.

1) 국적법 2) 재한외국인처우기본법 3) 출입국관리법상의 조기 적응 지원을 위한 프로그램 4) 다문화가족지원법 5) 협의 이혼 시 자녀가 있을 경우 3개월의 조정기간 후 판결 6) 사회통합프로그램을 통한 사회적응교육 실시 7) 불법 신분이지만 혼인신고가 가능하게 하는 법률 8) 결혼이민자에 대한 결혼전 교육 9) 다누리콜센터 운영: 한국어 의사소통이 원활하지 못한 결혼이민자의 상담, 민원처리 10) 다문화가정 자녀 교육지원

항목번호	
기타의견	

2) 현재 우리나라에서 시행되고 있는 다문화 관련 법률 및 정책 중에서 가장 개선이 필요하다고 생각하는 것을 우선순위에 따라 3가지 이내로 적어주시기 바랍니다.

1) 국적법 2) 출입국관리법 : 단속 과정에서의 인권 침해 3) 외국인근로자 고용에 관한 법률 4) 고용허가제의 성실근로자 제도 5) 결혼중개업이 관리에 관한 법률 6) 특별한국어 시험 제도 7) 출입국관리법상의 사회통합프로그램 8) 결혼이민자의 부모 초청의 기간 (자녀의 양육으로 초청을 한 경우 연장이 4년10개월까지 가능한 법률) 9) 결혼이민자 자녀가 있을 경우 이혼 후 비자 연장 가능문제 10) 결혼비자 (F6)의 취업의 자유 11) 중앙정부와 지방자치단체의 역할 혼선 12) 중도입국자녀에 대한 지원 13) 다문화가족에 대한 이해 증진

항목번호	
기타의견	

3) 다음은 1차 조사 결과 현재의 다문화 관련 법률 및 제도 중 개선되어야 할 부분으로 지적된 것입니다. 각 분야별 가장 중요하다고 생각하시는 것을 2가지만 골라주시기 바랍니다.

분야	개선점
경제 분야	1) 이민자 · 외국인을 위한 독립적인 예산 부족 2) 도시거주 다문화가족과 농촌거주 다문화가족에 대한 맞춤형 지원정책 미흡 3) 이주민 경제력 향상을 위한 취업 알선 부족 4) 국적/민족/인종에 의한 차별금지의 규정 미흡
항목 번호	

분야	개선점
노동 분야	1) 고용허가제 성실근로자 제도 2) 사업주의 인권교육 및 삼진 아웃제 3) 고용허가제에서 노동허가제로 전환 4) 결혼이민자들에 대한 취업과 관련한 정보의 제공 5) 고용 계약시 한국어 능력 검증 강화 6) 현지에서 직업과 한국에서 고용계약 연계 부족
항목 번호	

분야	개선점
문화 분야	1) 법률상 무분별한 다문화주의의 강요 2) 다문화가족에 대한 수용성 향상을 위한 홍보 부족 3) 이주민들의 문화다양성 보장 및 문화향유 기회 제공 부족 4) 다문화인식개선프로그램 등의 시행 부족 5) 다문화인식개선프로그램의 대상 확대 및 다양한 콘텐츠 개발 미흡
항목 번호	

분야	개선점
교육 분야	1) 다문화자녀를 위한 별도의 학교 설립, 지원보다는 학교교육의 틀과 제도 개선 2) 교육 관련 여러 법률상 외국인에게 교육 의무를 부여하고, 내국인에 대한 교육 확대 필요 3) 다문화 자녀의 교육지원의 문제 및 대학 입학시 특별전형 4) 미성년 이주자의 교육기회 전면 제공 5) 중도입국자녀에 대한 집중적 한국어 교육실시 6) 학업중도탈락률 감소될 수 있는 지원 방안 마련 2) 미등록외국인 자녀 체류자격 보장 8) 노동이주아동과 결혼이주아동에게 동등한 교육기회 보장 9) 이미자녀와 일반학생의 분리교육
항목 번호	

분야	개선점
의료 분야	1) 의료 관련 법률상의 서비스 대상 확대 필요 2) 사각지대에 있는 불법 아이들의 의료진료 및 예방접종지원 문제 3) 외국인(불법체류자 포함)의 건강권 보장 4) 외국인근로자 산재 예방 및 치료 5) 불법체류자인 경우에도 범인권적 차원에서 의료 등 기본적 서비스 제공
항목 번호	

분야	개선점
복지 분야	1) 결혼이민자에 대한 과도한 지원보다는 국민과의 형평성을 고려한 예산투입 2) 다문화가족지원법상의 지원제도의 통일적 기준 및 주 집행기관 관리 3) 한부모지원에 대한 문제 4) 다문화가족지원법을 피지원자 지원 중심으로 강화 5) 다문화가족지원센터나 건강가정지원센터를 통한 복지제도 적극 홍보 6) 결혼이주여성 생애주기별 지원 7) 기본권의 주체를 '국민'이 아닌 '인간'으로 봐야함.
항목 번호	

분야	개선점
기타	1) 외국인 총괄부서 부재 2) 국적 취득 요건의 완화 3) 결혼중개업의 관리에 관한 법률의 인신매매적 성격
항목 번호	

2. (가칭)'다문화통합법'의 제정

2-1) (가칭)'다문화통합법' 제정이 필요하다고 생각하신다면, 그 이유는 무엇입니까?

2-2) 어떤 법률들이 포함되어야 한다고 생각하십니까?

2-3) 필요하지 않다고 생각하신다면, 그 이유는 무엇입니까?

3. (가칭)'이민청'의 신설

3-1) (가칭)'이민청'의 신설이 필요하다고 생각하신다면, 그 이유는 무엇입니까?

3-2) 어떤 업무들이 포함되어야 한다고 생각하십니까?

3-3) 필요하지 않다고 생각하신다면, 그 이유는 무엇입니까?

4. 기존의 법률/정책들 중 통합되어야 한다고 생각하시는 것이 있으십니까? 있다면, 어떤 것인지 적어 주세요.

3. 시민의식 설문지

다문화 관련 법제 인식 및 다문화 시민 교육에 대한 의견 조사 설문지(일반시민대상)

안녕하십니까?

바쁘신 와중에도 설문에 응해 주셔서 대단히 감사드립니다.

저희 연구진은 아산사회복지재단의 학술연구 지원사업의 일환으로 '다문화 시대 사회 통합을 위한 시민 교육', '다문화 관련 법률 및 제도 개선'을 주제로 하는 연구를 수행 중에 있으며, 본 설문 조사는 다문화 시민교육 및 다문화 관련 법률 및 제도에 대한 일반 시민들의 의견을 알아보기 위한 목적을 지닙니다.

설문 소요 시간은 약 20~30분 내외이며, 완성된 설문지는 봉투에 넣어 (학부모인 경우) 학생을 통해 학교에 제출해 주시거나, (교사의 경우) 연구원에게 직접 제출해 주시기 바랍니다.

다시 한 번 연구에 관심을 가져주시고 귀한 시간을 내어주신 것에 깊은 감사의 말씀을 드리며, 여러분의 가정에 건강과 사랑이 가득하시길 기원합니다.

2016년 5월

서울대학교 교육종합연구원 다문화교육연구센터
책임연구원 박성혁(서울대학교 교수)

▣ 문의전화 : ▣ 팩스 :
▣ 연구본부 :

	전혀 그렇지 않다	그렇지 않다	보통 이다	그렇다	매우 그렇다
1. 현행 다문화정책(사업)의 내용 및 운영 등에 전반적으로 만족하십니까?	①	②	③	④	⑤
2. 현행 다문화정책(사업)의 내용을 잘 알고 있다고 생각하십니까?	①	②	③	④	⑤
3. 알고 계신 다문화 법 및 정책(사업)을 모두 써 주세요.					
4. 다문화에 대한 인식을 개선하기 위하여 일반시민을 대상으로 하는 교육이 필요하다고 생각하십니까?	①	②	③	④	⑤
5. 다문화에 대한 인식 개선을 위하여 학생을 대상으로 하는 학교교육이 필요하다고 생각하십니까?	①	②	③	④	⑤
6. 다문화에 대한 인식 개선을 위하여 전국적 캠페인 등의 정책이 강화되어야 한다고 생각하십니까?	①	②	③	④	⑤
7. 다문화 관련 통합 법(정책)에서 우선적으로 지원해야 한다고 생각하는 대상을 2개 선택해 주세요.	① 외국 국적 동포 ② 재외국민 ③ 결혼이주자 ④ 국제결혼가정 자녀 ⑤ 난민 ⑥ 합법적 외국인 근로자 ⑦ 불법체류외국인 ⑧ 기타(　　　) ⑨ 없음				
8. 모든 다문화구성원이 가능한 한 그들의 고유문화를 유지할 수 있도록 다문화 법령 · 제도를 통해 보장 · 지원해야 한다고 생각하십니까?	①	②	③	④	⑤
9. 다문화 관련 정책들이 통합된 법을 새로 제정할 필요가 있다고 생각하십니까?	①	②	③	④	⑤
10. 국적 취득 시 한국어, 한국문화 이해 교육을 위한 법적 (정책적) 지원이 강화되어야 한다고 생각하십니까?	①	②	③	④	⑤
11.이중국적이 허용되어야 한다고 생각하십니까?	①	②	③	④	⑤
12. 현재의 다문화 관련 법률 및 제도 중 개선되어야 할 부분은 무엇인지, 왜 그러한지에 대해 자유롭게 적어주세요.					

13. 다문화구성원과 만날 기회가 어느 정도 있습니까?	거의 만날 기회가 없다	1년에 1~2회 정도 만난다	1 달에 1~2회 정도 만난다	1주일에 1~2회 정도 만난다	1주일에 3~4회 이상 만난다
13-1. 외국 국적 동포	①	②	③	④	⑤
13-2. 재외국민	①	②	③	④	⑤
13-3. 결혼이주자	①	②	③	④	⑤
13-4. 국제결혼가정 자녀	①	②	③	④	⑤
13-5. 난민	①	②	③	④	⑤
13-6. 합법적 외국인 근로자	①	②	③	④	⑤
13-7. 불법체류외국인	①	②	③	④	⑤
13-8. 기타( )	①	②	③	④	⑤

14. 외국 국적 동포에게	전혀 그렇지 않다	그렇지 않다	보통 이다	그렇다	매우 그렇다
* 외국 국적 동포란? - 대한민국 국적을 보유하였다가 외국국적을 취득한 자, 부모 또는 조부모의 일방이 대한민국 국적을 보유하였던 자로서 외국국적을 취득한 자를 말함.(현재는 대한민국 국적을 갖고 있지 않는 자)					
14-1. 이중언어교육을 지원해야 한다. * 이중언어교육이란? 이주자에게 한국어교육과 모국어 교육을 병행하는 교육	①	②	③	④	⑤
14-2. 내국인과 동등한 노동 권리를 보장해야 한다.	①	②	③	④	⑤
14-3. 내국인과 동등한 문화 및 교육 지원을 해야 한다.	①	②	③	④	⑤
14-4. 내국인과 동등한 의료 및 복지 지원을 해야 한다.	①	②	③	④	⑤
14-5. 내국인과 동등한 정치적 권리(정치참여기회)를 보장해야 한다.	①	②	③	④	⑤

15. (국적 취득 전) 결혼이주자에게	전혀 그렇지 않다	그렇지 않다	보통 이다	그렇다	매우 그렇다
* 결혼이민자란? - 한국인과 결혼하기 위해 국내로 이주한 외국인 여성 또는 남성					
15-1. 내국인과 동등한 정치적 권리(정치참여기회)를 보장해야 한다.	①	②	③	④	⑤
15-2. 내국인과 동등한 노동 권리를 보장해야 한다.	①	②	③	④	⑤
15-3. 내국인과 동등한 문화 및 교육 지원을 해야 한다.	①	②	③	④	⑤
15-4. 이중언어교육을 지원해야 한다.	①	②	③	④	⑤
15-5. 내국인과 동등한 의료 및 복지 지원을 해야 한다.	①	②	③	④	⑤

16. 난민에게	전혀 그렇지 않다	그렇지 않다	보통 이다	그렇다	매우 그렇다
16-1. 내국인과 동등한 정치적 권리(정치참여기회)를 보장해야 한다.	①	②	③	④	⑤
16-2. 내국인과 동등한 노동 권리를 보장해야 한다.	①	②	③	④	⑤
16-3. 내국인과 동등한 문화 및 교육 지원을 해야 한다.	①	②	③	④	⑤
16-4. 이중언어교육을 지원해야 한다.	①	②	③	④	⑤
16-5. 내국인과 동등한 의료 및 복지 지원을 해야 한다.	①	②	③	④	⑤

17. 합법 체류 외국인 근로자에게	전혀 그렇지 않다	그렇지 않다	보통 이다	그렇다	매우 그렇다
17-1. 내국인과 동등한 정치적 권리(정치참여기회)를 보장해야 한다.	①	②	③	④	⑤
17-2. 내국인과 동등한 노동 권리를 보장해야 한다.	①	②	③	④	⑤
17-3. 내국인과 동등한 문화 및 교육 지원을 해야 한다.	①	②	③	④	⑤
17-4. 이중언어교육을 지원해야 한다.	①	②	③	④	⑤
17-5. 내국인과 동등한 의료 및 복지 지원을 해야 한다.	①	②	③	④	⑤

18. 불법 체류 외국인에게	전혀 그렇지 않다	그렇지 않다	보통 이다	그렇다	매우 그렇다
18-1. 내국인과 동등한 정치적 권리(정치참여기회)를 보장해야 한다.	①	②	③	④	⑤
18-2. 내국인과 동등한 노동 권리를 보장해야 한다.	①	②	③	④	⑤
18-3. 내국인과 동등한 문화 및 교육 지원을 해야 한다.	①	②	③	④	⑤
18-4. 이중언어교육을 지원해야 한다.	①	②	③	④	⑤
18-5. 내국인과 동등한 의료 및 복지 지원을 해야 한다.	①	②	③	④	⑤

* 다음은 다문화구성원에 대한 지원 사항에 관한 질문입니다. 지원 여부에 대하여 알고 계신 대로 선택하여 주세요.

	그렇다	그렇지 않다	모르겠다
1. 합법 체류 외국인 근로자도 의료보험 가입 및 혜택을 받을 수 있다.	①	②	③
2. 합법 체류 외국인 근로자에게 지방선거 투표권이 있다.	①	②	③
3. 합법 체류 외국인 근로자도 최저임금을 적용 받을 수 있다.	①	②	③
4. 합법 체류 외국인 근로자에게 이중언어교육이 제공되고 있다.	①	②	③
5. 불법체류자를 고용하면 고용주가 처벌받는다.	①	②	③
6. 불법체류외국인도 일정기간 이상 근로했을 경우 퇴직금을 받을 수 있다.	①	②	③
7. 불법체류자의 자녀도 초등학교 교육을 받을 수 있다.	①	②	③
8. 불법체류자도 운전면허를 딸 수 있다.	①	②	③
9. 불법체류자도 건강보험의 혜택을 받을 수 있다.	①	②	③
10. 불법체류자가 장기간 거주하면 체류자격을 받을 수 있다.	①	②	③
11. 외국 국적 동포도 지방선거 투표권이 있다.	①	②	③
12. 외국 국적 동포도 건강보험의 혜택을 받을 수 있다.	①	②	③
13. 외국 국적 동포가 국내거소신고를 한 후 이전한 때에는 일정 기간 이내에 그 사실을 신고해야한다.	①	②	③
14. 외국 국적 동포가 예금 · 적금의 가입, 입출금 등 국내 금융기관을 이용할 때 대한민국 국민과 동등한 권리를 갖는다.	①	②	③
15. 외국 국적 동포의 자녀도 초등학교 교육을 받을 수 있다.	①	②	③
16. (국적 취득 전) 결혼이주자에게 이중언어교육이 제공되고 있다.	①	②	③
17. (국적 취득 전) 결혼이주자도 지방선거 투표권이 있다.	①	②	③
18. (국적 취득 전) 결혼이주자도 의료보험 가입 및 혜택을 받을 수 있다.	①	②	③
19. (국적 취득 전) 결혼이주자도 학력 취득, 취업 등을 위한 교육지원을 받을 수 있다.	①	②	③
20. (국적 취득 전) 결혼이주자의 자녀도 초등학교 교육을 받을 수 있다.	①	②	③
21. 난민에게 이중언어교육이 제공되고 있다.	①	②	③
22. 난민의 자녀도 초등학교 교육을 받을 수 있다.	①	②	③
23. 난민도 운전면허를 딸 수 있다.	①	②	③
24. 난민도 의료보험 가입 및 혜택을 받을 수 있다.	①	②	③
25. 난민이 장기간 거주하면 체류자격을 받을 수 있다.	①	②	③

* 우리 사회에 대한 귀하의 의견을 말씀해 주십시오.

	전혀 그렇지 않다	그렇지 않다	보통 이다	그렇다	매우 그렇다
1. 한국사회는 다양한 인종의 사람들로 구성되어 있다.	①	②	③	④	⑤
2. 사회는 다양한 종교, 인종, 문화로 구성되는 것이 좋다.	①	②	③	④	⑤
3. 인종, 종교, 문화적 다양성은 국가경쟁력에 도움이 된다.	①	②	③	④	⑤
4. 이주민의 유입은 국내 실업을 증가시킨다.	①	②	③	④	⑤
5. 다문화가정은 이미 너무 많은 사회서비스를 받고 있다.	①	②	③	④	⑤
6. 다문화가정은 한국의 문화를 풍부하게 만든다.	①	②	③	④	⑤
7. 한국사회에는 다문화가정 구성원에 대한 차별이 있다.	①	②	③	④	⑤
8. 한국사회에는 이주민과 일반한국인 사이에 큰 갈등이 있다.	①	②	③	④	⑤
9. 한국인들은 피부색과 상관없이 이주민들을 평등하게 대우한다.	①	②	③	④	⑤
10. 나는 소수 인종 우대정책에 찬성한다.	①	②	③	④	⑤
11. 지난 몇 해 동안, 우리 사회에서 다문화 혹은 소수 인종 관련 이슈들이 지나치게 많은 주목을 받았다.	①	②	③	④	⑤
12. 나는 다른 인종의 사람과 친밀한 관계를 형성할 수 있다.	①	②	③	④	⑤
13. 나의 자녀가 다른 인종의 사람과 데이트를 해도 받아들일 수 있다.	①	②	③	④	⑤
14. 나는 소수 인종 출신도 미래 대한민국의 대통령이 될 수 있다고 생각한다.	①	②	③	④	⑤
15. 만약 입양을 한다면, 다른 인종의 아이를 입양하여 키울 수 있다.	①	②	③	④	⑤
16. 국가는 국제결혼을 엄격하게 제한해야 한다.	①	②	③	④	⑤
17. 나는 다양한 인종들이 거주하는 지역에서 그들과 이웃이 되어 살 수 있다.	①	②	③	④	⑤
18. 나는 사람들이 자기와 같은 인종의 사람들과 결혼하는 것이 낫다고 생각한다.	①	②	③	④	⑤
19. 이주민의 유입은 한국사회를 분열시킨다.	①	②	③	④	⑤
20. 한국사회에는 외국인노동자가 지나치게 많다.	①	②	③	④	⑤
21. 이주민은 한국문화의 정체성을 위협한다.	①	②	③	④	⑤
22. 나의 자녀가 다문화가정 자녀와 친구가 되는 것을 받아들일 수 있다.	①	②	③	④	⑤
23. 이주민을 한국의 주류 문화에 동화되도록 해야 한다.	①	②	③	④	⑤
24. 자녀가 다문화가정 자녀와 결혼하는 것을 받아들일 수 있다.	①	②	③	④	⑤
25. 다문화가정 구성원을 직장 동료로 받아들일 수 있다.	①	②	③	④	⑤
26. 다문화가정 구성원을 직장 상사로 받아들일 수 있다.	①	②	③	④	⑤
27. 다문화가정 구성원을 부하 직원으로 받아들일 수 있다.	①	②	③	④	⑤

* 귀하의 개인 정보에 대한 질문입니다.

1. 일상에서 이주노동자, 국제결혼이주자, 북한이탈주민, 다문화가정 아동 등을 만날 기회가 있습니까?

1) 거의 만날 기회가 없다.

2) 한 달에 1~2회 정도 만난다.

3) 1주일에 1~2회 정도 만난다.

4) 1주일에 3~4회 이상 만난다.

5) 거의 매일 만난다.

ㄴ (만난다고 대답한 경우) 교류하는 다문화가정 구성원은 어떤 사람입니까? (복수 응답 가능)

1) 성인 북한이탈주민

2) 북한이탈 아동 및 청소년

3) 이주노동자(사무직, 어학원 강사, 공장노동자, 가사도우미... 등)

4) 이주노동자 가정의 자녀

5) 국제결혼이주자

6) 국제결혼 가정 자녀

7) 유학생

8) 기타

2. 자녀가 있으십니까?

1) 있다 2) 없다

ㄴ (자녀가 있는 경우) 자녀가 재학 중인 학교는 무엇이며, 몇 명입니까?

1) 미취학 영유아 ____명

2) 초등학생 ____명

3) 중학생 ____명

4) 고등학생 ____명

5) 대학생 이상 ____명

(자녀가 있는 경우) 자녀가 다니는 학교 혹은 학급에 다문화가정 학생이 있습니까?

1) 없다

2) 다문화가정 학생이 있으나 같은 반이 아니다.

3) 다문화가정 학생이 같은 반에 재학 중이다.

4) 모른다.

(자녀가 있는 경우) 자녀의 친구 중에 다문화가정 자녀가 있습니까?

1) 있다.

2) 없다.

3) 모른다.

3. 성별

1) 남

2) 녀

4. 연령 : (   )세

5. 최종학력

1) 고졸   2) 대학 재학 중   3) 대학 졸업   4) 대학원 이상

6. 경제적으로 어느 계층에 속한다고 생각하십니까?

1) 하층   2) 중하층   3) 중류층   4) 중상층   5) 상층

7. 현재 사는 곳은 어디입니까?

1) 서울특별시 2) 인천광역시 3) 대구광역시 4) 대전광역시 5) 부산광역시

6) 광주광역시 7) 울산광역시 8) 경기도 9) 충청남도 10) 충청북도 11) 경상남도

12) 경상북도 13) 전라남도 14) 전라북도 15) 강원도 16) 제주도

8. 현재 사는 곳의 행정단위는 무엇입니까?

1) 서울특별시   2) 광역시

3) 광역시를 제외한 시 · 군 · 구 지역   4) 읍 · 면 · 리 지역

9. 다문화 관련 직종에 종사한 적이 있습니까?

1) 현재 종사 하고 있음

2) 과거에 종사하였음(현재 종사하지 않음)

3) 종사한 경험 없음

ㄴ (다문화 관련 직종에 종사한 경험이 있다면) 어떤 직종이었습니까?

예) 다문화 전공자, 다문화 센터 근무, 다문화 강사, 공무원 등

박성혁(朴性爀)

서울대학교 사범대학 사회교육과 졸업
서울대학교 사범대학 사회교육과 대학원 석사 졸업
서울대학교 사범대학 사회교육과 대학원 박사 졸업
현재 서울대학교 사범대학 사회교육과 교수

김자영(金姿榮)

서울대학교 사범대학 사회교육과 졸업
서울대학교 사범대학 사회교육과 대학원 석사 졸업
서울대학교 사범대학 사회교육과 대학원 박사 졸업
현재 서울대학교 사범대학 사회교육과 강사

배화순(裵花順)

서울대학교 사범대학 사회교육과 졸업
서울대학교 사범대학 사회교육과 대학원 석사 졸업
현재 서울 개웅중학교 교사
서울대학교 사범대학 사회교육과 박사과정

이수진(李秀眞)

인하대학교 사범대학 사회교육과 졸업
서울대학교 사범대학 사회교육과 대학원 석사 졸업
현재 서울대학교 사범대학 사회교육과 박사과정

아 | 산 | 재 | 단 | 연 | 구 | 총 | 서

1 전환기의 중국경제
김윤환 외 | 단국대 경제학과

2 폴란드 경제의 변천 개혁과 그 전망
김광수 | 숭실대 경제학과

3 재소한인
이광규 외 | 서울대 인류학과

4 소련산림과 임업
홍성천 외 | 경북대 임학과

5 아세안의 정치경제
김국진 외 | 외교안보연구원

6 태국의 사회변동과 경제발전
최석만 외 | 전남대 사회학과

7 중국의 사회경제 통계분석
신한풍 외 | 고려대 통계학과

8 중국의 정치와 경제
박두복 외 | 외교안보연구원

9 동유럽의 개혁과 시장경제의 도입
허만 외 | 부산대 사범대학

10 동유럽의 개혁운동
박영신 | 연세대 사회학과

11 현대 러시아 연구
기연수 외 | 한국외대 노어과

12 전략적 선택과 기업의 국제경쟁력
이장호 | 서강대 경영대학

13 협동사회의 정착과 정부의 역할
이종범 외 | 고려대 행정학과

14 한국 제조기업 생산성의 동적 분석
노부호 외 | 중앙대 경영대학

15 분배의 정의
변형윤 외 | 서울대 경제학과

16 도덕적 행동의 강화
이훈구 외 | 연세대 심리학과

17 관료부패와 통제
김해동 외 | 서울대 행정대학원

18 한국경제의 내실 있는 성장
정창영 외 | 연세대 경제학과

19 한국국민정신운동의 역사와 발전방향
박수명 외 | 부산대 사범대학

20 한국대학생의 가치성향과 상담효과
이영희 외 | 숙명여대 교육학과

21 가출청소년과 학교관리체제
안창규 외 | 부산대 교육학과

22 동북아 정세변화와 한·일관계
한승조 외 | 고려대 정치외교학과

23 언론과 부정부패
정대철 외 | 한양대 신문방송학과

24 한국의 고등학교 교육
이원호 외 | 부산대 교육학과

25 가족과 방송
김학수 외 | 서강대 신문방송학과

26 재정개혁의 전망과 재산세제의 개편과제
오연천 | 서울대 행정대학원

27 청소년을 위한 전자게임 프로그램의 규제 및 평가체계 개발
박혜원 외 | 울산대 가정관리학과

28 정신장애자 가족의 사회심리적 특성
이근후 외 | 이화여대 의과대학

29 가족의 관계역동성과 문제인식
이광규 외 | 서울대 인류학과

30 현대인과 한국전통음식
승정자 | 숙명여대 식품영양학과

31 기업의 초고속정보통신망활용
안중호 | 서울대 경영학과

32 지역발전을 위한 교육자치제의 개선방안
김남순 | 조선대 사범대학

33 전환기의 공무원 가치관
조경호 | 울산대 행정학과

34 지방자치와 사회복지의 과제
김영모 | 중앙대 사회복지학과

35 WTO체제하의 지방중소기업 지원정책
최명주 외 | 계명대 통상학부

36 현대한국의 시민운동
이효선 | 중앙대 사회학과

37 기업 세계화의 단계 및 정도의 측정
허영도 외 | 울산대 경영학과

38 가족복지를 위한 가족주치의 시범사업의 효과
이혜리 외 | 연세대 가정의학교실

39 한국대학생의 삶의 만족도
김재은 외 | 이화여대 교육심리학과

40 지역경제와 지역산업구조의 개편방향
정기화 외 | 전남대 경제학부

41 중국기업의 소유형태별 경영특성
노철화 외 | 부산대 무역학과

42 남북한의 인성·사상교육
한승조 외 | 고려대 정치외교학과

43 연계적 뇌기능 조언을 위한 의료용 멀티미디어 시스템의 설계
유선국 | 연세대 의용공학교실

44 다민족국가의 민족문제와 한인사회
최협 외 | 전남대 인류학과

45 저소득층지역 청소년 여가문화와 소집단 활성화
박문수 외 | 서강대 사회학과

46 삶의 질의 국제비교와 지역간 비교분석
이재기 외 | 울산대 경제학과

47 21세기 지역주민의 삶의 질
양종회 외 | 성균관대 사회학과

48 삶의 질에 대한 국가간 비교
조명한 외 | 서울대 심리학과

49 외국인 노동자의 노사관계와 사회적 적응
석현호 외 | 성균관대 사회학과

50 한국의 사법제도와 발전 모델
정종섭 | 건국대 법학과

51 고령화사회와 중상층 노인의 사회활동
조성남 외 | 이화여대 사회학과

52 한국의 서비스 시장 개방정책
한홍렬 | 한양대 경제학부

53 한국과 AFTA간의 교역증진 및 경제 협력방안
손일태 외 | 경희대 경제통상학부부황

54 물류비 절감을 위한 무역업체의 정보화전략
이영수 외 | 경북대 경제통상학부

55 사회주의 체제전환과 사회정책
오정수 외 | 충남대 사회복지학과

56 남북통일 이후 농업생산체계 개편
홍성규 외 | 건국대 농업경제학과

57 국제화와 세계화
하영선 외 | 서울대 외교학과

58 IMF 개혁정책의 평가와 한국경제의 신(新) 패러다임
조동근 | 명지대 경제학과

59 구조개혁과 실업대책
박동운 | 단국대 경제무역학부

60 21세기 신노사관계
심윤종 외 | 성균관대 사회학과

61 학교에서의 집단 따돌림
이춘재 외 | 가톨릭대 심리학과

62 한국노인의 정신건강실태와 건강증진
조맹제 외 | 서울대 의과대학

63 혁명과 개혁 속의 중국 농민
김광억 | 서울대 인류학과

64 중국의 경제환경과 한국기업의 진출 전략
지용희 외 | 서강대 경영학과

65 김대중 대통령의 시스템 사고
김동환 | 중앙대 공공정책학부

66 실업과 가족해체
최일섭 외 | 서울대 사회복지학과

67 합리적 부채비율 조정방안
오상근 | 동아대 경제학과

68 한국 중산층의 생활문화
문숙재 외 | 이화여대 소비자 · 인간발달학과

69 계층간 갈등상태에서 최적소득세
김진욱 | 건국대 경상학부

70 글로벌 경쟁력 제고를 위한 기업전략과 조직구축
이만우 외 | 고려대 경영학과

71 의료보험과 국민연금의 관리효율화를 위한 통합방안
사공진 외 | 한양대 경제학부

72 정부개혁의 과제와 전략
박우서 외 | 연세대 행정학과

73 책임운영기관 제도에 관한 비교분석
김근세 | 가톨릭대 행정학과

74 새로운 패러다임하에서의 한국기업의 바람직한 지배구조
최운열 외 | 서강대 경영학과

75 현대 한국사회의 계층구조
양춘 외 | 고려대 사회학과

76 한국의 산업정책과 산업구조조정
강인수 | 숙명여대 경제학부

77 기업구조조정
김석진 | 경북대 경영학부

78 지식경영을 위한 인적자원 개발 및 관리체계
장영철 | 경희대 경영학부

79 뉴 비즈니스 모델
전성현 | 국민대 정보관리학부

80 중산층의 정체성과 소비문화
함인희 외 | 이화여대 사회학과

81 외국관광객 유치를 위한 마케팅 전략
박상규 | 강원대 경영학과

82 한국인의 세대별 문학의식
이동순 | 영남대 국문과

83 공공부문의 효율성 평가와 측정
김재홍 외 | 울산대 사회과학부

84 한국 청소년의 정치의식과 형성요인
김광웅 외 | 숙명여대 아동복지학과

85 한국 대학생의 정치의식
배한동 | 경북대 윤리교육과

86 산업의 정보화와 산업발전
이기동 | 계명대 통상학부

87 한국 제조업의 고용조정 분석
이종원 외 | 성균관대 경제학부

88 지식자산에 대한 경영전략적 평가모형 개발
배재학 외 | 울산대 컴퓨터 · 정보통신공학부

89 관광사업을 위한 한국적 이미지의 휴식복 개발
채금석 | 숙명여대 의류학과

90 한국 정치제도의 개혁
신정현 | 경희대 사회과학부

91 e비즈니스와 아웃소싱 전략
정승화 외 | 연세대 경영학과

92 집단 따돌림의 진단 및 치료방안
홍준표 | 중앙대 인간생활환경학과

93 16대 총선과 낙선운동
조기숙 | 이화여대 국제대학원

94 부동층 유권자 행태 분석
진영재 | 연세대 정치외교학과

95 사이버 공동체의 성공요인
이재관 | 숭실대 경영학부

96 온라인 소비자 행동의 이론과 실증
윤성준 | 경기대 경영학부

97 글로벌 시대 정약용 세계관의 가능성과 한계
차성환 | 한일장신대 역사사회학과

98 러시아의 체제전환 과정에서 나타난 국가의 역할과 그 전망
이상민 외 | 부산대 정치외교학과

99 남북한의 경제발전 수준과 산업구조 비교, 그리고 경제교류 협력방향
주성환 | 건국대 경제학과

100 집단따돌림과 교육해체
한준상 | 연세대 교육학과

101 공적연금제도의 효율성과 개선방안
유금록 | 군산대 행정복지학부

102 벤처기업-대기업의 성공적인 협력 모델
나중덕 | 경산대 경영학과

103 북한의 재외동포정책
조정남 외 | 고려대 정치외교학과

104 사이버 공동체 형성의 역동적 모형
장용호 | 서강대 신문방송학과

105 기업이론과 기업의 소유지배구조
김일태 외 | 전남대 경제학부

106 가축분뇨 자원화를 위한 공동이용조직에 대한 농가선호도 분석
유덕기 | 동국대 생명자원경제학과

107 개혁정책과 전문가 집단
이경원 외 | 제주대 행정학과

108 현대 한국사회의 이중가치체계
신수진 외 | 이화여대 가정관리학과

109 한국의 산업구조 변화와 기업집단 다각화 전략
김용학 외 | 연세대 사회학과

110 지식정보사회의 경제적 모형 설정 및 사례 연구
김범환 | 배제대 경영정보학부

111 변호사징계제도
오종근 | 한림대 법학부

112 인터넷 특허법
김순석 | 광주대 법학과

113 e-비즈니스 시대의 금융 및 재정정책의 새로운 패러다임
이종욱 | 서울여대 경제학과

114 청소년의 하위문화와 정체성
조성남 | 이화여대 사회학과

115 디지털금융시대의 금융구조변화와 정부규제 및 정책
이충열 | 고려대 경제학부

116 지식경영을 위한 기업의 조직설계방안
김경수 외 | 전남대 경영학과

117 전자금융의 발달과 경제정책의 새로운 패러다임
이명훈 | 명지대 경제학과

118 동아시아의 안보와 유엔체제
강성학 편저 | 고려대 정치외교학과

119 유료 치매노인 그룹홈의 개발과 관련 정책
최정신 외 | 가톨릭대 소비자·주거학과

120 소비자 지향적 문화산업 정책
홍영준 | 호남대 광고홍보학과

121 국제·국가·지방 환경규제의 연계
정준금 외 | 울산대 행정학과

122 현행 회사 합병·분할제도의 평가와 개선방안
옥무석 외 | 이화여대 법학과

123 배려지향적 도덕성과 정의지향적 도덕성
정옥분 외 | 고려대 사범대학

124 기업구조조정에 대한 채권금융기관 및 금융감독기관의 역할과 책임
이중기 | 한림대 법학과

125 실업대책으로서 한국의 법정기준근로 시간 단축
박영범 | 한성대 경제학과

126 프랑스어의 비분리성 소유개념 표현
노윤채 | 연세대 언어정보연구원

127 지방채의 효율적 관리방안
강태구 | 호원대 법행정학부

128 21세기 산업구조 변화와 과학기술정책
임채성 외 | 그리스도신학대 경영정보학부

129 인터넷 쇼핑몰 이용자의 불평행동
예종석 | 한양대 경영학부

130 한국기업의 성과급제도 현황, 효과 및 개선방안
김성수 | 서울대 경영학과

131 전자상거래와 소비자보호
서민교 외 | 경일대 인터넷국제통상학과

132 평생학습 사회에서의 인적자원개발을 위한 사회적 파트너십 구축
김영화 | 홍익대 교육학과

133 한국 공교육의 새로운 구상과 전략
권대봉 외 | 고려대 교육학과

134 한국의 정부개혁
김태룡 | 상지대 행정학과

135 지방정부 생산성 측정의 이론과 실제
이은국 외 | 연세대 행정학과

136 불가 시문학론
배규범 | 경희대 학술연구 교수

137 남북경제교류의 법적 문제
제성호 | 중앙대 법학과

138 경제위기와 청소년 발달
구인회 | 서울대 사회복지학과

139 생명과학기술의 응용과 기본권보호적 한계
정상기 외 | 한남대 법학과

140 경제발전과 정치환경의 한・일 비교분석
정갑영 외 | 연세대 동서문제연구원

141 한국 공교육의 진단
윤정일 외 | 서울대 교육학과

142 우리나라 지방자치 발전을 위한 자치 단체장의 역할
정성호 외 | 경기대 사회과학부

143 의료보험제도의 개혁방안
권순원 | 덕성여대 경제학과

144 중등 도덕교육의 현실과 문제
손동현 외 | 성균관대 철학과

145 사이버공동체 발전론
이명식 | 상명대 경영학과

146 남북경협 확대에 대비한 북한 담보 제도의 정비방안
박훤일 | 경희대 법과대학

147 한국 공무원 인사제도 개혁
김판석 | 연세대 행정학과

148 교사화법 교육
임칠성 외 | 전남대 국어교육과

149 세계화의 문화정치학
임혁백 외 | 고려대 정치외교학과

150 효과적인 e-SCM을 위한 의사결정 조정 시스템 모형
이원준 | 성균관대 경영학부

151 환경거버넌스
김종순 외 | 건국대 행정학과

152 자동차산업의 인적자원관리
이덕로 | 서원대 경영학부

153 한국과 영국 간 지식기반산업 비교
이명호 | 한국외대 경영학과

154 한국 벤처기업의 기술네트워킹 및 기술마케팅 전략
장영일 | 인제대 경영학부

155 회사변호사의 윤리
오승종 | 성균관대 법과대학

156 미디어교육론
이정춘 | 중앙대 신문방송학과

157 조선시대 서원과 양반
윤희면 | 전남대 역사교육과

158 환경문제와 철학
박찬국 | 서울대 철학과

159 노인보건복지 이론과 실제
김명 외 | 이화여대 보건교육학과

160 북한의 법체계
권재열 외 | 숭실대 법학과

161 생명공학기술의 안전성 확보에 관한 법적 고찰
이재협 | 경희대 법학부

162 청소년복지학
김성이 외 | 이화여대 사회복지학과

163 변화하는 세계, 변화하는 복지국가
조영훈 | 동의대 사회복지학과

164 의리의 윤리와 한국의 유교문화
김낙진 | 진주교대 도덕교육과

165 미국의 통상정책과 통상법
윤충원 | 전북대 무역학과

166 사회복지 프로그램 평가
김학주 | 경상대 사회복지학과

167 환경주의와 지속가능한 발전
정대연 | 제주대 사회학과

168 무역과 환경
김기흥 외 | 경기대 경제학부

169 산업계 유해폐기물의 위험과 관리
김금수 | 호서대 경상학부

170 백범 김구의 지적 계발과정 탐색
문용린 | 서울대 교육학과

171 태평양전쟁 발발 이후 일제의 인적 지배와 그리스도교계의 대응
윤선자 | 전남대 사학과

172 거버넌스 상황에서 갈등관리를 위한 대체적 분쟁해결제도
서순복 | 광주대 법정학부

173 시장경제의 유형과 민주주의
최배근 | 건국대 경상학부

174 일본고전소설 총론
김현정 | 국립한국전통문화학교

175 국어 교육을 위한 국어 문법론
이관규 | 홍익대 국어교육과

176 율곡의 군주론
전세영 | 부산교대 윤리교육과

177 동북아시아 환경협력
정서용 | 명지대 법학과

178 기후변화협약과 기후정책
신의순 외 | 연세대 경제학과

179 인터넷과 국제 학술정보 네트워크-하이퍼링크 분석
박한우 | 영남대 언론정보학과

180 국내 기업복지의 활성화 방안
최수찬 | 연세대 사회복지대학원

181 세계화와 인간안보
김우상 외 | 연세대 정치외교학과

182 세계문화유산 종묘 이야기
지두환 | 국민대 국사학과

183 한국 평생교육의 사회철학적 과제
곽삼근 | 이화여대 교육학과

184 강점모델
정순둘 | 이화여대 사회복지학과

185 글로벌시대의 계약법
박영복 | 한국외대 법과대학

186 배심제와 시민의 사법참여
안경환 | 서울대 법학과

187 동북아공동체
김재한 | 한림대 정치외교학과

188 정치 참여와 탈물질주의
김욱 | 배재대 정치외교학과

189 퍼지전문가회로망을 이용한 금융기관의 사이버 기업여신결정 지원시스템의 개발
권혁대 | 목원대 경영학과

190 환경정책과 환경법
송인성 | 전남대 지역개발학과

191 포스트모던 시대의 평생교육학
한숭희 | 서울대 교육학과

192 현대 한국인의 세대경험과 문화
박길성 외 | 고려대 사회학과

193 서구의 근로연계복지
김종일 | 건국대 사회복지학과

194 사회복지운동론
현외성 | 경남대 사회복지학과

195 외국의 역모기지 사례
유선종 | 건국대 부동산학과

196 옛이야기와 어린이문학
이지호 | 진주교대 국어교육학과

197 노인사회복지관광의 정책과제와 방안
김창수 | 경기대 관광학부

198 복지서비스의 민간위탁 시스템 분석
김순양 | 영남대 행정학부

199 새로운 빈곤층의 대두와 정부의 정책과제
김진욱 | 건국대 경제학과

200 문화행정론
김정수 | 한양대 행정학과

201 스칸디나비아 노인용 코하우징의 계획과 적용
최정신 외 | 가톨릭대 생활과학부

202 북한의 자연생태계
공우석 | 경희대 지리학과

203 통계로 이해하는 러시아
전홍찬 | 부산대 정치외교학과

204 사회복지법인의 경영과 회계
이동규 | 충남대 회계학과

205 의약분업 정책과정
차흥봉 | 한림대 사회복지학과

206 지역공동체와 평생교육
오혁진 | 동의대 평생교육학부

207 아동보호서비스의 실제
한미현 | 백석대 사회복지학부

208 그린마케팅
박재기 | 충남대 경영학부

209 아동권리와 아동복지
이혜원 | 성공회대 사회복지학과

210 국제 이주와 인도인 디아스포라
김경학 | 전남대 인류학과

211 질병과 의료의 사회학
조병희 | 서울대 보건대학원

212 북한이탈주민의 사회통합을 위한 지역복지실천의 모색
이기영 | 부산대 사회복지학과

213 치매노인케어론
조유향 | 초당대 간호학과

214 노인상담입문
서혜경 외 | 한림대 대학원 사회복지학과

215 '통일 이후 통일과정'으로서의 독일 통일영화
이준서 | 이화여대 독어독문학과

216 중국의 사회보장
오정수 | 충남대 사회복지학과

217 환경자원의 경제적 가치와 환경오염의 사회적 비용
김재홍 | 울산대 사회과학부

218 사회복지프로그램의 경제적 평가방법
박창제 외 | 상주대 사회복지학과

219 자유의지와 결정론
안건훈 | 강원대 철학과

220 심리학자들이 쓴 행복한 결혼의 심리학
채규만 외 | 성신여대 심리학과

221 현대 해석학 강의
양해림 | 충남대 철학과

222 한국인의 주거 빈곤과 공공주택
하성규 | 중앙대 도시 및 지역계획학과

223 IMF 경제위기와 한국 출산력의 변화
김두섭 | 한양대 사회학과

224 동아시아의 영토분쟁과 국제법
이석우 | 인하대 법학부

225 독일 복지국가와 사회복지서비스
정재훈 | 서울여대 사회사업학과

226 사회복지사를 위한 실용 비모수통계
엄명용 | 성균관대 사회복지학과

227 피해자학 연구
이윤호 | 동국대 경찰행정학과

228 광고언어창작론
박영준 외 | 부경대 국어국문학과

229 환경규제 패러다임의 전환
한철 | 한남대 법학과

230 고령사회의 노동환경변화와 고용시스템의 문제점 및 법적 대응
고준기 | 국립군산대 법학과

231 세계화와 소득불평등
이성균 외 | 울산대 사회과학부

232 유비쿼터스 사회의 이해
안중호 외 | 서울대 경영학과

233 국제환경책임법론
박병도 | 건국대 법학과

234 한국의 선거와 민주주의
윤종빈 | 명지대 정치외교학과

235 한국 시민운동의 구조와 동학
조대엽 외 | 고려대 사회학과

236 또래관계
송영혜 | 대구대 재활심리학과

237 해외 한국기업과 현지인 노동자
석현호 외 | 에스콰이아학술문화재단

238 독일 국가복지에서 민간복지단체의 역할과 의미
차성환 외 | 한일장신대 사회복지학부

239 청정공학
조정호 | 동양대 생명화학공학과

240 한국전통연희론
심상교 | 부산교육대 국어교육학과

241 정신장애와 가족
서미경 | 경상대 사회복지학부

242 빈곤통계의 작성과 활용
김주환 | 동국대 정보통계학과

243 인터넷과 한국정치
강원택 | 숭실대 정치외교학과

244 북한의 시장경제이행
정영화 외 | 서경대 법학과

245 시스템사고로 본 지속가능한 도시
문태훈 | 중앙대 도시및지역계획학과

246 실버산업과 유비쿼터스 컴퓨팅
고일상 | 전남대 경영학부

247 재활상담과 사례관리
나운환 | 대구대 직업재활학과

248 영유아교육기관에서의 장애 이해 교육
유수옥 | 우석대 유아특수교육과

249 장애의 사회적 의미와 사회통합
박수경 | 대진대 사회복지학과

250 경제분석의 수리적 기초
조인성 | 공주대 경제통상학부

251 비영리부문의 비교연구
김승현 | 서울산업대 행정학과

252 고등교육경제학
반상진 | 전북대 교육학과

253 과학윤리교육의 이론과 방법
조희형 | 강원대 과학교육학부

254 결혼이민자가족의 이해
김오남 | 대불대 사회복지학과

255 동아시아 국가의 공공부조
신동면 | 경희대 사회과학부

256 특수아동 진단 및 평가
이나미 | 대불대 특수교육과

257 계약형 사회복지와 권리옹호시스템
이명현 | 경북대 상주캠퍼스 사회복지학과

258 실내공기질 및 위해성 관리
양원호 | 대구가톨릭대 산업보건학과

259 충남 방언 문법
한영목 | 충남대 국어국문학과

260 교육권론
노기호 | 군산대 법학과

261 도시경관계획론
임승빈 | 서울대 조경 · 지역시스템공학부

262 교통의 새로운 패러다임
김형철 | 경원대 도시계획 · 조경학부

263 노인의 삶의 질 향상을 위한 주거환경디자인
천진희 | 상명대 디자인대학 실내디자인전공

264 사회복지와 문화
박병현 | 부산대 사회복지학과

265 장애인복지의 이론과 실제
이선우 | 인제대 사회복지학과

266 창의성 개발을 위한 디자인교육 콘텐츠
김선영 | 인천가톨릭대 조형예술대학 환경디자인학과

267 구성주의 사회복지 실천 기술론
고미영 | 서울신학대 사회복지학과

268 장애아교육학
김기흥 | 부산교육대 유아교육과

269 지역사회복지와 자원부문
한상진 외 | 울산대 사회학과

270 환경관리회계
육근효 | 부산외국어대 회계학부

271 인권 관점에서 보는 장애인복지
유동철 | 동의대 사회복지학과

272 정신증상
송지영 | 경희대 의과대학병원 신경정신과

273 사이버공간의 사회심리학
이성식 외 | 숭실대 정보사회학과

274 노인에 대한 사회적 돌봄과 돌봄 서비스의 질 보장
최희경 | 신라대 가족노인복지학과

275 아동 심리치료의 실제
신현균 | 전남대 심리학과

276 사회복지와 위험관리
노충래 | 이화여대 사회복지전문대학원

277 국제 탄소시장의 이해
양승룡 | 고려대 식품자원경제학과

278 타자의 초상
신문수 | 서울대 영어교육과

279 한국정치와 환경정치
나정원 | 강원대 정치외교학과

280 북한이주민
윤인진 | 고려대 사회학과

281 음주의 사회경제적 비용
정우진 외 | 연세대 보건대학원

282 지방정치와 동북아 도시거버넌스
박재욱 | 신라대 행정학과

283 노숙인 복지론
남기철 | 동덕여대 사회복지학과

284 유럽통합과정과 지역협력
이규영 | 서강대 국제대학원

285 사회복지재정 연구
지은구 | 계명대 사회과학대학 사회복지학과

286 지역사회 교육개혁을 위한 시민사회 조직의 참여
김영화 | 홍익대 교육학과

287 복지사회를 대비한 국민연금의 구조개혁
박영석 외 | 서강대 경영학부

288 한미 FTA 지재권 협상에 따른 의약품 분야 사회후생 변화
오근엽 | 충남대 무역학과

289 산업입지, 환경 그리고 지역경제
이기동 외 | 계명대 국제통상학과

290 감성지능 개발을 통한 삶의 질 향상
김경수 외 | 전남대 경영학부

291 교육복지론
이용교 외 | 광주대 사회복지학부

292 인간과 행복에 대한 철학적 성찰
박찬국 | 서울대 철학과

293 유럽연합의 사회통합 사례와 교훈
이무성 | 명지대 정치외교학과

294 민영화와 사회후생
이상호 | 전남대 경제학부

295 북한의 교육학 체계 연구
최영표 외 | 동신대 교육대학원

296 한국 지속가능발전의 구조와 변동
정대연 | 제주대 사회학과

297 우리나라의 공익 연계 마케팅에 관한 연구
임승희 | 전주대 경영학부

298 시각장애인복지론
김영일 | 조선대 특수교육과

299 그린에너지와 환경촉매
정석진 | 경희대 화학공학과

300 취약학교 초등학생을 위한 온라인 보건 교육 프로그램
박경옥 | 이화여대 보건관리학과

301 신탁제도를 통한 고령자의 보호와 지원
최수정 | 서강대 법학전문대학원

302 사회적 약자계층에 대한 실태분석 및 정책방안
이은우 외 | 울산대 경제학과

303 한류 문화와 동북아 공동체
최혜실 | 경희대 국어국문학과

304 노동유연화와 해고보호법
권혁 | 부산대 법학전문대학원

305 사회복지 위험관리의 이해
박미은 | 한남대 사회복지학과

306 의료기관의 회계와 세무
노준화 | 충남대 경영학부

307 여성인적자원의 전문성 확보를 위한 경력개발
백지연 | 이화여대 국제사무학과

308 정신병리
강선경 | 서강대 신학대학원

309 바다의 반란 적조
윤양호 | 전남대 해양기술학부

310 한국 장애인 복지 발달사
이성규 | 서울시립대 사회복지학과

311 서양예술 속의 동양 탐색
진상범 | 전북대 독어독문학과

312 한국인의 도덕성 발달 진단
문용린 | 서울대 교육학과

313 영국정치와 국가복지
고세훈 | 고려대 공공행정학부

314 인간학적 사유를 여는 중도·중복장애 교육학
이숙정 | 단국대 특수교육과

315 개별화 교육과정
이소현 | 이화여대 특수교육과

316 인간의 긍정적 성품
권석만 | 서울대 심리학과

317 지방자치와 지역여성의 전망
이혜숙 | 경상대 사회학과

318 한국 현대 노년소설 연구
전흥남 | 한려대 교양학부

319 정보격차 해소를 위한 창의적 정보교육 프로그램
이영준 외 | 한국교원대 컴퓨터교육과

320 한국 가족과 젠더
손승영 | 동덕여대 교양학부

321 한국의 복지혼합
김진욱 | 서강대 신학대학원

322 사회자본과 자원봉사
김태룡 외 | 상지대 행정학과

323 농촌교육복지연구
박삼철 | 단국대 교양학부

324 사회정체성 평가 차원에 대한 국제비교조사
이명진 | 고려대 사회학과

325 캐나다 복지국가 연구
조영훈 | 동의대 사회복지학과

326 한국의 소수자운동과 인권정책
전영평 외 | 서울대 행정대학원

327 한국과 미국의 보육서비스 전달체계와 품질 비교분석
김근세 외 | 성균관대 국정관리대학원

328 한국사회의 소득불평등과 국민 의료이용
이용재 | 호서대 사회복지학과

329 정보시대의 인간안보
조화순 | 연세대 정치외교학과

330 가족의 사회경제적 특성과 아동발달
김광혁 | 전주대 사회복지학과

331 초 · 중 · 고등학생의 학업소진 진행과정 및 경로분석
이상민 | 고려대 교육학과

332 다문화사회의 사법통역
이지은 | 이화여대 통역번역대학원

333 동아시아 지역주의
유현석 | 경희대 정치외교학과

334 환경친화적 공공시설관리와 지역공동체의 삶의 질
이소영 | 중앙대 실내디자인 · 주거환경학과

335 의료보험의 법정책
김나경 | 성신여대 법과대학

336 양극화 시대 가족해체와 청소년의 적응에 관한 한국과 미국의 비교 연구
오승환 외 | 울산대 사회복지학과

337 기업의 사회적 책임과 지역경제사회발전 연구
허영도 외 | 울산대 경영학부

338 노인의 삶의 질 향상을 위한 온라인 소셜 네트워크 구축 방안
김진우 | 연세대 경영학과

339 청소년 생활역량
윤명희 외 | 동의대 평생교육학과

340 외국인 배우자의 다양성과 국제결혼의 안정성
김두섭 | 한양대 사회학과

341 정보인권의 규범구체화
이민영 | 가톨릭대 법학과

342 한국 사회복지실천의 고유성
최성재 외 | 서울대 사회복지학과

343 스웨덴의 환경책임 실천모형
최희경 | 경북대 행정학부

344 자율운동과 주거공동체
윤수종 | 전남대 사회학과

345 한국인의 공공봉사동기
김상묵 | 서울과학기술대 행정학과

346 한국 이혼가정 아동의 성장
김혜숙 | 경인교육대 교육학과

347 동양 사상과 노인 복지
홍승표 외 | 계명대 사회학과

348 노동과 사회보장의 연계
오문완 | 울산대 법학과

349 학습장애 위험군 아동의 조기선별을 위한 읽기검사 표준화 연구
김애화 외 | 단국대 특수교육학과

350 신 · 재생에너지에 기초한 녹색성장과 사회통합
김인호 | 이화여대 법학전문대학원

351 문화교류역량과 다문화 경영이 기업 경영성과에 미치는 영향
임병학 외 | 부산외대 경영학부

352 빈곤영유아의 발달과 적응
정익중 외 | 이화여대 사회복지학과

353 민사법질서와 인권
양천수 | 영남대 법학전문대학원

354 성년후견제도와 사회복지제도의 연계
신권철 | 서울시립대 법학전문대학원

355 한국 다문화사회의 이방인
김순양 | 영남대 행정학과

356 현대 시민사회와 소비자계약법
이병준 | 한국외대 법학전문대학원

357 개인의 사회적 정보보호를 위한 공공 정보서비스 개선 연구
장항배 | 상명대 경영학과

358 여성교육투자에 대한 교육경제학적 탐색
백일우 외 | 연세대 교육학부

359 사회적 기업과 지속가능한 지역발전
임업 외 | 연세대 도시공학과

360 다문화가정 구성원에 대한 투트랙 한국어 교육방안 연구
박시균 | 군산대 국어국문학과

361 아시아의 빈곤과 한국기업의 역할
한인수 | 충남대 경영학부

362 유치원 · 초등학교 연계 환경교육
박희숙 | 공주대 유아교육학과

363 비정규 고용과 사회정책
구인회 외 | 서울대 사회복지학과

364 사생활의 자유에 관한 비교법적 연구
이창현 | 서강대 법학전문대학원

365 다중융합 환경 기반의 미디어스킨을 활용한 문화콘텐츠 디자인 적용방안에 관한 연구
오문석 외 | 광운대 미디어영상학부

366 북한이탈주민 여성의 성인식 관련 기초조사
한인영 외 | 이화여대 사회복지학과

367 노인주택 파노라마
유선종 | 건국대 부동산학과

368 시설보호 청년의 적응
정선욱 | 덕성여대 사회복지학과

369 다수 집단과 소수 집단의 심리
김혜숙 | 아주대 심리학과

370 바이오 휴머니티
권택영 | 경희대 영어학부

371 프랑스 다문화교육의 이해
이경수 | 상명대 불어교육과

372 한 · 중 서비스산업의 비교분석과 교역 확대 방안
김상호 | 리츠메이칸 아시아태평양대 국제경영학부

373 현대의학에 있어서 생명의 시간과 인간의 존엄
김학태 | 한국외대 법학전문대학원

아 | 산 | 재 | 단 | 연 | 구 | 보 | 고 | 서

1 한국인의 도덕성 연구
배해수 | 고려대 국문학과

2 산업화와 청소년 진로
이원호 | 울산대 교육학과

3 공동체의식과 시민운동
김영섭 | 한양대 행정학과

4 한국청년의 삶의 의미 충족도와 만족적 태도
안정수 | 경희대 철학과

5 중국조선족의 사회발전과 한 · 중관계의 위상
손장권 | 고려대 사회학과

6 해송림 "솔껍질깍지벌레"의 천적 및 주요 종의 생태
김규진 | 전남대 농생물학과

7 사회정의와 실천윤리
박종대 | 서강대 철학과

8 동구개혁의 영향
김달중 | 연세대 정치외교학과

9 한국청소년의 의식세계
김문조 | 고려대 사회학과

10 고강도 철근 콘크리트 구조의 실용화
정헌수 | 중앙대 건축학과

11 신기술의 연관형태 및 출현예측의 구조모형
권철신 | 성균관대 산업공학과

12 민간기업의 연구개발을 위한 조세정책
권영훈 | 한양대 경제학부

13 기술개발 활성화방안
송승구 | 울산대 화학공학부

14 부패의 현상과 진단
이문조 | 영남대 정치외교학부

15 연구투자의 지역적 편중화와 부산지역의 기초과학연구 활성화방안
윤웅찬 | 부산대 화학과

16 GATT의 신구 덤핑방지협정과 그 대응방안
전창원 | 동국대 무역학과

17 한국사회의 도덕성 제고를 위한 진단과 처방
황경식 | 서울대 철학과

18 새로운 노사관계 방향
이진규 외 | 고려대 경영학과

19 21세기 동북아 정세예측과 한국의 전략적 대응방안
최평길 외 | 연세대 행정학과

20 소련의 한국에 대한 정책목표분석
신승권 | 한양대 정치외교학과

21 메모리 커패시터용 $Pb(Zr_xTi_{1-x})O_3$ 강유전체 박막의 제작과 특성
장지근 외 | 단국대 전자공학과

22 러시아 국제법학의 전통
김용구 | 서울대 외교학과

23 유럽연합의 현황과 전망
김동현 외 | 성균관대 행정학과

24 중국의 정치동원
송영우 외 | 건국대 정치외교학과

25 산업적 활용을 위한 이동로보트 시스템의 개발
박민용 외 | 연세대 전자공학과

26 중국조선족의 정치사회화과정과 동화적 국민통합의 방향
전인영 외 | 이화여대 사회생활학과

27 공적부조의 이론과 실제
최일섭 외 | 서울대 사회복지학과

28 대외통상환경의 변화와 법제개편
서헌제 | 중앙대 법학과

29 기업금융의 국제화
최생림 | 한양대 경영학부

30 자동차부품공업의 노사관계
김호진 외 | 고려대 행정학과

31 산업화 과정에서의 한국가족의 실태와 전망
정창수 외 | 성균관대 사회학과

32 공무원 가치관 실태와 정립방안
배병룡 외 | 경상대 행정학과

33 해외귀국청소년의 국내적응연구
이장영 | 국민대 사회학과

34 초고속정보통신망에서 LAN서비스 제공방안
이재용 | 연세대 전자공학과

35 WTO체제의 정책적 대응
김병진 외 | 경희대 행정학과

36 유럽의 통합정치
최수경 외 | 충남대 정치외교학과

37 유기질폐기물을 이용한 고단백사료원인 조류의 생산공정
최정우 외 | 서강대 화학공학과

38 초고속정보통신망의 수용성과 정책방향
박영상 외 | 한양대 신문방송학과

39 중국의 강남사회와 한중교섭
조영록 외 | 동국대 사학과

40 세계화시대의 사회 · 문화의식
신행철 외 | 제주대 사회학과

41 국내 외국인 노동자의 문제와 대책
성규탁 외 | 연세대 사회복지학과

42 노인인력 활용정책과 프로그램
김정후 외 | 강원대 법과대학

43 한일간 학술교류 현황과 활성화방안
정홍익 외 | 서울대 행정대학원

44 계량모형에 의한 한일 경제관계의 이해
김명직 외 | 한양대 경제학부

45 직장인의 음주행태와 삶의 질
진기남 외 | 연세대 보건행정학과

46 유통정보 시스템의 구조와 설계
정용길 | 충남대 경영학과

47 남북통일 이후 사회통합을 위한 교육의 역할
안기성 외 | 고려대 교육학과

48 대중음악에 심취한 청소년들의 심리적 특성
김인경 외 | 연세대 인간행동연구소

49 멀티미디어 시스템을 활용한 교육환경의 개선방안
김한일 | 제주대 컴퓨터교육학과

50 탈냉전기 한일관계의 쟁점
최상룡 | 고려대 정치외교학과

51 자치시대 새로운 '삶의 질' 지표의 모색
김형기 외 | 경북대 경제통상학부

52 유럽통합의 역내외 협력과 갈등
이호재 외 | 고려대 정치외교학과

53 21세기를 대비한 신노사관계
김재원 | 한양대 경제학부

54 대학의 시간제학생 등록제
안규철 외 | 전남대 교육학과

55 21세기에 대비한 방송통신정책
한진만 외 | 강원대 신문방송학과

56 주민참여를 통한 혐오시설 관리운영방안
박균성 외 | 경희대 법학부

57 여성의 정치적 권리인식과 정치참여
전경옥 외 | 숙명여대 정치외교학과

58 한국인 위장질환과 식생활 · 환경요인 및 *H. pylori* 감염과의 관계
이양자 외 | 연세대 식품영양학과

59 학생과 시민의 자원봉사활동
윤정일 외 | 서울대 교육학과

60 동북아 환경문제와 지역환경협력의 모색
신연재 외 | 울산대 정치외교학과

61 노인 자원봉사활동을 통한 사회통합 프로그램 개발
김동배 | 연세대 사회복지학과

62 물류정보 시스템
김태현 | 연세대 경영학과

63 전자식 문서교환을 이용한 항공화물 운송체계
민재형 | 서강대 경영학과

64 청소년과 성
이근후 | 이화여대 의과대학

65 민족통합과 무궁화호 위성의 남북한 공동활용방안
방정배 | 성균관대 신문방송학과

66 채식주의가 20대 여성의 영양상태와 에스트로겐 대사에 미치는 영향
성미경 | 숙명여대 식품영양학과

67 가상정보공간을 통한 지역개발 활성화 전략
유재천 외 | 한림대 언론정보학부

68 조산아 관리현황 및 정책수립 방안
박상기 외 | 조선대 의과대학

69 남북한관의 의식조사와 통일교육 개선방안
김동규 외 | 고려대 북한학과

70 동양 전통 자연사상 탐구
장동순 | 충남대 환경공학과

71 초고속정보망의 시뮬레이터 구현
한기준 | 경북대 컴퓨터공학과

72 유통원가 시스템의 유효성
정다미 | 명지대 경영학과

73 국악과 문화관광의 만남
정익준 외 | 동아대 국제관광통상학부

74 기업의 지식경영 활용사례
김창은 | 명지대 산업공학과

75 선진국과 한국의 직업교육 · 훈련제도의 특성과 한계
정주연 | 고려대 경제학과

76 제주지역 성인 여성의 자원봉사활동
이상철 외 | 제주대 사회학과

77 M&A와 문화충돌 관리
박원우 | 서울대 경영학과

78 폐금속광산 인근 주민들의 중금속 오염실태
정종학 외 | 영남대 의학과

79 북한 농촌 · 농업실태와 인력자원개발 시스템을 통한 북한 농민의 구호방안
박성열 | 건국대 교육공학과

80 중소 소매점의 경쟁력과 소매성과
채명수 외 | 한국외대 무역학과

81 고령자를 위한 쾌적한 실내온도와 착의량의 설정
정운선 | 안동대 의류학과

82 지역문화 이벤트 PR
박종민 | 경희대 언론정보학부

83 인터넷 지역정보화의 실태와 전략
유평준 외 | 연세대 행정학과

84 여성 삶의 질 향상을 위한 사회교육 활성화 방안
김양희 | 중앙대 가족복지학과

85 벤처기업과 벤처금융
강대석 외 | 충남대 무역학과

86 구조조정기에 있어서 실업대책과 사회안전망 구축
박천익 | 대구대 경제학과

87 한국 유아의 조기교육
이명조 외 | 한국외대 교육대학원

88 남북한 경제공동체 형성전략
이상만 | 중앙대 경제학과

89 지방자치회계의 투명성과 주민의 알 권리
권찬태 외 | 경북대 경영학부

90 정치지도자의 정책리더십
이해영 | 경일대 행정학과

91 경제위기와 한국인의 복지의식
신광영 외 | 중앙대 사회학과

92 북한의 노동
김강식 | 한국항공대 경영학과

93 우리나라 중소기업의 정보기술 활용 현황과 경쟁력 강화를 위한 제안
정승호 | 부산외대 정보시스템학과

94 인간배아복제의 법적·윤리적 문제점과 그 해결방안
최병규 | 한경대 법학부

95 가치변화에 따른 투표행태
조찬래 외 | 충남대 정치외교학과

96 인터넷 경매에서의 계약체결과 소비자보호
이기수 외 | 고려대 법과대학

97 세계화시대 남북한 통합의 방향과 과제
윤민재 | 서울대 사회발전연구소

98 글로벌 시대 지방정부의 문화마케팅 전략
박흥식 | 중앙대 행정학과

99 대졸여성실업의 실태분석 및 대학-노동 시장 간 효율적 연계방안
이은우 외 | 울산대 사회과학부

100 그린 투어리즘의 분석
이응진 | 대구대 관광학부

101 지방자치단체장의 부정부패
오일환 | 한양대 아태지역연구센터

102 산업화가 유교체제하 중국여성의 지위에 미친 영향
천성림 | 배재대 사회과학연구소

103 움직이는 말하기
유혜숙 외 | 나사렛대 교양학부

104 장애학생을 위한 특수교육공학의 활용
김용욱 | 대구대 중등특수교육과

105 지식기반사회의 평생교육 이해와 평생교육 프로그램 개발
박성열 | 건국대 교육공학과

106 N세대의 미술교육
김동철 | 대구교육대 미술교육학과

107 노후계획과 투자
권택호 | 여수대 국제통상학과

108 영화산업
양영철 | 경성대 연극영화학부

109 동유럽의 변혁과 언론의 역활
정대수 | 경남대 정치언론학부

110 환율, 임금, 물가가 국제경쟁력 및 수출입산업에 미치는 영향
하인봉 | 경북대 경제통상학부

111 일본기업의 기술혁신 전략
위정현 | 중앙대 상경학부

112 노후보장정책과 역저당연금제도
조덕호 외 | 대구대 행정학과

113 유비쿼터스 라이프와 미래 사회
김석수 | 한남대 멀티미디어공학과

114 죽음과 관련된 생명윤리적 문제들
구인회 | 가톨릭의과대 인문사회과학교실

115 경제적 세계화와 빈곤문제, 그리고 국가
김준현 | 한일장신대 인문사회과학부

116 한국의 세계불교유산
김종명 | 한국학중앙연구원 한국학대학원

117 복지레저서비스론
고태규 | 한림대 국제학부

118 자생적 철학체계로서 인간중심철학
선우현 | 청주교대 윤리교육과

119 전략적 통합과 한반도 평화체제
김승채 | 고려대 정책대학원

120 환경사법론
전경운 | 경희대 법학부

121 인터넷 자료를 통해 본 한국의 이혼 문화와 사회복지
성정현 외 | 협성대 사회복지학과

122 유럽연합의 사회정책에 관한 연구
문진영 | 서강대 신학대학원 사회복지학과

123 여성건강의 통합적 관점
김혜원 | 관동대 간호학과

124 복잡계 네트워크 과학
강병남 | 서울대 물리천문학부

125 경제적인 3세대 전원주택 개발
박근준 | 호서대 건축공학과

126 사회복지와 인적자원개발
이상일 | 인제대 국제경상학부